中共广州市委党校（广州行政学院）组织编写

黄丽华 编著

"中国式现代化的故事"丛书·特色城市辑

张占斌 总主编

有风自南

中国式现代化的广州故事

中央党校出版社集团
国家行政学院出版社
NATIONAL ACADEMY OF GOVERNANCE PRESS

图书在版编目（CIP）数据

有风自南 : 中国式现代化的广州故事 / 黄丽华编著.
北京 : 国家行政学院出版社, 2024. 10. -- （"中国式现代化的故事"丛书 / 张占斌主编）. -- ISBN 978-7-5150-2943-6

Ⅰ. D676.51

中国国家版本馆CIP数据核字第2024RA7402号

书　　　名	有风自南——中国式现代化的广州故事
	YOU FENG ZI NAN——ZHONGGUOSHI XIANDAIHUA DE GUANGZHOU GUSHI
作　　　者	黄丽华　编著
统筹策划	胡　敏　刘韫劼　陈　科
责任编辑	刘　锦
责任校对	许海利
责任印刷	吴　霞
出版发行	国家行政学院出版社
	（北京市海淀区长春桥路6号　100089）
综 合 办	（010）68928887
发 行 部	（010）68928866
经　　销	新华书店
印　　刷	北京新视觉印刷有限公司
版　　次	2024年10月北京第1版
印　　次	2024年10月北京第1次印刷
开　　本	170毫米×240毫米　16开
印　　张	17.75
字　　数	249千字
定　　价	65.00元

本书如有印装问题，可联系调换。联系电话：（010）68929022

出版说明

党的二十大报告指出，从现在起，中国共产党的中心任务就是团结带领全国各族人民全面建成社会主义现代化强国、实现第二个百年奋斗目标，以中国式现代化全面推进中华民族伟大复兴。习近平总书记在中央党校建校90周年庆祝大会暨2023年春季学期开学典礼上的讲话中首次创造性提出"为党育才、为党献策"的党校初心。紧扣党的中心任务，践行党校初心，中央党校出版集团国家行政学院出版社和中央党校（国家行政学院）中国式现代化研究中心特别策划"中国式现代化的故事"丛书，邀请地方党校（行政学院）、宣传部门、新闻媒体、行业企业等方面共同参与策划和组织编写，从不同层次、不同维度、不同视角讲述中国式现代化的地方故事、企业故事、产业故事，生动展示各个地区、各个领域在大力拓展中国式现代化新征程上的理念创新、实践创新、制度创新、文化创新等，精彩呈现当代中国以中国式现代化全面推进中华民族伟大复兴的宏大历史叙事，以讲好中国式现代化的故事来讲好中国故事。

该丛书力求体现这样几个突出特点：

其一，文风活泼，以白描手法代入鲜活场景。本丛书区别于一般学术论著或理论读物严肃刻板的面孔，以生动鲜活的题材、清新温暖的笔触、富有现场感的表达和丰富精美的图片，将各地方、企业推进中国式现代化建设的理论思考、战略规划、重要举措、实践路径等向读者娓娓道来，使读者在沉浸式的阅读体验中获得共鸣、引发思考、受到启迪。

其二，视野开阔，以小切口反映大主题。丛书中既有历史人文风貌、经济地理特质的纵深概述，也有改革创新举措、转型升级案例的细节剖解，既讲天下事，又讲身边事，以点带面、以小见大，用故事提炼经验，以案例支撑理论，从而兼顾理论厚度、思想深度、实践力度和情感温度。

其三，层次丰富，以一域之光映衬全域风采。丛书有开风气之先的上海气度，也有立开放潮头的南粤之声；有沉稳构筑首都经济圈的京津冀足音，也有聚力谱写东北全面振兴的黑吉辽篇章；有在长江三角洲区域一体化发展中厚积薄发的安徽样板，也有在成渝地区双城经济圈中走深走实的川渝实践；有生态高颜值、发展高质量齐头并进的云南画卷，也有以"数"为笔、逐浪蓝海的贵州答卷；有"强富美高"的南京路径，也有"七个新天堂"的杭州示范……。丛书还将陆续推出各企业、各行业的现代化故事，带读者领略中国式现代化的深厚底蕴、辽阔风光和壮美前景。

"中国式现代化的故事"丛书既是各地方、企业推进中国式现代化建设充满生机活力的形象展示，也是以地方、企业发展缩影印证中国式现代化理论科学性的多维解码。希望本丛书的出版，能够为各地方、企业搭建学习交流平台，将一地一域的现代化建设融入全面建设社会主义现代化国家的大局，步伐一致奋力谱写中国式现代化的历史新篇章。

国家行政学院出版社
"中国式现代化的故事"丛书策划编辑组

总　序

　　党的二十大擘画了全面建成社会主义现代化强国、以中国式现代化全面推进中华民族伟大复兴的宏伟蓝图。中国式现代化是前无古人的开创性事业，是强国建设、民族复兴的康庄大道。回顾过去，中国共产党带领人民艰辛探索、铸就辉煌，用几十年时间走完西方发达国家几百年走过的工业化历程，创造了经济快速发展和社会长期稳定的两大奇迹，实践有力证明了中国式现代化走得通、行得稳；面向未来，在以习近平同志为核心的党中央坚强领导下，各地方各企业立足各自的资源禀赋、区位优势和产业基础、发展规划，精心谋划、奋勇争先，在推进中国式现代化过程中将展现出一系列生动场景，一步一个脚印地把美好蓝图变为现实形态。

　　中国式现代化，是中国共产党领导的社会主义现代化，既有各国现代化的共同特征，又有基于自己国情的中国特色。中国式现代化，是人口规模巨大的现代化，是全体人民共同富裕的现代化，是物质文明和精神文明相协调的现代化，是人与自然和谐共生的现代化，是走和平发展道路的现代化。这五个方面的中国特色，不仅深刻揭示了中国式现代化的科学内涵，也体现在不同地方、企业推进现代化建设可感可知可行的实际成果中。中国式现代化理论为地方、企业现代化的实践探索提供了不竭动力，地方、企业推进中国式现代化建设的成就也印证了中国式现代化道路行稳致远的时代必然。

为讲好中国式现代化的故事，更加全面、立体、直观地呈现中国式现代化的丰富内涵和万千气象，中央党校（国家行政学院）中国式现代化研究中心和中央党校出版集团国家行政学院出版社联合策划推出"中国式现代化的故事"丛书，展现各地方、企业等在着眼全国大局、立足地方实际、发挥自身优势，推进中国式现代化建设上的新突破新作为新担当，总结贯穿其中的完整准确全面贯彻新发展理念、构建新发展格局、推动高质量发展的新理念新方法新经验。我们希望该系列丛书一本一本的出下去，能够为各地更好推进中国式现代化建设以启迪和思考，为以中国式现代化全面推进中华民族伟大复兴凝聚更加巩固的思想基础，为进一步推进中国式现代化的新实践、书写中国式现代化的新篇章汇聚磅礴力量。

中央党校（国家行政学院）中国式现代化研究中心主任

2023 年 10 月

序　言

在浩瀚的历史长河中，广州这座千年商都见证了无数繁华与变迁。如今，广州正站在新时代的起点上，迈开中国式现代化的步伐，向世界展示着具有2200多年建城史的老城市所释放出的新活力。本书便是为了记录这一伟大历史进程中的点点滴滴，通过一个个具体事例探寻广州如何在以中国式现代化全面实现中华民族伟大复兴的新征程中乘风破浪，书写属于一座城市、一个民族、一个国家的传奇故事。

因其濒临南海的独特地理位置和千年商都的深厚历史底蕴，广州在中国城市版图中具有特殊的战略地位。早在2000多年前的秦汉时期，广州古港就是中国对外贸易的重要港口。自汉代始，广州就是中国海上丝绸之路中的一个起点。隋唐时期，广州已成为中国对外贸易的最大港口，也是世界著名的东方港市，由广州经南海、印度洋到达波斯湾各国的航线是当时世界上最长的远洋航线。清中叶以后，十三行"一口通商"，各国商贾云集广州，促进了中西方文化的交流与融合。100多年前，广州成为中国民主革命的策源地，在广州打开了近现代中国进步的大门。改革开放之初，又是在广州首先蹚出一条经济特区建设之路，广州作为中国改革开放的"试验田"，在政治、经济、文化、社会等各方面创下多个全国"第一"，为全国的改革开放提供了有益经验，成为中国改革开放的重要窗口和前沿阵地。新时代，作为粤港澳大湾区的核心城市，广州再次站在了中国深化高水平对外开放的前沿，继续在高质量发展方面发挥领头羊和火车头作用。

从20世纪70年代末率先启动改革开放，到90年代加快推进产业结构调整和城市建设，再到新时代的科技创新和高质量发展，广州始终站在改革开放的最前沿，用实际行动诠释着中国式现代化的内涵。改革开放40余年的砥砺奋进，广州不仅在经济领域取得了举世瞩目的成就，同时在文化、社会和城市建设等方面也实现了跨越式发展。1978年广州的GDP仅为43.1亿元，而如今GDP已经跃升至3万亿元以上，增长了近700倍。这一增速不仅远高于全国平均水平，也使广州经济总量长期保持在全国城市前列。在广州，我们可以看到传统、新兴和未来产业协同发展的融合局面，古老与现代交织的城市风貌，历史习俗与现代时尚交融的社会生活，以及开放与包容共生的文化氛围。这些元素共同构成了广州现代化进程中的独特风景。在本书中，我们试图通过对这个多元、复杂的城市系统若干侧面的深描，生动呈现广州在中国式现代化道路上的探索与实践。

全书共分五章，选取了广州现代化的多个维度，从经济建设、历史文化、生态环境、城市治理、创新发展等方面，通过具体的史实和案例，来展现广州现代化进程的生动画面。第一章"开放之城：引领中国向海发展"，聚焦广州是我国历史上唯一没有关闭过的通商口岸的城市这个典型特征，分别从海上丝绸之路的起点、十三行、广交会三个侧面，探寻广州作为千年商都的历史演变，以及在新时代带着开放基因继续前行的故事。第二章"有风自南：广府文脉历久弥新"，针对广州作为中外文化交流的重要桥头堡的特质，通过骑楼、茶楼、凉茶等具象化的文化符号，探寻在多元文化长期互动、交流中逐步形成的敢为人先、和而不同、博采众长、融会贯通的广府文化密码。第三章"绿美花城：厚植城市生态底色"，着眼广州依山傍水、山水与共的城市风貌，围绕云山珠水的生态格局，讲述人与自然和谐共生的广州实践。第四章"精细治理：有品质的人民城市"，立足人民城市人民建，人民城市为人民的重要理念，用旧楼宇加装电梯、永庆坊历史文化街区的保护与开发、城中村变迁三个故事，管窥广州如何坚持以人民为中心，以绣花功夫般的精细化治理打造高品质、有温度的城市。第五章"湾区枢纽：走向中心型世界城市"，着眼未来，叙述广州尊重顺应城市发展规律，把握全球发展大势，顺势而为，锐意进取，不断实现自我超越、永葆生机活力、续写城市发展新辉煌的故事。

毫无疑问，广州的现代化进程并非孤立存在，它既与工业化、城市化、全球化、信息化的世界大势紧密相连，更是中国式现代化的一个缩影。广州的现代化，正如中国式现代化，是在中国共产党领导下，在坚持中国特色社会主义道路的基础上，吸收借鉴世界各国现代化发展的有益经验，走出的一条符合中国国情的现代化道路。在广州的现代化故事中，我们既可以看到中国其他城市的影子，也可以看到世界其他城市的经验。因此，在书中也尽可能将广州的现代化进程放在中国现代化、世界发展的大背景下进行阐述，希望不仅能展现广州在现代化进程中的独特性，也促进对世界各国现代化一般规律的思考。

已是仲秋时分，广州暑气仍浓，从位于广州沙河顶的办公室北望，古老的白云山历经了亿万年的地壳运动，见证了两千多年的广州建城史；南眺窗外，远处的广州塔以其曼妙的身姿伫立在珠江之畔，与对面的珠江新城交相辉映，共同展现出这座城市最具现代化的青春风貌。此情此景，我真切地感受到了一个个栩栩如生的中国式现代化的广州故事在时间长轴中缓缓流淌成一幅水墨画卷。相信广州这座既古老又年轻的城市，将继续以其独特的魅力和活力，不断出新出彩，成为一座繁荣、宜居、和谐的具有世界影响力的社会主义现代化国际大都市。

中共广州市委党校（广州行政学院）

副校（院）长、教授　黄丽华

2024 年 10 月 12 日

目　录

第一章　开放之城
引领中国向海发展

开放基因　古代海上丝绸之路起点 / 2
千年商都　延续两千年的通商口岸 / 20
广交天下　万商云集续谱老城新篇 / 38

第二章　有风自南
广府文脉历久弥新

百年骑楼　兼容并蓄的城市文化符号 / 54

得闲饮茶　敦本务实的岭南文化名片 / 70

饮头啖汤　改革与创新塑造城市特质 / 88

第三章　绿美花城

厚植城市生态底色

六脉皆通海　千里碧道再现珠水风流 / 108

翠色折不尽　北回归线上的公园城市 / 126

青山半入城　屹立于城央的生态屏障 / 141

第四章 精细治理
有品质的人民城市

社区微改造　城市治理彰显民生情怀 / 162

永庆坊蝶变　老城市与新活力相辉映 / 176

城中村变迁　拆治兴并举　破发展难题 / 192

第五章 湾区枢纽
走向中心型世界城市

二次创业　"三大动力"激发城市活力 / 210
数字转型　打造"数产融合"全球标杆 / 227
潮涌南沙　面向世界的粤港澳全面合作 / 246

后　记

第一章

开放之城
引领中国向海发展

　　历史是最好的老师，它忠实记录下每一个国家走过的足迹，也给每一个国家未来的发展提供启示。作为一个有着五千多年历史的文明古国，中国的开放有着悠久的历史，特别是自大航海时代以来，中国的海上贸易往来十分发达，古代的海上丝绸之路联系了来自全球各地的不同文明。

　　凭借濒临南海的地理优势，广州自古以来就是中国经略海洋的前沿重地，并成为古代海上丝绸之路的一个起点。中国历史上第一个专门负责海洋方面事务的官职"市舶使"，就是在广州设立。从秦汉到唐宋再到明清，广州向海发展的贸易活动从未间断。今天，广州继续全力建设海洋创新发展之都，致力于打造高质量发展的"蓝色引擎"。

　　广州是我国历史上唯一没有关闭过的通商口岸，某种意义上，正是向海发展与对外贸易促进了古代广州城市的发展，也成就了广州在我国城市版图中的特殊地位。此外，开放与对外贸易也催生了跨文明的技术、文化和思想的交流，滋养了广州的城市文化和精神气质。

　　对外开放是基本国策，不论国际形势发生什么变化，中国都将高举改革开放的旗帜。一直以来，我国的开放都与广州密不可分。本章我们将从古代、近代和当代广州对外贸易的经历起步，循着历史的线索探寻这座城市最本质、最独特的魅力，并从中解读中国式现代化的深刻内涵。

有风自南

开放基因
古代海上丝绸之路起点

引言

2023年4月7日下午,国家主席习近平在广州松园同法国总统马克龙举行非正式会晤。习近平主席指出,了解今天的中国,要从了解中国的历史开始。广州是中国民主革命的策源地和中国改革开放的排头兵。1000多年前,广州就是海上丝绸之路的一个起点。100多年前,就是在这里打开了近现代中国进步的大门……

从古至今,中国人探索海洋的脚步从未停止。1975年,考古工作者在广州中山四路发现了一处秦代到南越国时期的造船遗址,证明当时南越国已具备了海洋航运的能力。可以说,广州是中国向海发展的起点之一。

在海上丝绸之路2000多年的历史中,广州是唯一长盛不衰的港口,也是海上丝绸之路重要发祥地。唐宋时期,广州成为中国第一大港,是世界著名的东方港市,以扶胥港为起点的"广州通海夷道"是当时世界上最长的远洋航线。明清时期,广州长时间处于"一口通商"的地位,以广州为起点的海上丝绸之路已经有3条航线。1784年美国"中国皇后"号访粤,标志着美国直达广州的航线开通。

第一章　开放之城　引领中国向海发展

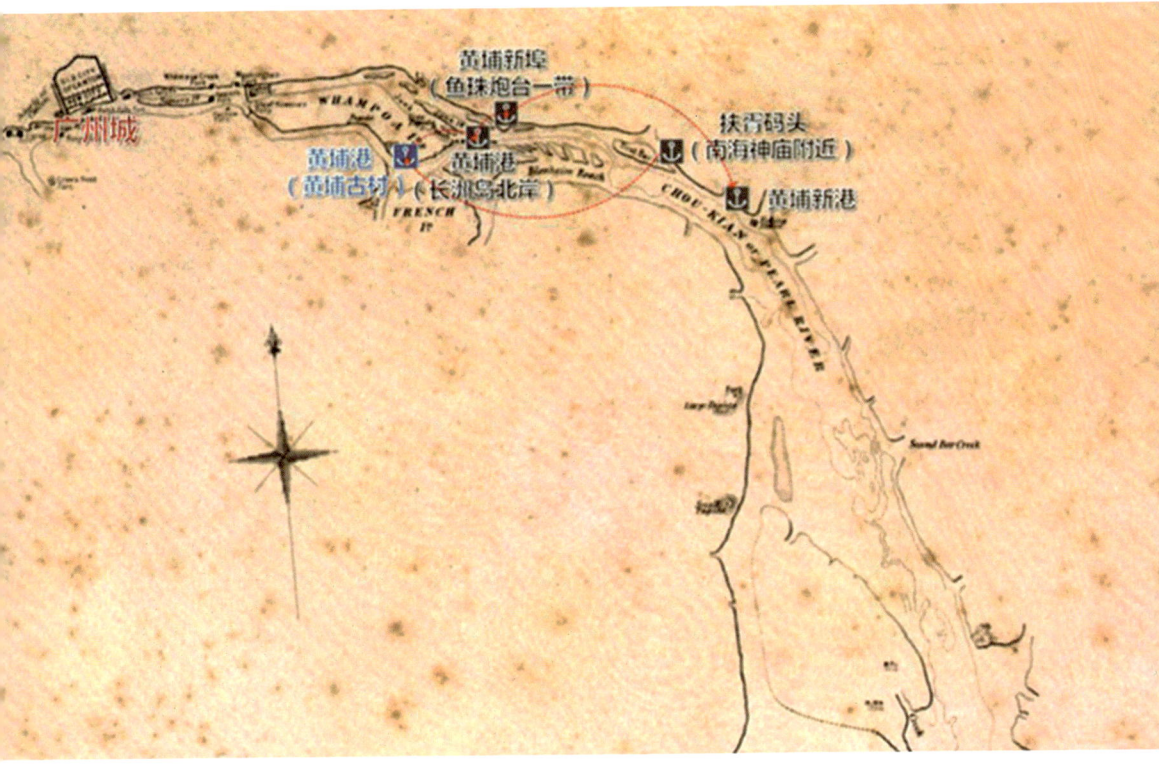

广州海上丝绸之路起点的扶胥码头和黄埔古港位置

2000多年以来，广州至今仍保存着许多与海上丝绸之路有关的历史遗迹，是牵头"海丝申遗"的丰厚历史文化遗产，也是广州海丝文化保护、活化和传承的重要载体。

两千年来长盛不衰的港口

2200多年来，广州始终处于中国对外贸易、海上交通的前沿之地，逐步成为具有世界影响力的东方大港和海上丝绸之路的重要枢纽，在东西方商贸活动和文化交流中发挥了不可替代的作用。位处珠江口、南濒大洋的地理优势以及先秦时期形成并不断发展的外向型海洋文化传统，也塑造了广州千年商都的历史底蕴。

3

有风自南

南越王博物馆展出的南越国主题展览

南海之滨的广州自然条件和地理位置优越，有利于早期的航海活动的开展，是海上丝绸之路的重要发祥地。秦汉之际，作为越南国的国都和岭南中心城市的番禺（今广州），便是南海北岸的主要港口和舶来品集散中心。

南越国宫署遗址、南越王墓中，沉淀着中国千年海上丝绸之路文化。在广州西汉史迹中，著名历史学家安家瑶先后对南越王墓、南越国宫署遗址考察多次，在广州西汉中期古墓发现的玻璃制品，成为当地博物馆镇馆之宝。

广州西汉古墓中出土的另一件玻璃制品珍藏在国家博物馆中。安家瑶介绍，这件玻璃器皿来自罗马帝国，玻璃的制造时期跟西汉武帝派遣张骞通西域时间差不多，这说明当时广州已有民间船只跟海外通商，带来了罗马帝国的玻璃。

西汉南越王墓遗址出土的文物中，还有来自古波斯的银盒、产自西亚或红海的珍贵乳香、五根原支非洲象牙、具有典型西方特色的焊珠金花泡以及古代中国设计较早的海船图案，这些都见证了当时"番禺都会"的贸易实况。

"中国早期的金银器都是铸造工艺，也就是把金和银熔化，而银盒的这种锤鎏工艺最早来源于两河流域，这也从侧面印证了广州作为海上丝绸之路史迹的史实。这些考古材料是广州作为2000多年前的贸易城市、海上丝绸之路重要节点城市强大的说明和支撑。"广州博物馆馆长吴凌云表示。

伴随航海技术和航海经验的积累，魏晋南北朝时期海上丝绸之路有了较大的发展，从广东到东南亚各国的商船开辟了从广州启航穿越海南东部海域进入南海的深海航线，这条航线穿越印度洋后向西延伸到了阿拉伯半岛，大大便利了不少前往印度求法的中国僧人。这是"海上丝绸之路"发展史上一个重要进步。

隋唐时期中国经济重心南移，与西方的交通从以陆路为主转向以海路为主，海上丝绸之路得到空前发展，广州成为唐朝最大的贸易中心与南海交通枢纽。从广州启航的"通海夷道"贯穿南海、印度洋、波斯湾和东非海岸的90多个国家和地区，既是中古世界最长的远洋航线，也是亚、非洲之间的海上大动脉。

经海路而来的外舶常以广州作为第一登陆点和补给港。公元770年，抵广州港的商船即达4000余艘，每天平均达11艘次，对外贸易中心实际上已经南移到岭南的广州。9世纪70年代，聚居广州的外国人达12万之众，港区"环宝山积，珍货辐辏"。

当时阿拉伯商人注意到，商人云集的广州已是船舶的商埠，阿拉伯货物和中国货物的集散地。考古发现还显示，唐代广州极可能已开辟直航菲律宾的航线。东南亚诸国基本上进入以广州为中心的南海贸易圈内，没有一处比广州巨大的海港更加繁荣的地方。

广州的港务建设在当时也相当完备。那时广州的港口已有内外港之分，外

有风自南

港主要有今香港新界青山湾的屯门和黄埔南岗庙庙头村的波罗庙两地；内港主要分布于当时广州的城区内，中外船舶在此停靠做生意。

广州市黄埔区穗东街道庙头村屹立着一座规模颇大的南海神庙。这里不仅是中国四大海神庙中唯一完整保存下来的遗迹，更见证了广州作为古代海上丝绸之路的发祥地之一的历史。自隋唐以来，历代皇帝都派官员到南海神庙举行祭典，因蕴含不少珍贵的碑刻，这里也有"南方碑林"之称。

南海神庙位于古代的扶胥镇，据广州市文物考古研究所专家介绍，这一选址很有讲究：其一，这里靠近当时的南海出海口，方便出入船舶的祭祀；其二，扶胥镇面临扶胥江、东连狮子洋、下接虎门、背靠广州城，地理位置十分优越，因此人口繁荣，能保证神庙香火鼎盛；其三，此处为古代出入广州的海上交通要道，经此出海可以抵达南海各国，方便扩大南海神庙的影响力。

在南海神庙仪门的东侧有一尊名为"达奚司空"的塑像，这是一个外国人穿着中国官服的形象，它背后也隐藏着一段感人的传说历史：有一次波罗国派遣使者达奚前来中国朝贡，在回程的路上，他按惯例到南海神庙祭拜祈求海神保佑，并把随身携带的两棵波罗树苗种在庙前。达奚种完波罗树苗之后贪恋神庙及周边的美景，流连中忘记了回程的时间，连船开走了都不知道，此后他每天到土丘眺望大海，盼望能等到船队到来载他返乡，最后客死于此。当地百姓感怀其事将其厚葬，并按照他生前常举左手于额前遥望海景的形象，塑像立于南海神庙中。

> **专栏：南海神庙"达奚司空"塑像**
>
> 因在广州的古俚语中，外国人被称为"番鬼"，民间就将塑像俗称为"番鬼望波罗"，后来朝廷听闻此事，给他加封了"司空"的官衔，也就有了"达奚司空"一称。宋绍兴年间，他还进一步被加封成为南海神的助手——"助利侯"。明代戏剧家汤显祖听闻他的故事后，写下

南海神庙

了《达奚司空立南海王庙门外》一诗,让这个故事流传至今。

达奚司空立南海王庙门外

(明)汤显祖

司空暹罗人,面手黑如漆。

华风一来觐,登观稍游逸。

戏向扶胥口,树两波罗蜜。

欲表身后奇,愿此得成实。

树毕顾归舟,冥然忽相失。

虎门亦不远,决撇去何疾。

身家隔胡汉,孤生长此毕。

犹复盼舟影,左手翳西日。

嗔匈带中裂,呴咙气喷溢。

立死不肯僵,目如望家室。

塑手一何似，光景时时出。

墟人递香火，阴风吹崒峍。

上有南海王，长此波臣秩。

幽情自相附，游魂知几驲。

至今波罗树，依依两蒙密。

波声林影外，檐廊暝萧瑟。

　　达奚司空的历史传说不仅反映了唐宋时期广州对外贸易的繁盛，也从一个侧面展示了南海神庙在外国友人眼中的地位和影响力。

　　由于"番鬼望波罗"故事及南海神庙内波罗树的存在，南海神庙又被称为"波罗庙"，而每年庆祝南海神诞的庙会活动也被称为"波罗诞"。根据当地民俗，波罗诞上还要买手工制作的"波罗鸡"，吃"波罗粽"……波罗诞庙会作为珠江三角洲地区独具特色的传统民俗节庆

南海神庙举行的波罗诞庙会

活动、最大的民间庙会，也是现今全国唯一对海神进行祭祀的活动，每年吸引游客数十万人。

伴随着庄严的鼓乐，近两百名演员组成的方队，抬着喻示五谷丰登、寄寓美好期望的祭品进场，面向南海神祈福——这是"仿古祭海仪式"中的精彩一幕。仿古祭海仪式运用现代的编配手法，重现古代朝廷官员、本土民众及海外客商朝拜南海神的盛况。盛大的场面，庄严的气势，让观众仿佛穿越了时光，重回波涛翻涌的海边，千年前的人们怀着对大海的敬畏，齐颂祝歌，更满怀希望。

海丝文化的包容开放、海纳百川，在这里得到了最形象具体的证明。

历代海外贸易管理改革首创地

繁盛的对外贸易催生了新贸易管理制度的创立。从唐开元二年（714年）出现市舶使，到宋代开宝四年（971年）在广州首次设立市舶司，再到1685年近代海关的诞生，广州口岸不仅是市舶制度的起源地，更首创一系列具有全国意义的海外贸易管理制度，不仅证明了广州在古代中国海外贸易中独一无二的重要地位，还具有重要的现实意义。

唐朝在广州开创性地设立了市舶使（院），主要职责是征收"舶脚"（船舶吨税）、"收市"（官府专卖及实物税）、"阅货"（查看货物）和"籍其名物"（对船、货、人执行实际监管）等，与近代以来海关监管、征税、缉私三大职能接近。

虽然市舶使设于广州，其职能范围却超出了局部区域，是一个全国性涉外使职。如今，广州海事博物馆用了一个廊道的两侧墙面罗列了唐宋时期的广州市舶使名录，共有74位历史人物，虽然这份名录并非"全名单"，但从中也可一睹当年的盛况。名单的第一位是唐开元二年（714年）任职的周庆立。

有风自南

《旧唐书》记载：714年，右威卫中郎将周庆立为市舶使。这是历代文献所见最早出现"市舶使"一词的记载。此外，唐代广州除市舶使外，还有"押蕃舶使""结好使"等职务。

在海上丝绸之路的发展中，广东历代军政长官发挥了不可替代的作用，他们肩负着代表国家管理部分海路外交、经贸等事务，在国家对外关系地方层面占据重要地位。例如，唐代外国使节从海路来华，必先至广州再由官府护送入京，岭南官署负有管理接待职能，而外商管理、贸易事务也属其管理范畴。宋代广南经略安抚使，明清时期的两广总督、广东巡抚等官职也大体如此。

宋元时期中国造船技术和航海技术明显提高，海上丝绸之路发展进入鼎盛阶段。政府的支持也推动了海上丝绸之路的发展，宋代不断颁布和修订海外贸易管理措施。北宋真宗年间制定的《广州市舶条》是我国历史上第一部管理海外贸易的专门法规，对后世影响深远。

元朝在经济上采用重商主义政策，继续鼓励海外贸易。1314年，元朝颁行了被认为是中国古代第一部完整和系统的海外贸易管理法规《延祐市舶法》，这部具有标志性意义的法规就是在此前《广州市舶条》的基础上制定的。由此可见，广州为我国古代海外贸易管理制度建设作出的重大贡献。

由于明朝和清朝长期采取海禁政策，西欧殖民扩张愈演愈烈，商业活动常常伴随战争硝烟和武装抢劫，压制了唐宋以来蓬勃发展的海洋贸易，进出口商品结构也发生很大变化。

明朝初年推行朝贡体系，于宁波、泉州和广州各置市舶提举司，分设"安远""柔远""怀远"馆驿。广州市舶司管理南海诸国朝贡贸易，事务最繁；怀远驿有各类房舍120间，规模居三省驿馆之最。16世纪中叶贸易制度转型，闽、浙市舶司时置时罢，唯有广州市舶司一直不变。

清朝统一台湾后，中国与西方贸易逐渐集中到广东，形成了以广州—澳门为中心的贸易架构。1757年及以后的100年间，广州成为西方人唯一可以进入和从事贸易的中国口岸，使广州的海外贸易空前高度发展，形成行商、商馆在内的一系列组织机构、管理制度，这些制度也被称为"广州制度"，由此也逐步形成后来举世闻名的十三行制度。

正如英国议会在1830年（道光十年）对在广州贸易的英国商人进行调查后得出结论说："外国商人对这整个广州制度（它在实践中经过种种修改）是怎样看待呢？几乎所有出席的证人都承认，在广州做生意比在世界上任何其他地方都更加方便和容易。"

丰富的海丝遗迹见证中外文化交流

海上丝绸之路是沟通沿线国家和地区的海上交通网络，也是沿线国家和地区邦交往来、文化交流、宗教传播的通道。以海上丝绸之路为纽带，广东不仅是佛教禅宗的"西来初地"，也是伊斯兰教、天主教、基督教和琐罗亚斯德教来华的第一站和桥头堡，因而广州也留下了众多的历史遗迹：光孝寺、怀圣寺与光塔、清真先贤古墓、石室圣心大教堂。达摩、宛葛素、鄂多立克、沙勿略、利玛窦、马礼逊，还有偶见于史书中如谜一样的昆仑奴以及唐宋时长期居住在广州蕃坊的蕃客都在这里留下足迹。

2016年，经专家多次评定，广州的南越国宫署遗址、南越王墓、光孝寺、怀圣寺与光塔、清真先贤古墓、南海神庙及明清古码头遗址6处史迹点先行列入申遗的预备名单。

光孝寺是佛教通过海路在中国传播的重要见证。寺内立于唐宝历二年（828年）的大悲心陀罗尼经幢是中国目前发现年代最早的有确切纪念的经幢实例，也是印度密宗传播的物证之一。立于五代十国时期南汉大宝六年（963年）的西塔则是中国现存铸造年代最早的铁塔，塔上有源于印度的飞天承重图案，寺内遗存的经书和菩提树也是中外文化交流的重要印证。

有风自南

东晋南朝时有印度高僧昙摩耶舍法师、求那跋陀罗、智药三藏法师、真谛三藏法师等驻光孝寺传法。自禅宗初祖达摩从海上进入中国在此地传法到六祖惠能开创发展了禅宗南派，再到历史上佛教密宗的不空和尚等名僧渡海来到这里讲法，诸多高僧的事迹无不说明当时海上丝绸之路对中外思想文化融合的重要性。"这些来往的高僧对光孝寺在中外佛教文化交流中的地位形成起到了举足轻重的作用，也是我国海上丝绸之路繁盛的见证。"中山大学人类学系教授姚崇新评价道。

唐宋时期信仰伊斯兰教的波斯商人、阿拉伯商人常住广州蕃坊并在此从事贸易和宗教活动，保留至今的怀圣寺和光塔是伊斯兰教传入中国后最早建立的清真寺。怀圣寺以中西融合的建筑技术展现了伊斯兰教沿海上丝绸之路向中国传播的历史，见证了伊斯兰文化与中国文化互动融合的过程，为古代"多元共存"的海洋文化传统提供了见证。光塔所在位置为古时珠江北岸，来往船舶可以在光塔指引下，沿珠江登上专门的番泊码头进行贸易。

清真先贤古墓则是唐初来华传教的阿拉伯先贤赛义德·艾比·宛葛素的陵墓。作为伊斯兰教在中国沿海地区的重要圣地，清真先贤古墓见证了伊斯兰教早期沿海路传播至中国并在此扎根发展的历史，也是中国文化以自身的习俗和传统接纳、融合外来宗教元素的体现。墓室入口建有中国传统式样的拜亭，体现了阿拉伯和中国丧葬习俗、建筑艺术的结合。

海上丝绸之路也是中华文化"走出去"的重要渠道。纺织、造纸、印刷、火药、指南针、制瓷等工艺技术和绘画等艺术手法，经由广州实现了海外的传播与交流。

南宋初期，临安（今杭州市）一艘满载着18万余件珍宝的商船"南海Ⅰ号"在此启程，驶入一条当时世界上最繁荣的海上航线。以往学界普遍认为"南海Ⅰ号"的离港点位于刺桐（今泉州市），但近些年通过大量研究以及对沉船出水文物与其他出土文物进行比对，发现其离港点应为广州。

南越王博物院院长李民涌介绍，此前由"南海Ⅰ号"沉船出水的酱釉罐多被认作福建泉州磁灶窑产品，但来自南越国宫署遗址宋代地层酱釉罐的面世改写了这一结论。近年来，南越王博物院在整理南越国宫署遗址宋代建筑基址资料时确认了宋代广州公使酒库的位置，其出土大量戳有"酒墱""醇酎""清香"等与酒有关的印文印花酱釉罐在器型、釉质釉色、胎质胎色以及印文印花、制作技法上，均与"南海Ⅰ号"出水的部分酱釉罐高度相似。经过多学科综合研究，最终证实了"南海Ⅰ号"和南越国宫署遗址出土的部分酱釉罐均产自南海诸窑。

2022年广东省公布最新考古发现，明确"南海Ⅰ号"沉船部分酱釉罐产自佛山南海奇石窑和文头岭窑，实证"南海Ⅰ号"曾经到过广州，并最终从广州港离港。这一发现凸显了广东陶瓷在海上丝绸之路中的作用。

广东海洋史研究专家曾指出，近世新航路开辟后，广州口岸聚集了众多外国商人、船员、传教士、旅行家，他们通过各种形式向欧洲介绍"中国印象"，把中国经典古籍译介到西方，儒家思想等对欧洲启蒙运动产生很大影响。一些产自中国的精美服装、手工艺品、家具等被带到欧洲，成为上层社会崇尚的时髦物品，并加以模仿制造，在制瓷、绘画、建筑等领域，出现了被称为"洛可可"（Rococo）艺术的新风格。

借助海上丝绸之路这一得天独厚的优势，广州逐步成为中外文化碰撞、交流的前沿窗口，也使得广州人培养出开放包容、敢于冒险、富于创新的精神特质，在中国地域文化中独树一帜并辐射全国。

专栏："三塔"锁珠江

广州（别称羊城）自古是繁华商埠，海上贸易十分活跃。漂洋过海而来的外商进入珠江口后，沿江北上，会遇见三座宝塔：位于广州城东南40公里处的莲花塔、位于城东南20公里处的琶洲塔与位于广州东南城下的赤岗塔。这就是"锁二江""束海口"的珠江"三塔"。

"三塔"的修建时间集中在明代万历十四年至天启年间,相隔不过40年。有省情专家认为,"三塔"集中在那个时期修建,可见当时政府卓有远见。到了清代,官方就不再修建这样雄伟的高塔了。

这三座古塔的修建发起人或是朝廷高官,或是当地有影响力的人士。他们倡议建起这三座高塔,表面上祈求文运,但"三塔"风格基本一致,而且分别位于珠江航道上的关键位置,客观上起到了航标的作用,成为广州"海上丝路"的重要遗迹。2020年,琶洲塔、赤岗塔、莲花塔被列入海丝申遗新增史迹点名单。

由此可见,"三塔"的修建,既与当时建塔之风兴盛有关,又与商贸背景有关,也是当时政府通盘考虑的结果。

十三行时期,美国商人亨特在广州生活多年,写下《旧中国杂

历史资料里的赤岗塔和琶洲塔

记》，记录了他在广州的诸多见闻。关于"三塔"，他是这样写的："外国人溯江而上前往广州，过了虎门以后，往往会被沿途看到的几个高耸的宝塔所吸引……离广州最近的一座被外国人称为磨碟砂涌塔（Lob Creek Pagoda），得名自流过它所在的小丘下的一条珠江支流，另一座是黄埔塔，还有一座塔在二道滩旁的山丘上。在城墙内的'五层楼'上，尽管相隔约 48 公里的距离，都能清楚地看到这个塔。"亨特所说的磨碟砂涌塔就是赤岗塔，黄埔塔实际是黄埔古港附近的琶洲塔，"二道滩旁的山丘上"的那座高塔就是莲花塔。

亨特说，这些塔都是八角形，有九层，每一层的外边都有飞檐环绕，窗户开在南北两边上下飞檐之间。内部则不分层，由底至顶，景观没有中断。

我们可以想象：远涉重洋而来的商船，在汪洋大海中颠簸，当船上的人们在迷雾中看到直插云霄的莲花塔时，就知道已来到广州城附近了；船绕过莲花塔，沿珠江北上，当外商看到琶洲塔时，就知道已到达当时的广州城外港，远洋商船需停泊在黄埔泊地；当外商搭乘接驳船继续向前行驶，看见赤岗塔时，就意味着已到广州城下，十三行就在不远处了。

整合资源牵头海丝申遗

2017 年 4 月，国家海上丝绸之路保护和申遗工作会议确定广州为海丝申遗牵头城市，目前海丝申遗联盟城市已增至 34 个。从 21 世纪初开始谋划至今，海丝申遗十余年"长跑"，其间几经更迭。

在 21 世纪初，牵头"海丝"申遗的城市并非广州，而是海上丝绸之路起点城市之一的泉州。2001 年，"海上丝绸之路东端泉州"申遗方案获福建省政府同意，向国家文物局申请列入预备清单。经十余年筹备，2012年，泉州、宁波、南京、广州等9个城市共同入选海上丝绸之路申遗项目组。

两年后，9城联合推动"海上丝绸之路"文化遗产列入《世界遗产名录》的《泉州共识》正式诞生。此后经多方考虑，2017年4月，国家海上丝绸之路保护和申遗工作会议正式确定广州为海丝申遗牵头城市。2018年4月，广州携手宁波、南京等城市成立海丝保护和联合申遗城市联盟，全面加强海丝保护和申遗城市间的协调与合作，实现海丝遗产的整体保护和持续发展，并推动其列入《世界遗产名录》。

牵头海丝申遗的难点在哪儿？又该如何突围？故宫博物院前院长单霁翔在2021年"读懂中国"国际会议期间表示，海丝申遗是文化线路申遗，在国际上起步时间比较晚。这些年虽有很多突出的成果，但作为商贸之路、文化交流之路，要让不同的国家参与进来是一个难点，这在国际上已有先例。2014年中国与吉尔吉斯斯坦、哈萨克斯坦联合申报的"丝绸之路：长安－天山廊道路网"便成功申报世界文化遗产，成为首例跨国合作成功申遗的项目。与陆上丝绸之路不同，海上丝绸之路位于茫茫大海之上，路线的存在需要国际社会、专业机构通过大量的考古和实践来证明，这将会是一个持续的、艰苦的过程。为了更好地配合海丝申遗，近年来广州更加重视整合打造海丝文化品牌，着力推动形成海丝跨国文化线路的国内和国际共识。

从20世纪90年代起，广州就开始编制海上丝绸之路史迹保护和申报世界文化遗产的相关材料并积极开展相关工作。2017年4月，国家文物局在广州召开海上丝绸之路保护和申遗工作会议，代表一致推举广州为海丝申遗牵头城市，此后广州的作为更加积极主动，更见实效，取得了很多阶段性成果。

2019年10月，《中共广东省委全面深化改革委员会关于印发广州市推动"四个出新出彩"行动方案的通知》正式下发，其中包括《广州市推动城市文化综合实力出新出彩行动方案》，将海丝文化、红色文化、岭南文化和创新文化定位为广州"四大文化品牌"。

2023年10月，以广州为牵头城市的海上丝绸之路保护和联合申报世界文化遗产城市联盟还前往三个海丝文化沿线城市沟通交流，并展开为期9天的文化之旅。从"印尼中部明珠"井里汶到"花园城市"新加坡，再到历史悠久的马来西亚马六甲，广州再度跨越山海，携手同行共商合作大计，共谋发展之道，多元化的对外文化宣传不断推动海丝保护和联合申遗走向深入。

> **专栏：广州越秀举办首届海丝文化节**
>
> 近年来，广州不断举办相关主题活动弘扬海丝文化，推动落实海丝"七个一"工程，即至少一个海外城市加入申遗城市联盟，打造海丝主题精品剧目，创作海丝主题曲，打造高素质讲解员队伍，拍摄海丝宣传片，成立一个专家库，打造海丝虚拟博物馆。用心用情用力传承广州海丝文化，让广州海丝文化的"金字招牌"响彻全国、走向世界。
>
> 2023年10月，作为广州两千多年城市中心的越秀区举办"帆起南越 丝语千年"2023年海丝文化节，依托五大海丝史迹，一连5天推出系列文化活动，吸引逾300万人次前来感受中外文化艺术的交流与碰撞，点亮文商旅融合发展新热点。
>
> 一条海丝游径串联起南越国宫署遗址、南越文王墓、光孝寺、怀圣寺光塔、清真先贤古墓5大海丝史迹点，通过艺术打卡装置、展览展示、互动表演等形式彰显海丝文化魅力。来自泰国、越南、阿塞拜疆、吉尔吉斯斯坦、塔吉克斯坦、乌兹别克斯坦等共建"一带一路"国家的海丝文化"品鉴官"沿着这条海丝游径，来了一场独特的城市穿越。
>
> 来自乌兹别克斯坦的留学生马少华说，中国是丝绸之路上的重要

有风自南

广州举办的海丝文化节活动

国家,通过一天的游览,他对这一古老的文化有了更深的了解。

在南粤先贤馆,"海贸枢纽——越秀与海上丝绸之路"首次以"越秀与海上丝绸之路"为主题,梳理越秀在两千多年海上丝绸之路中的历史、成就与作用,汇聚展出最能代表越秀与海丝发展关系的各类文物展品共118件/套。通过这一"小切口",观众可以见证一条丝路如何在两千余年的时光里跨越山海,成为联接中外、沟通世界的交通枢纽和贸易中心,感受海丝文化开放、包容、和平、互鉴的特质。

海丝文化节期间,越秀区博物馆对"越博奇妙纪"进行全面改版,不仅围绕南粤先贤固定陈列进行剧本创作,还深度融合海上丝绸之路的背景与内涵,融入舞蹈、游戏闯关等环节,以全新剧情和玩法为游客观众带来富有"海洋气息"的文博体验。

结语

千百年来，丝绸之路承载的和平合作、开放包容、互学互鉴、互利共赢精神薪火相传。海上丝绸之路不仅为中外商贸和文化交流作出巨大贡献，而且留下了宝贵的精神财富——海上丝绸之路精神。丝路精神根植于历史沃土，着眼于未来发展。在丝路精神的滋养下，广州正沿着21世纪海上丝绸之路的发展道路前进，全力推动建设世界海洋创新发展之都，打造高质量发展的"蓝色引擎"，成为深度参与全球海洋治理，海洋治理体系和治理能力现代化的全球海洋中心城市。

21世纪海上丝绸之路是古代海上丝绸之路的延续和拓展。广州持续2200多年的海外交往不仅留下了丰富的文物史迹，也积淀了开拓、开放交流的文化基因，它们不仅是广州的宝贵文化遗产和精神财富，也将为广州建设21世纪海上丝绸之路提供强有力的历史文化支撑和助力。

有风自南

千年商都
延续两千年的通商口岸

引言

广州是中国乃至世界海运史上唯一两千年不衰的通商口岸。早在 2000 多年前的秦汉时期，广州古港就是中国对外贸易的重要港口。1982 年，南越王墓出土的文物中就有波斯风格的银盒、非洲原支象牙、两河流域工艺制作的金珠泡

广州十三行博物馆内的清代十三行场景复原展示

饰等珍贵文物，见证了当时广州对外的贸易实况。东汉时，广州已经是初生的海上丝绸之路在东面最重要的口岸；魏晋开始，广州明确成为海上丝绸之路的东部起点；到隋朝时，广州已经明确成为中国第一大港。正如著名汉学家谢弗（E.H.Schafer）所言："南方所有的城市以及外国人聚居的所有的乡镇，没有一处比广州巨大的海港更加繁荣的地方。"清中叶以后，仅保留广州作为"一口通商"的口岸城市，十三行成了当时中国唯一合法的外贸渠道。

"洋船争出是官商，十字门开向二洋。五丝八丝广缎好，银钱堆满十三行。"这是清初诗人屈大均的一首诗，描述了海禁初开之际，广州如南方佳木，经春风细雨滋润后迅速生长为茂盛大树的场景，也道尽了广州十三行的繁荣鼎盛。

广州十三行是清代专做对外贸易的牙行，是清政府指定专营对外贸易的垄断机构。最初的"十三行"具有双重含义，它既指广州的行商群体，也指行商从事对外贸易活动的一个特定的地域，即广州十三行商馆区。梁嘉彬对十三行的两种含义进行了追溯："作为牙行或对外贸易行商群体的名称，'十三行'在清初甚至明代就已经出现；但是作为商馆区而言，其兴起则是在清代开海禁、设立粤海关之后。"

广州十三行的兴起与繁盛可以追溯到清朝初年。尽管当时实行了严格的海禁政策，但私人贸易依然蓬勃发展。拥粤自重的尚之信集团利用权势，积极推动藩商参与走私贸易活动。与此同时，由郑氏家族掌控的厦门、台湾地区的外贸也兴盛不衰，两地一度成为在澳葡萄牙商人及英国商人通商中国的热门之地。

然而，与私人贸易相对繁荣的局面形成鲜明对比的是，由官府经营的市舶贸易和相关的市舶司制度逐渐衰退。《殊域周咨录》中曾云："夷货之至，各有接引之家，先将重价者私相交易，或去一半，或去六七。而后牙人以货报官……则其所存以为官市者又几何哉！"可见，当时私人贸易通过竞争、干扰以及逃税等手段，对市舶贸易和市舶司制度带来了巨大冲击。

为了加强对外贸易的控制，官府不得不依赖商人来进行税收征收和外贸管理。嘉靖时期，澳门实行了"客纲"和"客纪"，而在万历时期又出现了"三十六行"。这些措施标志着商人已经开始参与官府对外贸的管理，拉开了中国古代外贸经营管理制度演进的序幕。广州十三行的故事，便从这里启航。

开端与发展：以官制商，以商制夷

1683 年，清朝政府成功地征服了台湾，结束了郑氏政权的统治，这一胜利不仅消除了沿海的威胁，还开启了一系列的政策调整，其中最为显著的便是海禁政策的逐渐松动，这一变革在当时的政治议程中引起了广泛关注。

1684 年，康熙皇帝采取了更为激进的举措，废除了海禁令并在广州、泉州、宁波、松江四个地区设立了大型海关，允许中国与外界展开贸易。然而当时的清政府并没有建立起完善的外贸体制，难以妥善接纳外来商船，政策执行相当困难。

正值这个关键时刻，1686 年广州政府发布了一则引人注目的公告，宣布了一项"招商引资"的计划。这一计划旨在吸引那些家底雄厚、商誉卓越的本地大商人成立洋行，全权负责对外贸易事务，并协助海关征收外国商人的税款。最初，清政府对行商的条件并不苛刻，只要商人们家境殷实且信誉良好，就有资格参与行商活动。然而，随着行商体制的不断完善，最初成为清政府行商的商人们纷纷获得丰厚的回报，这吸引了大批商人前来，希望能够加入行商的行列。粤海关开始策划，指定殷实商人成立了"十三行"，他们不仅代表政府，还代表了粤海关，负责经营外贸事务。

与此同时，康熙皇帝提出了对外华夷的严格防范政策，但也强调了对外贸易的重要性。因此，广东官府积极组织并指定十三行的商人，特别委派他们承担广东的进出口贸易、征税、外国商人在广州的保护以及中外交涉的协调工作。这些十三行的商人成为官方认可的外贸经营者，他们的职责既具有半官方性质，又包含商业性质，因此在当时被称为"官商"。这一组织的建立为广东外贸的发展提供了坚实的基础，也为中国与外界的经济往来打开了新的大门。

多数人普遍认为十三行的兴起在"开海禁、设立粤海关"后，然而关于十三行不同发展时期的具体界定，海内外学者众说纷纭。中山大学历史系教授、博士生导师范岱克将1700年至1842年定义为十三行的主要发展时期，并将其称为"广州体制"，这一观点得到了学界多数学者的认可。他把十三行的发展划分为三个主要阶段。首先是1700年至1757年，这一时期标志着十三行的发展初期；接着是1757年至1830年，这段时间是十三行发展的鼎盛期；最后是1830年至1840年，这个时期标志着十三行的发展走向下坡路，开始走向衰退。

自17世纪末起，来自英国、法国、荷兰等国的商人开始前往广州，港口商船络绎不绝，由此开始，"广州体制"开始建立，商行纷纷建立。1698年，一艘名为"安菲特利特"号的商船从法国西南部的拉罗谢尔港出发，目的地是中国广州，这便是第一艘真正意义上的法国来华商船，中法两国远洋贸易的序幕也由此拉开。"安菲特利特"号不仅承载着法国对发展对华贸易的期望，也背负着法国国王路易十四企图与中国建交的使命。船上有商人、货物，也有国王授权的传教士，同年冬天，他们抵达广州。此行的贸易目的基本达成，然而外交目的并未太多进展。于是，"安菲特利特"号于1700年再度驶入广州，在第二次"中国游"时期，便已经开始有法国商人进驻十三行。

基于历史与政策背景，广州十三行受粤海关管辖，其运行机制如承商制、保商制、总商制、揽商制、公行等在本质上是清政府确保实现"以商制夷、确保税收"的方式。其中，保商制要求在华贸易的外国商人要有一位中国行商为其做担保，由此可以通过"以官制商、以商制夷"的方式对贸易进行约束。

如果说保商制是为了加强政府的统治，那么于1703年兴起的公行制度便是广州行商在对外贸易领域凭借政府授予的特权。清朝早期，政府要求由官方指定一位外贸经手人，该人需向官府交纳4万两银子，并负责全面管理对外贸易。随后，出于共同的经济利益考虑，各行商联合起来，共同组建了一个行会团体，即所谓的"公行"。公行制度标志着广州的行商在对外贸易中建立垄断地位，同时也确保了他们能够有效地控制贸易流程，包括定价和议价等关键方面。初期公行的组织结构相对宽松，缺乏法定的集体领导，部署也时常零散而不固定，显得相当松散混乱。这种情况一直持续到1780年，广东巡抚李湖等高官上报朝廷，呼吁明文规定相关条例。经过两年时间，公行制度得以正式恢复，并从那时起一直持续到1842年《南京条约》签订之前。这一制度在清代的贸易体系中扮演了重要角色，为行商实现最大经济利益提供了稳固的基础。

18世纪上半叶，清朝实行了一系列对外贸易政策，从建立"保商制"来督促商人遵守税法，规范商业活动，到通过两广总督发布的《防夷五事》，建立了相对完善的行商制度。这一时期，行商制度成为清朝对外政策的重要组成部分，也是实施闭关政策的关键环节。

广州十三行作为中西贸易的唯一窗口，不仅带来了繁荣的经济，还传播了西方企业经营理念与管理方法，如理性主义、有限负债责任观念、复式会计法等。通过充当行商、买办等角色，培养出一批熟悉近代商业的人才，推动了中国商业的现代化进程，为中国商业精神和管理模式的不断演进提供了宝贵的经验和启示。

尽管十三行的主要职能一直是经营外贸，但官府逐渐赋予了行商们行政管理任务，以加强对外贸易的控制。这种通过商人管理外贸的方式是清朝的一项创新，它不仅使政府能够从行商手中获得巨额税款，还通过各种捐献和供奉以及提供各种时刻所需的物资，达到了满足国家需求的另一目的。这种政策的实施使行商制度成为清朝维护国家利益和掌握外贸关键的工具。

繁荣鼎盛："一口通商"后的"帝国商行"

1757年，随着乾隆皇帝"一口通商"的朝谕颁布，四大海关仅留广东一处，十三行的发展进入鼎盛时期。当时，十三行是中国唯一合法的外贸渠道，被称为"外洋行"。至此，十三行的制度趋于成熟。据法国社会科学高等研究学院博士吴子祺介绍，当时的洋人来到广州做贸易，需要接触不同角色人群，流程及产业链条十分清晰。从珠江口来到广州的过程中，商人需要引水人指引航船行驶三至四天来到港口下船，还需要经历交税、海防部门巡查等种种关卡；顺利到达广州寻找住所时，便需要寻找买办帮他们照顾打点生活；在日常的贸易活动中，又需要通事来协助翻译。

历史资料里的广州十三行对外贸易场景

有趣的是，在商人来华贸易的全流程中，引水人、买办、通事等角色存在一定的内部竞争，表现出市场化的机制。尽管选择的空间不大，但商人找哪个行方对接，找哪个引水人，哪个通事，这一过程中都存在竞争与溢价的空间。这种多环节、多角色的相互合作是十三行制度的一大特点。"在整个贸易体制的运作当中，存在着很多角色，这些角色中既有中方人也有外方人。正是这么多角色的相互配合，十三行制度才得以运作。"吴子祺总结道。

基于日趋成熟的运作体制及管理方式，鼎盛时期的十三行成为"天子南库"，其繁荣的商贸活动对全国甚至全球贸易都产生了深远影响。积极参与十三行贸易的国家和地区不计其数，十三行的港口成了洋船、商贾和外交使节纷至沓来的热闹之地。全球50多个国家和地区在十三行设立了商馆，他们的国旗飘扬在商船上，来来往往的商贸活动非常兴旺。

十三行在与西方国家的贸易中发挥了重要作用，尤其是对于西方国家的经济发展产生了深远影响。以英国为例，英国市民对中国茶叶的需求非常旺盛，而十三行作为中介，将茶叶运输到英国。当时，英国国库收入的1/10都来自茶叶的关税。1775—1814年，英国东印度公司通过与十三行的贸易，累计获得了高达2713.5万英镑的利润。

英国经济历史专家麦迪森曾对当时的中国经济进行过统计，结果显示，在1600年，中国的国内生产总值（GDP）占据了全球总量的29%。即使在明末清初的战乱时期，这一数字仍然高达22%。到了1820年，清王朝的GDP占据了全球总量的33%，相当于西欧各国GDP总和的1.5倍。然而这个庞大的经济帝国，对外贸易的窗口却仅限于广州十三行。这足以明显表明十三行在全球经济中拥有极其重要的地位。

18世纪60年代至19世纪中期，工业革命的风潮席卷欧洲大地，进一步强化了中西方经济的互补性，贸易规模持续扩大，使十三行成为世界贸易的重要中心和窗口。这个时期，行商们如潘振承、伍秉鉴等积累了巨额的财富，这一事实进一步彰显了十三行在全球贸易中的卓越地位。

除了经济贸易的影响外，十三行为促进中西文化融合也作出了巨大贡献。吴子祺将广州十三行形容为"外国人了解中国的窗口"，他提到，法国派往中国的传教士非常热衷于了解中国。曾有信件记载，嘉庆年间，法国遣使会交广州法商大班呈南海知县的信函，请求派人（传教士）到广州，再去北京服务朝廷。这封用中文写的信中，坦言希望送两个聪明的学生去省城（广州）学习，以此

第一章 开放之城 引领中国向海发展

将法国的天文知识等先进技术带到朝廷，呈现给皇帝。"这反映出当时法国人不仅与中国通商，更希望借着广州这个窗口进行文化交流。"吴子祺说。

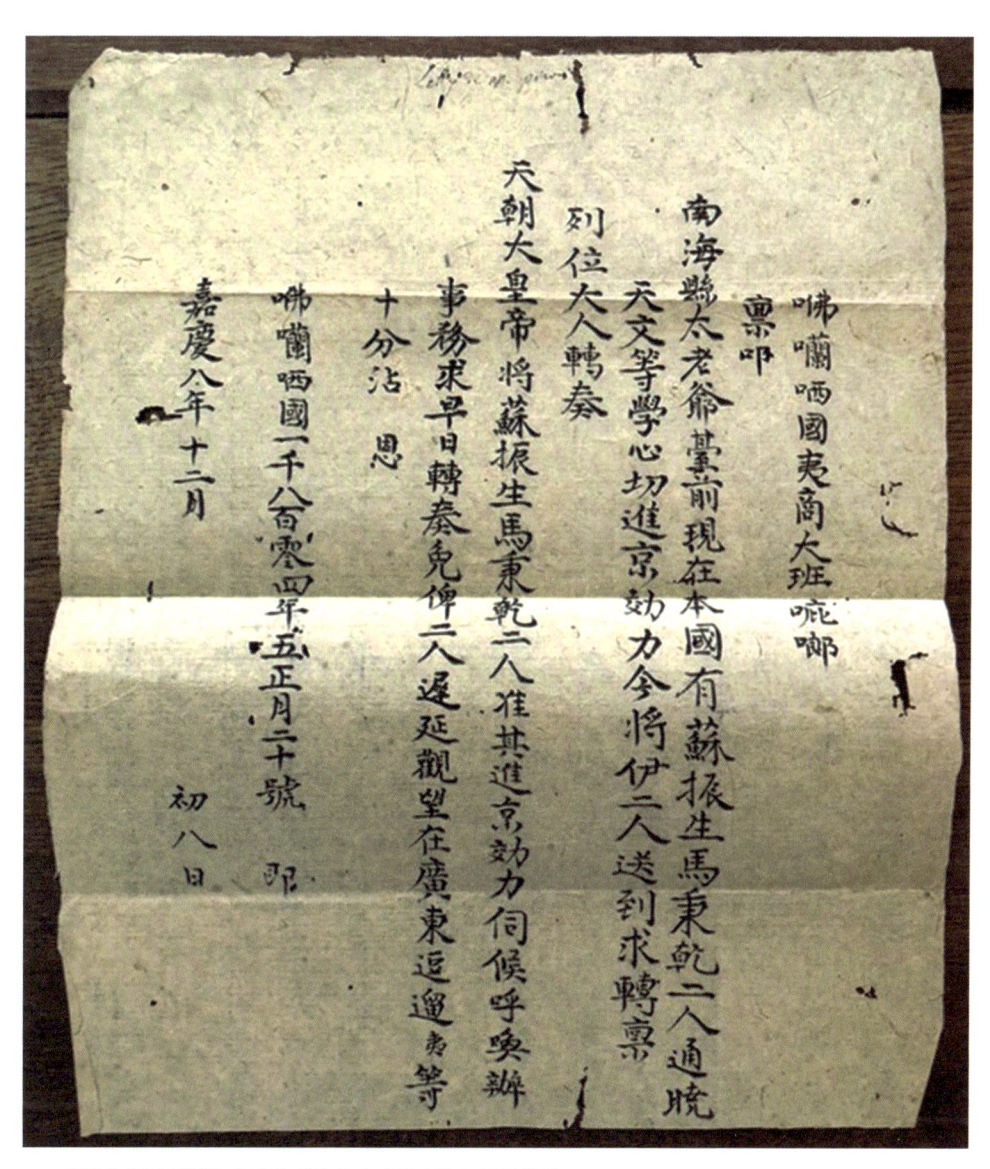

嘉庆年间法国遣使会交广州法商大班呈南海知县的信函

除了知识技术的交流外，十三行为洋人对东方审美印象也有着潜移默化的影响。十三行作为进出口"中介机构",其对外贸易数量高、规模大、品种多。西欧向中国输送的商品主要来自南亚和南洋地区,包括各种香料、药材、硬木、棉花、黑铅、鱼翅等转口产品以及西欧地区的毛布纺织品、自鸣钟、仪器、玻璃镜等工业产品。而中国的出口货物主要包括茶叶、生丝、土布、绸缎、瓷器等。这些商品在国际市场上享有盛名,其中茶叶和瓷器尤其被西方国家所珍视。

十三行的存在催生了中国特定产业的繁荣。中国陶瓷、丝绸、茶叶等大宗出口商品的产区,开始了专门为十三行交易而设立的生产作坊。这些作坊专门生产高质量的商品,以满足国际市场的需求。例如,景德镇的瓷器产区通过十三行的贸易,得以迅速发展。特别是经过与西方国家的贸易,中国的瓷器不再是单一的素白瓷,而是进一步加工,采用彩绘工艺,制成了具有欧洲风格的瓷器,被称为"广彩瓷"。这种瓷器迅速流传至西方国家,深受西方人喜爱,成为中西文化交流的产物之一。

据广州十三行博物馆副馆长王震介绍,十三行时期的中国手工艺人极具"工匠精神"。清代时期,广州十三行一带有5000余家专营外销商品的店铺,约25万匠人专门从事外销工艺品的生产和制作,涉及漆器、银器、瓷器、纺织、绘画、雕刻等各个行业。"如观察雍正时期的广彩瓷器,你就会发现它的每一件的瓷器都是一幅非常优美的风景画和人物画,而且它是由当时的工匠一笔一画描绘上去的。"王震描述道。18世纪欧洲王公贵族很迷中国风(Chinoiserie),法国很多宫廷城堡都有房间的墙纸和摆设带上中国元素。以广绣举例,1776年,仅英格兰公司一家就购买了10.4万条。1900年,经由广州海关出口的广绣价值达496750两白银。这些中国风的器物便体现了浓浓的"工匠精神"。此外,十三行还促进了中国画师与西方画技术的交流。中国画师吸收了西洋画技术,采用西洋画颜料和绘画方法,创作了符合西方口味的画作。这些中国外销画在西方市场备受欢迎,为中国带来了大量的银元收入。十三行在中国外销画贸易中发挥了重要作用,这一领域的银元收入占据相当大的份额。

除了对瓷器、画作等工艺品的珍视外，当时的洋人对中国内部也有着浓厚兴趣。17世纪五六十年代，法国人科西尼曾作为法国东印度公司工程师随船来到广州，于十三行居住，并留下了在广州的所见所闻。1799年，他将记录印刷成书《广州之行》。"这反映欧洲人对中国内部的浓厚兴趣。"吴子祺补充。

在1757年"一口通商"后的100年间，粤海关见证了贸易的蓬勃发展。1776年，十三行洋船达到了39艘，通关各口的收银金额高达588479两。到了1785年，收银额飙升至748125两。而在1786年，洋船数量增至46艘，税收金额达到了872150两。1790年，洋船数量已达83艘，税收升至110万两。进入19世纪，每年抵达的洋船数量更是多达200艘，税收金额突破了180万两，相当于清政府年关税收入的40%。十三行不仅为全国乃至全球经济发展作出了贡献，亦在中西文化交融、塑造东方形象等方面作出了巨大努力。

广州十三行博物馆复原的当时广州面向欧美采购的丝绸章号

有风自南

> 专栏：十三行里的"十三"是什么意思

作为清朝"一口通商"时期中国唯一合法的外贸渠道，广州十三行的真正含义是"从事对外贸易的商行"，十三这个数字并非意味着商行内部只有十三家成员（成员具体数量时有变化，少则四家，多则二十多家），而是商行内部正式订立的行规有十三条。

史料记载，1720年11月26日，各行商为了确保自身商业利益共同组织行会团体，即"公行"，参与的各商行啜血盟誓，并定下行规十三条：

第一条：华夷商民，同属食毛践土，应一体仰戴皇仁，拆图报称。

第二条：为使公私利益界划清楚起见，爰立行规，共相遵守。

广州十三行代表人物伍秉鉴

第三条：华夷商民一视同仁，倘夷商得买贱卖贵，则行商必致亏折，且恐发生鱼目混珠之弊，故各行商与夷商相聚一堂，共同议价货价，其有单独行为者应受处罚。

第四条：他处或他省商人来省与夷商交易时，本行应与之协订货价，俾得卖价公道，有自行订定货价或暗中购入货物者罚。

第五条：货价即经协议妥帖之后，货物应力求道地，有以劣货欺瞒夷商者，应受处罚。

第六条：为防止私贩起见，凡落货夷船时均须填册，有故意规避或手续不清者应受惩罚。

第七条：手工业品如扇、漆器、刺绣、国画之类，得由普通商家任意经营贩卖之。

第八条：瓷器有待特别鉴定者，任何人不得自行贩卖，但卖者无论盈亏，均须以卖价百分之三十纳交本行。

第九条：绿茶净量应从实呈报，违者处罚。

第十条：自夷船卸货及缔订装货合同时，均须先期交款，以后须将余款交清，违者处罚。

第十一条：夷船欲专择某商交易时，该商得承受此船货物之一半，但其他一半须归本行同仁摊分之，有独揽全船货物者处罚。

第十二条：行商中对于公行负责最重及担任经费最大者，许其在外洋贸易占一全股，次者占半股，其余则占一股之四分之一。

第十三条：头等行，即占一全股者，凡五；二等者五；三等者六；新入公行者，应纳银一千两作为公共开支经费，并列入三等行内。

由于十三行垄断了全国的外贸特权，也由此诞生了一批成为世界级富豪的十三行商人，十三行的潘、伍、卢、叶四大行商背后的潘有度、伍秉鉴、卢观恒、叶上林在当时号称"广州四大富豪",其家产总和比当时的国库收入还要多,是货真价实的"富可敌国"。

叶上林祖籍豫章城虔州南安府,经营义成行。在泮塘筑有叶家别墅花园,是唯一成功退休的洋行行主。洋行巨头之一潘氏家族的豪华别墅临广州珠江而筑,堂皇气派,钦差大臣、总督巡抚及外国使节常常在这里会晤。伍家豪宅与潘园交相辉映,是一处大型的园林建筑,可与《红楼梦》中的大观园相媲美。伍秉鉴资产在1834年约有2600万两白银,被当时的西方人称为"天下第一富翁"。

作为十三行代表人物之一,伍秉鉴在当时也留下许多商业故事。传闻有一次,他与一位美国波士顿商人合作经营生意,不料生意不顺,欠下了伍秉鉴7.2万银元的巨额债务。这位美国商人一直未能偿还这笔债务,也无法回到美国。伍秉鉴得知情况后,毫不犹豫地拿出借据,当着那位美国商人的面将借据撕得粉碎。他坚决表示双方的账目已经清零,让这位美国商人可以安心离开十三行,返回国家。对此,美国商人深感敬佩,尊称伍秉鉴为"中国的大祖爷"。

风云变幻:由繁华走向衰败

十三行的发展大致从1830年开始走向衰落。1834年,东印度公司的贸易垄断权被取消,这一决定彻底改变了贸易格局。清政府"一口通商"的体制已无法满足日益增长的贸易需求,而十三行内各国商人之间的贸易摩擦也逐渐升级。外商纷纷试图摆脱清政府"以官制商,以商制夷"的贸易限制。

1837年,广州商界发生了一件轰动一时的事件——兴泰商行破产。企业破产虽并不少见,但兴泰商行并非一家普通的企业,它是广州十三行的一员,扮演着中外贸易与往来的关键角色,它的破产意味着更深层次的问题,这不仅是一家企业的失败,更是整个行商体制的动摇,标志着十三行历史上一个具有深远意义的转折点的到来。

紧接着1840年鸦片战争爆发给十三行的发展以致命打击。中英之间的冲突导致清政府断绝了中英贸易，主要的交易伙伴突然消失，洋货供应急剧减少，局势岌岌可危。清政府甚至下令"不必多方购求西洋物品"，每年进贡洋货的定制也被取消。

1842年鸦片战争结束，《南京条约》签订，英国人获得在中国各口岸自由贸易的权利，这意味着公行制度已经注定走向终结。公行制度随着时间的推移渐渐退出历史舞台，结束了其历史使命。

十三行真正落幕于1856年的大火中。彼时英国侵略者再次兴风作浪，制造了"亚罗"号事件并进攻广州。广州守城兵勇与居民奋起抵抗，但在撤离广州之际，他们选择了毁掉十三行的英国、法国、美国的商馆，不愿留给侵略者任何可利用的资源。1856年12月，英国海军少将西马縻各厘将英军聚集在十三行商行附近，并占领了通往商馆区的新豆栏，他们拆毁了商馆北面和东面的中国民房和店铺，以防止中国军民的袭击。深夜，被拆除的中国店铺的废墟突然引发大火，火势向十三行蔓延；15日，火势扩大，波及了美国、法国、英国等国的商馆。在这次毁灭性的大火中，十三行商行和外国商馆几乎全部化为了灰烬。清朝南海知县华延杰在他的著作《触藩始末》中也对这场大火进行了描述，他写道："夜晚遥望火光，五光十色，光芒闪烁，据说是珠宝被烧得熠熠生辉。"这场大火的破坏力不可估量，给十三行和周边地区带来了巨大的灾难，十三行这一商业帝国也在熊熊烈火中寿终正寝。

十三行由繁华走向衰败，可以总结为外部与内部两方面因素。一方面，欧洲国家思想发生变化，开始也提倡自由贸易、重商主义，国家对商业的控制大幅减少。在此情况下，更多的商人、资本家希望能够更加自由自主地前往东方做贸易，而非通过国家授权的垄断机构去发展贸易。外国商人经商思想的变化在一定程度上撼动了十三行的垄断地位。另一方面，与外国思想的变迁不同，中国曾长期生活在一个农耕社会中，对海外贸易并没有给予过多的重视。当时的贸易局限于"行商体制"中，极大程度限制了广州的贸易活动。另外，行商体制也存在问题。一是行商体制容易滋生腐败，行商需要通过贿赂官员来获取特权，这加重了商人的负担，同时还伴有走私等现象产生。二是行商体制缺乏竞争，因为行商之间很难形成竞争关系，极大限制了贸易的活力。

因此，尽管有着通商口岸，广州的行商在与西方人的贸易中逐渐处于下风。西方国家在近代开始崭露头角，工业化和现代化的浪潮使它们在贸易中占据了主导地位。与此同时，中国依然停留在传统的农耕社会中，对于现代化和商业化的转型相对滞后。这使中国在与西方的贸易中面临巨大的挑战和竞争。"法国大革命后欧洲局势很动荡，法国、荷兰等欧洲国家的海外贸易都受到影响，基本上是英国东印度公司独占了十三行的贸易。'广州体制'一度是成功的，但到了19世纪，弊端越来越暴露出来且积重难返，同时欧洲资产阶级对自由贸易的需求，加上鸦片战争的催化，最终导致该体制的瓦解。"吴子祺总结道。

历尽千帆：传承十三行的商贸精神

尽管广州十三行的"商业帝国"已经终结，但其商贸精神和影响力却在历史长河中生生不息。十三行的历史不仅是商业的辉煌篇章，更是文化、合作和开放的象征。如今，在广州文化公园内，清代十三行的旧址上，坐落着广州十三行博物馆。这个博物馆宛如一扇时光之门，带领游客重返中国近代史上璀璨的贸易黄金时代。

从2013年开始筹备，历时三年于2016年正式开馆，已走过十年光阴。"从我的角度来看，这个博物馆成立，一是为了进一步弘扬传统文化，二是为了响

第一章　开放之城　引领中国向海发展

应习近平总书记提出的'一带一路'倡议，致力于弘扬海上丝绸之路文化。"王震阐述道。

步入广州十三行博物馆，仿佛穿越到了19世纪的广州——那个在全球贸易中扮演着至关重要角色的城市。博物馆通过丰富的展品和生动的陈列，向游客展示了当时广州的繁荣景象以及西方与东方文化的碰撞与融合。据王震介绍，广州十三行博物馆的筹建得到了社会热心人士的大力支持。其中最具代表性的为社会企业家王恒先生，在博物馆的筹备阶段无偿捐赠了1500多件文物。如今，在各界人士的帮助支持下，博物馆文物已经增长了3倍之多。从广彩瓷器到珐琅银器，从古老文物、历史照片、复制品到生动的场景复原，馆内的一切都能令人身临其境。如馆内有一件印着字母"USG"的瓷器，代表的是美国第18任总统尤里西斯·辛普森·格兰特。在这套瓷器烧制后送往美国之际，恰逢尤里西斯·辛普森·格兰特当选总统之时，如此巧合使该瓷器被称为"幸运瓷"。

广州十三行博物馆内部

有风自南

"十三行的外销艺术品在传承中华优秀传统文化方面有自己独到的一面。"王震讲述道,十三行博物馆是游客认识历史、了解历史的窗口之一。除此之外,还能够让游客感悟两三百年前广州传统工匠在广州这块热土上的创造精神与工匠精神。

此外,广州十三行博物馆还致力于教育与文化交流,定期举办各种讲座、展览和活动,为广大游客提供了更多了解历史和文化的机会。

广州十三行博物馆不仅是历史的见证者、文化的传承者,也是连接过去与现在的桥梁,更是海上丝绸之路的一张广州名片。它向世人展示了中国与世界之间的紧密联系,以及广州这座城市在国际贸易中的突出地位。游客可以在博物馆中领略到中国式现代化的探索历程,感受到广州这座城市在不同历史时期的变迁与发展。

结语

十三行的兴起是历史赋予的宝贵机遇,其发展历程既见证了中国与外部世界的交流,也承载了时代变迁的沉重责任。公行制度虽已结束,但十三行的精神与历史故事将永远在中国的历史和商业文化中占据重要地位。

十三行不仅是一个充满传奇的历史故事,更是对中国式现代化的重要启示。其影响不仅限于经济领域,还拓展到文化、教育等各个领域。在十三行的黄金时代,各国商贾、探险家和外交使节纷至沓来,这里成为中西文化碰撞的热土。商人们在这个充满异域风情的港口交流着商业情报,创新着商业模式,不仅促进了贸易的繁荣,也为文化和技术的传播创造了机会,为多元文化的融合奠定了基础。

十三行的经验说明,在中国式现代化的道路上要以开放、共赢、诚信的姿态面对国际经济发展。只有通过合作与包容才能共同创造更加繁荣与和谐的未来。

第一章　开放之城　引领中国向海发展

2023 年 4 月，习近平总书记在广州视察时强调："中国改革开放政策将长久不变，永远不会自己关上开放的大门。一切愿意与我们合作共赢的国家，我们都愿意与他们相向而行，推动世界经济共同繁荣发展。"广州这个世界海运史上唯一两千年不衰的通商口岸，无疑是彰显中国扩大高水平对外开放决心的最好样本。

有风自南

广交天下
万商云集续谱老城新篇

引言

广州因商而立，作为中国最有代表性的千年商都，这座城市一直延续着其独特的商业魅力。1957 年，第一届中国出口商品交易会在广州举行，创下 0.18 亿美元的成交额，而当年的国家外汇储备仅为 1.28 亿美元。由此，广交会开辟出一条中国与世界交往的通道，迅速成为中国出口创汇的主渠道，更因其历史最长、规模最大、商品种类最全、到会客商最多、办会效果最好被称为"中国第一展"。

改革不停顿，开放不止步。走过辉煌春秋 67 载，广交会已被视为观察中国外贸韧性与优势的窗口，也是中国不断深化高水平对外开放的展现。习近平总书记向第 130 届广交会致贺信时指出："广交会要服务构建新发展格局，创新机制，丰富业态，拓展功能，努力打造成为中国全方位对外开放、促进国际贸易高质量发展、联通国内国际双循环的重要平台。"如今，更加开放的广交会以"卖全球，买全球，全方位对外开放平台"为战略定位，继续为促进高水平对外开放、服务构建新发展格局作出重要贡献。

而如今的广州，千年商都也展现出新活力，天河路世界级商圈成为消费新地标、北京路等老城区商圈活力焕新，各类专业市场不断优化升级，国际消费中心城市加快培育。

广州既成就了广交会,广交会也成就了广州。

广交会的诞生:为国家获取外汇

新中国成立初期,在特定的历史条件和发展环境下,外贸发展遵循的基本原则是"调剂余缺、出口换汇",那时中国的贸易伙伴数量并不多。

国家建设需要外汇,但外汇获取之路困难重重。如何破局?

1955—1956年,外贸部门就尝试性地在广州举办了内贸、外贸相结合的"华南物资交流大会""广东省物资展览交流大会""广州出口物资展览交流会",收效甚好。

"既然小型的办得不错,何不办个大的?"1956年6月12日,当时的外贸部驻广州特派员向外贸部发了一封电报,提出可在广州举办一次大型的全国性出口商品展览交流会。6月19日,外贸部首任部长批复:"我同意,如果大家没有不同意见,即照办。"8月,这个建议由外贸部上报国务院,受到高度重视,周恩来总理亲自批准同意。

1956年11月至1957年1月,中国出口商品展览会在中苏友好大厦顺利举办。这是一次试办性质的展会,也是后来广交会的前身。

时间来到1957年4月25日,第一届中国出口商品交易会在广州中苏友好大厦拉开帷幕,从此登上了风云际会的舞台。

那一天,著名建筑师林克明主持设计的中苏友好大厦披红挂绿,大厦前1万多平方米的广场人来人往,热闹非凡。

广交会让中国企业走出国门,同时也张开双臂,欢迎国际客商来到中国来到广州。

"广交会是中国高质量对外开放的一个缩影,反映出中国正以强大的内外经贸联系推动经济的高质量发展。"华南美国商会会长哈利·赛亚丁30年前就参加过广交会,"那时广交会还只是在广州流花路的展厅里举办的一个比较小的交易会。许多住在中国饭店或东方饭店的参展商把展位设在宴会厅甚至大堂。如今,它已发展成为占地面积最大、商品种类最多、规模最大的贸易博览会。"

2021年,美国华南商会、中国对外贸易中心和中国进出口商品交易会签署了《全球合作伙伴协议》,华南美国商会已经并将继续帮助美国企业利用广交会带来的机遇,帮助他们在中国各地和广交会上展示和销售美国制造的产品。目前华南美国商会代表超过2300名会员,这些会员的投资占所有美中贸易和投资的近40%。据估计,会员已从利润中拨出高达183亿美元的现金,在未来三至五年对中国进行再投资。

"中国是一个张开双臂欢迎我的国家,我自豪地称它为我的家。"来自委内瑞拉商会的吉塞尔·博内特经常参加广交会,已帮助中国企业与数千家外国企业建立了贸易关系,"广交会是世界上规模最大的进出口贸易盛会。我相信所有的商人都应该利用这个机会与中国最好的工厂和供应商建立联系。"

"自2010年以来,我一直是广交会的常客,为欧洲、南美和非洲的公司采购产品,这不仅让我做了生意,而且极大地扩大了我在中国各地的朋友网络。"葡萄牙商会会长席尧认为,广交会在促进国际贸易和跨境经济发展方面发挥着至关重要的作用,"对于来自世界各地的采购商来说,他们可以在广交会遇到新的机遇。"

"大约20年前我第一次参加广交会,当时遇到了一家中国小型供应商,后来它成了一家大型制造商,也是我们最好的朋友和合作伙伴。"巴西中国商业联合会市场总监杰克感叹,如今,广交会已成为公司最期待的活动,"在那里我们可以找到最好的供应商和产品。我们也会邀请所有的客户来参观交易会。有一段时间,我们有40多名来自巴西的客户同时参加展会。"

"对于广州而言,广交会可以说是石破天惊的大事。"28岁的梁永淞以广州

第一章　开放之城　引领中国向海发展

轻工业品进出口公司（现广州轻出集团股份有限公司）外贸业务员的身份参加了首届广交会，成为我国第一代外贸人。开幕当天，他身穿整洁的中山装，一大早就骑着自行车来到广州中苏友好大厦。"以前广州没有举办过这么大型的活动，大家都非常兴奋。我们守在摊位上就不断有客人来谈合作，谈下来之后就在现场签合同。"梁永淞也在现场收获了自己的第一单生意，"当时我们参展的产品主要有自行车内外胎、小电器、棉麻纺织品等，我成功签下了一家做轮胎业务的新加坡公司的海外代理权，后来两家公司还合作了很多年。"

> **专栏：从第一届开始场场不落　广州企业和广交会的故事**
>
> 广交会，为中国企业走向世界搭建了桥梁。1956年诞生的广州轻出是中国最早的专业进出口公司之一，与广交会几乎同龄。"第一届广

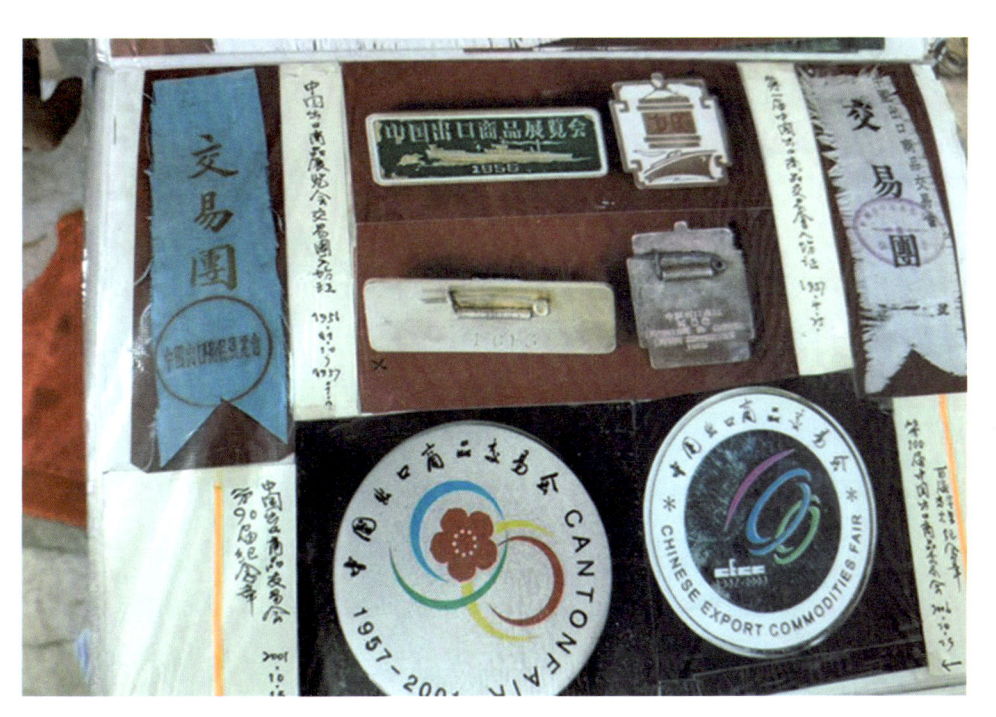

梁永淞收集的早期广交会相关纪念品

交会举办的地点距离广州轻出的办公楼不到1公里，轻出也成为当年第一批参展企业之一，从此开启了与广交会的不解之缘。"广州轻出集团股份有限公司副总经理翟辉认为，通过广交会，广州轻出不断向世界推介更多的"中国制造"，输出优质的外贸服务，"每一位老客户背后都有一段彼此美好的交往回忆，很多老客户都是合作超过10年的，有些甚至历经三代。"

"与现在频繁展出机器人、工业设备、电子产品等高科技产品的景象不同，当年的展品大多数是农产品、地方特产和科技含量不高的轻工业品，如番禺的橘子、从化的荔枝、南海的爆竹、阳江的漆器、唐山的洁具、西山瓷砖等。"梁永淞回忆，当时参加第一届广交会的采购商加起来只有1000多人，主要来自港澳、东南亚以及和中国有邦交的国家，规模非常小。

与广交会共同成长60余年，广州轻出一路蜕变，现在已经是年进出口额8亿美元，产品涉及家电、家居用品、机械等20多个大类，出口国家和地区达138个、进口与出口平衡发展的外贸企业。

广交会的成长：六十余载风雨无阻终成"中国第一展"

资料显示，首届广交会以9600平方米的面积，展示了1.09万种商品，但农副产品占比超六成。

而到了2023年第133届广交会，展览总面积已扩增至150万平方米，展位数量7万个，实现出口成交216.9亿美元。线下展企业更是高达34933家，其中生产企业、民营企业是最大参展主体，占比分别达50.57%和90.1%。优质特色企业数量创历史新高。行业头部企业和拥有专、精、特、新"小巨人"、制造业单项冠军、国家级高新技术企业、国家企业技术中心等称号的优质企业共计约5700家。

广交会也日益成为中国企业发布新品的首选舞台。第133届广交会线上线下举办的新品首发活动有300多场，涉及工业制造、电子家电、建材家装、五金工具、家居消费、时尚生活、健康休闲等。整个在线上平台上，展览的展品超过300万件，其中企业标注的新品达到80万件，绿色低碳产品50万件，智能产品13万件。

和不断扩大的广交会规模相呼应的是广交会展馆的不断变化。

广交会举办至第三届后，主办方就意识到每次租用举办场地终非良策，因而决定自建场地。最初选中的是海珠广场东侧与华侨大厦毗邻的一片居民区，第二次选址仍着眼当时的广州商业区——海珠广场北边。1959年，一栋8层高的广交会大厦拔地而起，即现在的广东省商业中心大厦原址。

随着广交会的继续扩大，几年后海珠广场的这栋大厦也无法适应需要，广交会只好又迁回中苏友好大厦，并经过多次大规模改建、扩建，才形成了后来的广交会流花展馆。2000年之后，广州市政府为迁址至琶洲的广交会建设了全新的展馆，其中展馆一期于2002年底开始投入使用，2004年正式开始成为广交会主会场，此后又分别扩建了二期、三期和四期，最终造就了享有"亚洲最大的现代化展览中心"之称的广交会展馆。

一路走来的广交会也在不断创新。

第130届广交会创造了三个"首次"：首次采用线上线下融合举办、首次举行珠江国际贸易论坛、首次全面对境内采购商开放。

正是在这一届广交会上，习近平总书记向广交会发来贺信，充分肯定了广交会为服务国际贸易，促进内外联通、推动经济发展作出的重要贡献，也对广交会服务构建新发展格局提出了新的要求。时任国务院总理李克强出席开幕式并发表主旨演讲，宣布了一系列对外开放政策与贸易创新举措。

而在广交会发展的历程中，还有一个重要的时间节点不得不提。从2007年开始，展会增加了进口展区，"中国出口商品交易会"正式更名为"中国进出口商品交易会",广交会也从中国制造的窗口成长为世界制造的平台。

2023年春季第133届广交会全面恢复线下展,且规模创历史新高。本届广交会新增了工业自动化及智能制造、新能源及智能网联汽车、孕婴童用品3个新展区,以及智慧生活、银发经济、检测和防护用品3个新专区,展区数增至54个,专区数增至159个。机械类展区也进行了优化重组,集中安排在D区展馆展出。另外,进口展规模进一步扩大,首次在三个展区均设置进口展,面积达到3万平方米。来自40个国家和地区的508家企业在12个专业展区参展。为了优化贸易配套服务,鼓励贸易服务企业发展,本届广交会还首次引入了物流仓储、金融保险、检测认证、商业咨询、设计创新、跨境电商和综合服务等贸易服务企业参展。

恢复线下展,让"老广交"们兴奋不已。广州轻出给国外老客户发邮件的问候从"Long time no see"变成了"See you very soon"。企业的大部分老客户都明确表示会来参加本届广交会。"广交会赋予世界各地的外商一次旅程就能结交行业内最多供应商的机会,甚至全产业链和供应链各个环节都可以一次性找齐配齐,因此不仅成交效果好,广交会结下的友谊也特别持久,广交会的魅力就在于此!"广州轻出集团股份有限公司副总经理翟辉坚信,广交会将在国际贸易发展上起到越来越大的作用,促进中国与世界的交流与贸易更上一层楼。

广州万宝集团冰箱有限公司副总经理陈刚也有同样想法:"广交会让我们与外国客商建立了深厚的友谊。逐步从普通的买卖关系发展为相互信任的好友。"万宝每年都借助广交会的线上线下平台,与外国客商相聚和沟通,彼此除了谈市场、谈产品,还会谈人生、谈未来。线下展重开的首日,万宝冰箱展位现场火爆,甚至出现会议桌爆满的情况。当天,万宝就与来自俄罗斯、美洲、中东国家和地区的外国客商进行了卓有成效的洽谈,收到约70批次询价,签订多笔意向订单,并与北非客户进行了现场签约。

从2005年开始至今,香港Far East Brokers公司区域经理谭素韧都会陪同或者代表不同类型的美国公司到广交会采购产品，参会次数接近 30 次。"采购产品的厂家北到辽宁，南到海南岛，东到上海，西到陕西，大江南北都有，每次到广交会我们都可以找到新的产品，新的合作伙伴。"谈起线下展的恢复，她异常开心："线下展的恢复，提供了更方便的交流平台，让全世界的客户和中国各地的厂家以及外国厂家齐聚一堂。而且还特别新增加了一些国内的著名集团加入采购行列，为广交会加入了新的活力。"

> **专栏：为什么第 130 届广交会被称为"具有里程碑意义"？**
>
> 在至今为止广交会 60 多年的历史上，2021 年 10 月 15 日开幕的第 130 届广交会具有特殊意义。这次广交会有三个"首次"：首次采用线上线下融合举办、首次举行珠江国际贸易论坛、首次全面对境内采购商开放。
>
> 作为中国外贸的晴雨表和风向标，历史上广交会的每一次创新和变革都折射出中国对外贸易和全球贸易的转向和变化。
>
> 20 世纪 50 年代它的诞生在东西方贸易隔绝中打开了一道缝隙，为新中国建设带来了宝贵的外汇。而在 20 世纪 70 年代末期，前来参会的外国政要通过它窥探到了中国改革开放融入世界的决心。到了新世纪初中国彻底融入全球经济贸易网络后，当时的国家领导人通过广交会的平台告诉世界，中国加入世贸组织大家庭，既是中国的成功，也是世界的成功。
>
> 而从历史的坐标出发，第 130 届广交会的首次线上线下融合举办、首次举行珠江国际贸易论坛、首次全面对境内采购商开放等多项创新，也分别折射出了传统贸易从向线上数字化转型、中国出口产品建立品牌溢价、外循环和内循环融合等当前国内国际贸易前沿领域的最新变化和最新趋势。

有风自南

作为这届广交会创新平台，在珠江国际贸易论坛上，围绕高水平开放与贸易创新、新发展格局下的外贸新业态新模式等主题，来自政商学各界的代表纷纷发声，为促进国际国内贸易大声疾呼。

中国国际经济交流中心副理事长、央行货币政策委员会委员、国务院发展研究中心原副主任王一鸣在论坛上表示，加快外贸新业态新模式发展，对构建国内国际双循环相互促进的新发展格局具有重要意义。"双循环新发展格局要求在推动国内大循环的同时，打通国际国内两个市场，培育和形成我国参与国际合作和竞争的新优势，拓展外贸发展新空间。"王一鸣强调，跨境电商等外贸新业态新模式的发展，将促进供应链、产业链的相互衔接，推动国内产业数字化智能化水平的提升，促进资源快速有效流动，进一步畅通国内经济循环。

国家创新与发展战略研究会学术委员会常务副主任黄奇帆在论坛上表示，以内循环为主的新发展格局是中国更大范围、更大领域、更深层次的对外开放，是要形成内外循环相互促进的新格局。在这种情况下，中国对外开放格局呈现的特征之一就是从融入和适应全球经济治理体系为主，转变为积极参与甚至引领国际投资和贸易规则的制定修订。他认为，回溯近代的开放史，广东一直走在前面，是千年商都也是海上丝绸之路的重要发祥地。近代以来，广东更是成为中国人开眼看世界的肇始之地，大批广东人为了生活勇敢闯世界，汕头、江门等地都是著名的侨乡侨都。正是这样的基因，这样的文化，为广东在新时代开改革开放风气之先奠定了底蕴。

广交会的选择：展会与城市的双向奔赴

有人说，广交会的"广"，是广交朋友的"广"，也是广州的"广"。

第一章 开放之城 引领中国向海发展

这个"中国第一展"为何落地广州？

从战略定位来看，在改革开放之前，广交会是我国最重要的外贸窗口和创汇来源。而广州是中国古代海上丝绸之路的发祥地之一，广州港是世界唯一两千年长盛不衰的大港。发达的海上贸易使广州自古以来就是中国的商业门户，有着"千年商都"的美誉。凭借港口优势，作为中国南大门的广州在历史中实现了与东南亚、西亚、北非、欧洲的贸易和经济文化交流，对中华民族文化特别是岭南文化的传扬起到了积极作用。两千多年历史孕育的广府文化、粤商文化，以其特有的开放、包容、创新、务实的精神气质，成为推动广州经济社会持续发展的深厚动力。成千上万粤商传承商脉，连通海内外形成覆盖全球近200个国家的商业网络，构成了广州独特的商贸基因，促使广州形成良好的营商环境和深厚的商贸基础。

另外，毗邻香港的地理优势也让广州成为广交会的不二之选。作为联系中国和世界的纽带，香港地区始终是广交会第一大客源地。统计显示，1957年首届广交会，1021名港澳采购商到场参会，到了1979年第45届广交会迅速上升至13438人，翻了10多倍。而2001年，光是香港采购商，就已经达到33000多人。近年来，虽然到会的香港采购商有所下降，但香港仍然保持着第一客源地区的纪录。

和广交会第一客源地相对应，早期港澳成交额曾占整个广交会半壁江山。首届广交会出口成交1754万美元，港澳出口成交额占广交会出口成交总额的64.33%。据香港中华总商会前任会长曾宪梓回忆，香港中华总商会派往广州的第一个代表团在3天内成交500万港元，这在当时已经是不小的数目。此后，港澳成交额一路攀升。1991年第67届广交会上，港澳成交额达到27.3亿美元，占比仍接近五成。随着中国贸易多元化发展，港澳成交占比有所下降，但仍在广交会总成交额中占据重要地位。

广州自身强大的制造业基础也支撑了广交会主场的功能。广州拥有全国41

个工业门类中的 35 个，拥有全国规模第二大的广州开发区，是整个华南生产制造业的最主要产业链总部基地和供应链中心，在"前店"和"后厂"中起着循环链接的核心枢纽作用。其中，广州代表性的纺织服装产业规模大、品类全、产业链条完整，涉及服装企业及关联企业在 3 万家以上，相关服装服饰品牌 3000 个以上。此外，广州在珠宝、箱包皮具、美妆日化、茶叶、花卉等领域也形成了一批特色突出、集群效应明显的产业集聚区，孕育了多个知名品牌。

作为珠三角交通枢纽城市，广州所具有的流量优势也不可忽视。广州位于珠江三角洲以及广东省的中心位置，毗邻港澳，临近东南亚，处在海上丝绸之路的核心区域，素有"中国通往世界的南大门"之称，是集公路、铁路、航空、水运等国家级枢纽于一体的国际性综合交通枢纽城市。《2022 年广州市交通发展年度报告》中披露，即使在新冠疫情的背景下，2022 年广州白云机场年旅客吞吐量达到 2610 万人次，单一机场吞吐量连续三年全国第一，全年承担国际航空旅客吞吐量 78 万人次，是国家重要对外门户枢纽。广州港集装箱年吞吐量 2486 万标箱，位居全球第六。铁路旅客年发送量 6667 万人次，广州南站 4770 万人次位居全国第一。广州都市圈交通一体化程度也较高，2022 年大湾区城际间日均出行量 542 万人次，其中广佛肇占 49%，其次为深莞惠占 36%、珠中江占 15%。广佛同城联系较强，广佛两市间日均出行量达 171 万人次，占湾区城际出行总量 32%，约为深莞的 2 倍（84 万人次）。

在广交会的带动下，60 多年来广州已经成为国际会展之都，是我国三大会展中心城市之一。2023 年一季度，广州市重点专业展馆举办展会 56 场，超过上海（一季度 31 场）和深圳（一季度 32 场）。而从上半年来看，全市重点场馆举办经贸类展览 140 场，展览面积近 560 万平方米，接待参展参观人数超过 766 万人次，同比分别增长 2.3 倍、1.8 倍、8.6 倍。

在广交会的辐射和带动作用下，广州的会展经济已不止于广交会，广州国际照明展、家具展、建材展、美容美发展的规模和质量也都达到亚洲第一和世界领先。这里还成功举办2017年《财富》全球论坛、2018年世界航线大会、2019世界港口大会、2019广东21世纪海上丝绸之路国际博览会等国际型会展活动，极大地提升了广州会展业的影响力。

如今的广州对会展产业具有了更高的追求，打造全球贸易枢纽、国际会展之都和国际商贸服务中心。未来将争取提高广交会辐射面和影响力，探索"新业态＋会展"，培育领军型展览集团和全球专业展览。

如今的琶洲，除了广交会展馆之外，还成长起了南丰国际会展中心（即南丰汇大楼）、保利世贸博览馆、中洲交易中心、广州国际采购中心等展馆，"一大四小"的展馆群有望让广州琶洲成为全球场馆规模最大、功能和配套设施完善、各类会展活动最活跃的会展集聚区。

专栏：耗时二十多年才打造出完整版广交会展馆

因当时的流花路展馆不能满足广交会规模逐年扩大的实际需要，早在1993年，当时的国家外经贸部提出要将广交会迁址重建，争取办成规模宏大、设施先进的世界级博览会。为了留住它，广州当时在市内拿出4个地块让广交会作迁址备选，专家们一致建议选址琶洲岛，最终在2000年广交会展馆正式落子琶洲。

为了打造国际化的广交会展馆，当时广州市一口气在琶洲拿出了约1000亩土地作为展馆和配套附属设施的发展空间，并且专门组织了一场国际设计竞赛向全球征集展馆的建筑设计方案，确保新建的场馆不仅使用功能达到世界一流水准，建筑造型也要能代表城市形象成为全市地标。

精心选拔下，日本佐藤综合计画建筑事务所以波浪般起伏的造型和与珠江融为一体的设计理念打动了评委，最终为广州贡献了一座大气又精巧的地标。

有风自南

琶洲展馆最显著的特征是它波浪般起伏的金属立面高低错落地延伸至珠江,宛如一片轻盈的丝绢在江风的吹拂下飘落在大地上。场馆种有植被的绿色草坡也和户外广场上大片的绿地连成一体,再加上江边滨水公园的郁郁葱葱,互相映衬的绿色浑然天成,仿佛在珠江水灌溉滋润下自然养成的一般。难怪当时华南理工大学建筑设计研究院著名建筑大师倪阳用"光和风、水和绿融为一体""始于自然,归于自然"这样的词语来形容它的美好。

2002年琶洲展馆一期正式落成,复杂先进的建造工艺让它在当时创造了两项世界纪录:以39.5万平方米的体量成为单体展馆面积之最;展厅顶部长达126.6米的钢横架跨度全球最大。

如今20多年过去了,当年只建了一期的广交会展馆也随着中国外贸发展的需求而逐渐扩展,先是扩建了二期和三期,如今已经扩建到四期。

广交会展馆一至四期

> 2023年，广交会展馆四期展馆扩建项目在133届广交会首次全面开放迎客，这也使本届广交会的展览面积达到历史新高。作为广交会发展史上最大的扩建项目，它创下了全国首例"适应性"超高超长距离119.5米大跨度预应力倒三角管桁架结构滑移纪录。自此，广交会一跃成为全球规模最大、功能和配套设施最完善、各类会展活动最活跃的"全球第一展"。

结语

作为每年固定举办两次的最具国际影响力的展会，广交会在广州打造国际消费中心城市和全球会展之都上始终起着举足轻重的作用。广交会每年都带来大量人流到广州，数据显示，2023年秋季第134届广交会线下参会的境外采购商接近198万人，创历史新高。共有117家工商机构组团参会，165家跨国头部企业组织买手参会。广交会培育出了物流、搭建、孵化等会展产业链条，这种产业生态能形成一种"长尾结构"，带动更多广州企业和展会相关产业发展，助力广州进一步打造"全球会展之都"。

对中国而言，广交会是企业走向世界的桥梁；对世界而言，广交会为各个国家和地区的企业与中国企业合作构建安全、可靠、高效的供应链创造机会，也为他们搭上中国经济复苏和发展快车提供平台，广交会不断扩增的"超级朋友圈"正在打造超级影响力。

作为千年商都，广州成就了广交会；作为历史最悠久规模最大的"中国第一展"，广交会也成就了广州。广州与广交会的交融互促，成就了城市与展会共生共荣的一段佳话。

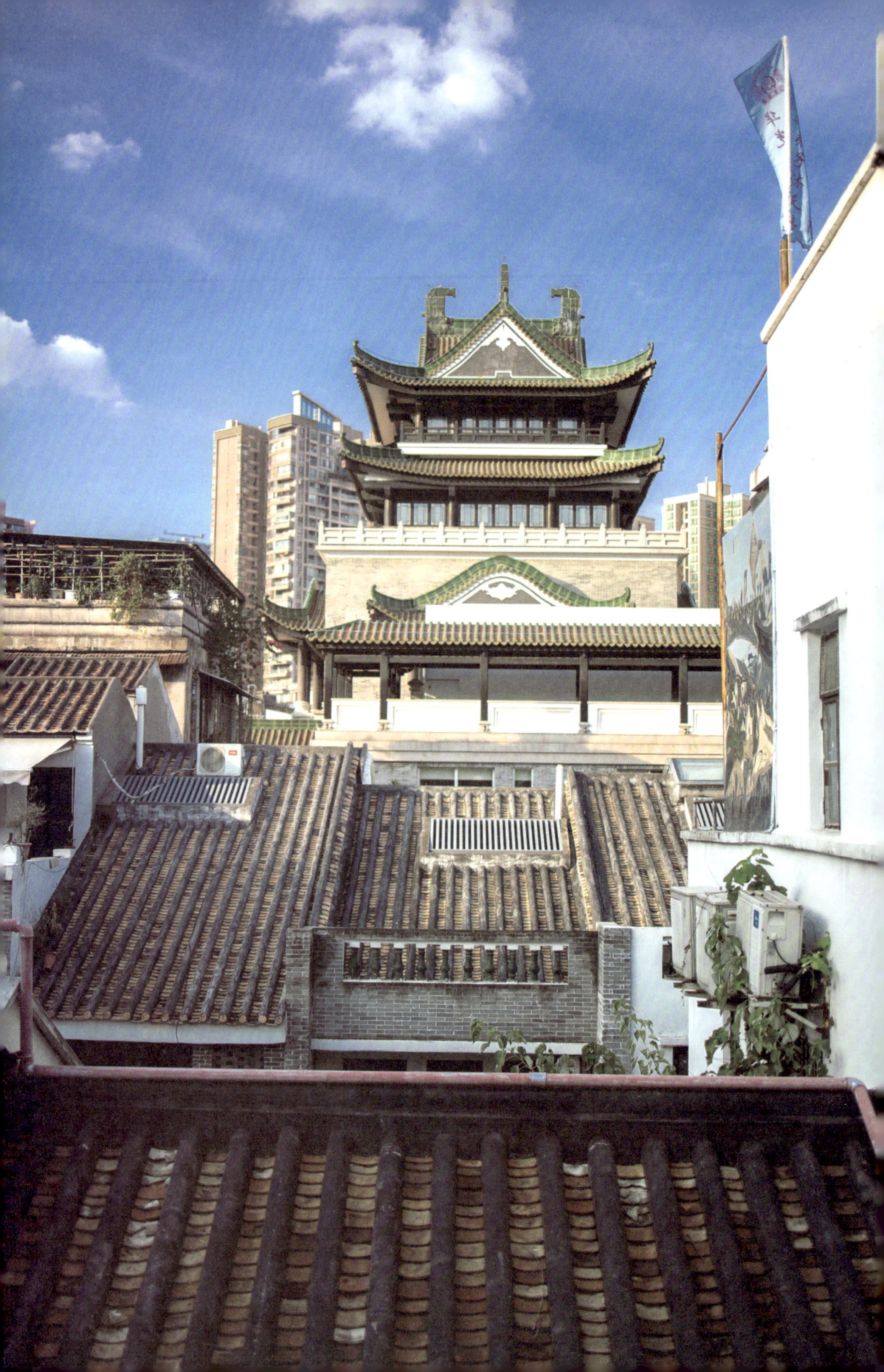

第二章

有风自南
广府文脉历久弥新

"有风自南,翼彼新苗。"以广州为代表的岭南因地处边陲、向海而居,素有得天下风气之先的文化传统。自古以来,广州都是中外文化交流的重要桥头堡,在多元文化长期的互动、交流中,逐步形成和而不同、博采众长、融会贯通的岭南文化。

一个城市的文化名片往往代表了它在世界范围内的辨识度和影响力,就像一提到西方文明的古典时期就会想到古代雅典的神庙和罗马的斗兽场,一说到西方近代建筑就会想到伦敦的水晶宫和巴黎的埃菲尔铁塔。两千多年的建城史赋予了广州丰厚的文化遗产,也形成了能够让人辨识广州的诸多城市名片和形象符号:绵延不绝的骑楼历史街区、街头遍布的凉茶铺和早茶楼,还有代表广州商贸底蕴的诸多专业批发市场。

从文化主义的视角看,这些有形的城市标识其实都有一个共同的岭南文化根源。正是因为有着领风气之先的文化底蕴,广州才能凭借改革创新、开放包容的胸襟引入各种文化元素跟自身的本初文化结合,最终将各种成分融会贯通形成今天的广州城市文化。

习近平总书记在文化传承发展座谈会上强调,在新的起点上继续推动文化繁荣、建设文化强国、建设中华民族现代文明,是我们在新时代新的文化使命。只有全面深入了解中华文明的历史,才能更有效地推动中华优秀传统文化创造性转化、创新性发展,更有力地推进中国特色社会主义文化建设,建设中华民族现代文明。在本章我们也带着走读的眼光和心态去逐一了解骑楼、凉茶、早茶等广州的文化名片,通过它们去深入感受这座城市深厚的文化底蕴。

有风自南

百年骑楼
兼容并蓄的城市文化符号

引言

"落雨大,水浸街,阿哥担柴上街卖,阿嫂出街着花鞋,花鞋花袜花腰带,珍珠蝴蝶两边排……"这是一首代代相传的广府童谣,描述的是旧时广州西关城区下雨天的场景。为什么下雨天广州人还能上街卖柴,走路也不怕湿鞋?因为广州有着一种特别的建筑,那就是骑楼。骑楼是西方建筑形式传入后与广东地区特点长期融合演化而逐步发展成的岭南建筑形式。中华文明具有突出的包容性,骑楼是兼容并蓄中西文化的典型建筑形态。今天,骑楼已经成为体现广州这座城市开放包容特质的重要文化符号。

骑楼作为广州乃至整个岭南地区的重要文化印记,体现着广府建筑中西合璧、革故鼎新的鲜明风格。北京有四合院、上海有小洋楼,广州的代表就是骑楼。它的出现虽然只有上百年的时间,但已在广州建筑历史上留下了深深烙印,足见它独特的魅力。

在以荔湾区、越秀区、海珠区为核心的约 15 平方公里"老城区"中,密密麻麻分布着近 60 条骑楼街。作为岭南十大文化名片之一,骑楼及骑楼街如何保护和发展?2019 年,广州市发布首个针对骑楼街保护的法定规划,提出对广州骑楼街"一环三带,四片十街"传统格局进行规划利用与保护。广州要让骑楼留下来,保护好,利用好。骑楼街就像老城中一道永不褪色的风景线,不仅承载着广州街坊的旧日情怀,更成为年轻人 city walk(城市漫步)的必选项。

百年前骑楼在广州兴起,现在在城市钢筋水泥丛中它仍然矗立,记录着城市成长发展的过程,折射出广州的历史人文风貌。每个生活在广州城的人,或许都曾在它的屋檐下遮过阳、躲过雨。骑楼已是广州这座城市难以割舍的记忆。不管是从建筑维度还是从情感维度,骑楼早已成为广州城市文化的经典符号。历经风雨的百年骑楼,如今被赋予新生,重焕光彩。

历史渊源:融合西方**卷柱廊**和岭南传统**竹筒屋**

在广州老城区街道两旁,一幢幢房子好像长了脚,被柱子架在半空,底层的房子往里"缩"进两三米,行人可以在楼底走廊行走、遮阳避雨以及购物。从外形来看,二楼像"骑"在了一楼之上,骑楼的名字或许就因此而来。

骑楼的早期原型为欧洲的外廊式建筑,后来随着西方殖民者的脚步传到了东南亚,作为一种城市街屋模式首先在新加坡、中国香港等地出现。广州的竹筒屋对骑楼建筑的演变也起到一定作用。竹筒屋是明清时期广州城市居住建筑的主要形式,后来,竹筒屋经过改良后演变成西关大屋,成为十三行富商巨贾的居所。竹筒屋的平面布局很像竹子,成方正的长条块状,如果将竹筒屋临街部分架空,就变成骑楼了。

如此看来,广州骑楼最初是"舶来物",但同时结合了广州本土特色逐步演变发展。《广州市志》(卷三)对于骑楼有着类似的介绍——骑楼是外国卷柱廊式建筑形式传入后与广东地区的特点长期融合演化而逐步发展成的一种具有岭南特征的建筑形式。

有风自南

恩宁路上的典型骑楼建筑八和会馆

  常见的骑楼通常是"三段式",分为楼顶、楼身、骑楼底三部分。有的楼顶矗立着尖顶塔楼,有的正面墙顶挑出拱形雨篷,奇特的造型为单调、平整的天际线增添了情趣。在楼顶装饰中，山花和女儿墙可谓是"标配"。山花有意设计成曲线和半圆形，如今不少装饰一新的骑楼，便是仿照当年的山花设计的，有些是极具现代感的直线条形，有些加入西方柱饰、带有欧洲风格，有些则在上面雕塑着各式各样的图案。山花两边的矮墙便是女儿墙，又称"压檐墙"，出现在天台边缘以及檐口以上的位置。骑楼立面的色彩以当地盛产的贝灰白色调和以米黄色为主。墙面具有丰富多彩的艺术效果，墙面浮雕图案、窗洞形式、线角、阳台铸铁栏杆等，融合了西方的"巴洛克"或"洛可可"建筑装饰风格。

广州骑楼的最大特点就是把门廊扩大，毗连串通成沿街廊道。廊道上面是骑楼，下面一边向街敞开，另一边是店面橱窗，顾客可以沿骑楼自由选购商品，店铺后面是工场、货仓、生活用房，楼上一般住人。这一特征与岭南地区独特的地理与人文环境密切相关。广州气候高温多雨，骑楼一楼走廊为行人遮雨遮阳，"暑行不汗身，雨行不濡屦"成为骑楼的真实写照。中国工程院院士何镜堂说，骑楼等岭南建筑体现了多种文化的融合，也体现了当地气候环境的特殊性。

广州素有"西关小姐，东山少爷"的说法，老广州居住人群"西富东贵"的特点在骑楼建筑上也有所折射。广州骑楼分为西关骑楼、东山骑楼两个流派。西关骑楼在外观上既采用了罗马柱、卷曲花纹等西方建筑装饰符号，也融入了清水砖、满洲窗等中国传统建筑元素，更显古典雅致；东山骑楼在建筑的审美理念上更具抽象化，化繁为简，弃线条烦琐的罗马柱，转用简单的方柱、圆柱，用细石米墙代替了清水砖墙，更显体面气派。

骑楼可谓是"拿来主义"的范例。借用西方建筑，结合岭南传统建筑，最终自成一格，形成了岭南城市独特的骑楼风貌，极具特色，漂亮又实用，活泼而自由，成为岭南风情的又一体现。相比起其他地方的骑楼，广州骑楼建筑中最具中式建筑特色的是满洲窗，这种在西关大屋中常见的满洲窗，被运用到骑楼上，它由五颜六色的玻璃及木格组成窗花，非常特别，比现在常用的塑钢或铝框窗户更有艺术韵味。

发展历程：从中国香港、新加坡传入并风靡广州

骑楼是清末民初从中国香港、新加坡等地传入的，与高温多雨、商业发达的广州一拍即合，但广州建设骑楼的过程并非一帆风顺。

1878年，香港地区为了改善居住拥挤的状况，当局颁布了《骑楼规则》，骑楼很快成为香港城市商业铺屋的主要形式。1884—1889年，主张"中体西用"的张之洞担任两广总督，在得知了骑楼的功用后，他主张将这一"西方技艺"引入广州，建议在广州兴建类似骑楼的"铺廊"。在修筑广州长堤时，张之洞提出了沿堤"马路以内通修铺廊，以使商民交易，铺廊以内广修行栈"的计划。张之洞当时提出的"铺廊"，被认为是广州骑楼的雏形。可是，张之洞不久后就调任湖广总督，接任的官员并未对"铺廊"制度做有效推广，张之洞的"铺廊"计划也一再拖延。但这个时候，一些民间投资者在广州长堤一带开始自发建设骑楼。广州最早的骑楼，就出现于清朝末年的一德路、石室教堂一带，部分骑楼建筑就是利用石室教堂多余的石料建造而成。

直至20世纪初，建设骑楼的设想再度回归。当时，广州城区内街道狭小弯曲，除少数主街有五六米宽外，其他小街小巷非常拥挤。从交通、商业、卫生等方面考虑，当时官商都提倡要改造旧城，倡筑马路、建骑楼、兴商业。

骑楼被作为正式的名称，最早出现在1912年颁布的《广东省城警察厅现行取缔建筑章程及施行细则》，被称作"有脚骑楼"。当时规定：凡堤岸及各马路新建铺屋，都要留出八尺宽的位置，建造"有脚骑楼"，以作步道之用，不得私自占用。

留设骑楼的主要目的是希望通过设置骑楼的方式，达到人车分流，使人在骑楼檐下行走，作为疏解道路压力及改善交通的一种手段与方法。

不过刚推行骑楼的前几年，受到政局影响，广州市政建设进展迟缓，在

第二章 有风自南 广府文脉历久弥新

1918年广州市政公所成立之后，政府有组织进行都市改造运动，拆城墙、扩马路，并制定一系列骑楼政策，全力推动骑楼建设，骑楼才正式步入稳定的持续发展时期。随着越来越多道路的开辟，骑楼成为两旁铺屋所必须留设的基本配套设施，骑楼已成为广州街头不可或缺的元素。

广州的市政发展促使都市化的现象愈加明显。为了容纳更多人口，除了扩大城区范围外，骑楼建筑也"向上生长"。为了促进骑楼发展，1920年，广州市政公所颁布《广州市市政公所临时取缔建筑章程》，将骑楼宽度由八尺宽扩增到十五尺甚至二十尺，在高度方面由原来的一丈增加到十五尺，增加50%，二楼以上楼层由原来九尺增加到十三尺、二十一尺不等，建筑物高度比以往增加了很多。也是从这个官方文件开始，"有脚骑楼"的叫法才简化成为"骑楼"。与此同时，随着钢筋混凝土技术的普及，不少骑楼开始突破楼层数量，尝试向上发展，比如颇具现代化的南方大厦、新大新公司等，官方也有了"其柱如用士敏土铁条结柱，骑楼可增至五层楼高度"的规定。之后数年间，广州市政厅针对骑楼建设颁布了多部法令，在这些法规的推动下，广州骑楼一时风靡全城，形成了广州街景的主格调。

作为外来骑楼的接纳者，广州同时又是骑楼的传播者。广州以骑楼型街道改造旧城区的办法成效显著，都市焕然一新，成为岭南各城镇发展的示范，各城镇在20世纪20~30年代纷纷效仿，骑楼成为都市改造过程中许多地区街屋空间不可或缺的元素。骑楼文化甚至辐射到广西、福建、贵州、云南、浙江、江西等地，后来陆续出现骑楼或骑楼街市。在上海、武汉等城市，骑楼甚至成为"广东街"的标识。

后来，受财力改善以及"花园住宅区"和"田园城市"建设等因素影响，政府不再鼓励建骑楼，继而具体规定一些路段不得再建骑楼。1930年广州市政府颁布《广州市工务局取缔建筑章程》，限制建骑楼的道路。1933年，广州市工务局颁布的《广州市不准建筑骑楼之马路表》更是明确规定了多条限制骑楼建设的道路，白云路、文德路、法政路、教育路等就名列其中。当时，广州市政限制骑楼的原因主要有三个：一是绿化需要，二是商业需要，三是建筑风格的统一需要。自此，广州骑楼建设渐趋缓慢以至停建。虽然后续也有骑楼建设，但也只是零星，未成气候，广州骑楼建筑的格局也基本定型。形成以旧城（如今的越秀区）为主，荔湾、海珠为辅的骑楼街道布局。

宜商宜居：商业氛围与**烟火气**并重

以今天的人民路和中山路为坐标轴，北至东风路，西至龙津路，南至同福路，东至东华路，大致勾勒出20世纪广州骑楼街的版图。当时，广州老城区约15平方公里的范围内，密密麻麻分布着59条骑楼街路段，总长40多公里。当中，有蜚声海内外的上下九路、北京路步行街，还有不少广州人耳熟能详的街道：第十甫路、长堤大马路、六二三路、解放路、大新路、西濠二马路、靖海路、万福路、百子路（今中山二路）、大德路、文德路、吉祥路、惠福路、人民南路、一德路等。骑楼甚至延伸到了当时仍然是郊区的珠江南岸，在如今的海珠区留下了同福路、南华路、洪德路等骑楼街。

广州大部分骑楼是在20世纪二三十年代兴建，它们建筑风格各异，但有一个共同特点，骑楼街所在的地方都成为商业繁荣集中之地，有的骑楼街至今仍是广州商业的一张亮丽名片。长堤一带的骑楼颇为壮观，新华大酒店、南方大厦、爱群大厦在当时可称之为"摩天骑楼"，随着高层骑楼建筑的迅速崛起，海关、银行、保险、酒店、百货、食府、茶楼、戏院等高端商业资源也逐渐在此汇集，这里因此孕育了广州近代第一个CBD。与长堤相连的北京路，地处广州古城千年未变的中轴线，一直是商业昌盛之地，直到现在北京路发展成为北京路商圈，以北京路为主涵盖中山四路、中山五路、文明路等路段的骑楼群内，商业活动至今依然十分活跃。

骑楼犹如一味黏合剂,将建筑、商业、文化、生活紧密融合,这一点在老西关的骑楼得到了最大限度的体现。若在人民南路的上九路路口由东往西走,可以沿着上九路、下九路、第十甫路一路逛到恩宁路、龙津路,最后又回到人民路,一路上都能看到骑楼,这一片也是广州目前最完整和最长的西关骑楼环。

上下九步行街是广州最有影响的商业街之一,处于荔湾的商业中心地带,但"上下九"并非路名,而是上九路、下九路和第十甫路的合称。上九路、下九路本是一条贯穿西关核心的商业街。十三行被烧后,西关的商业逐渐转移到这里——小贩聚集,客商云集,骑楼铺面做生意、楼上住人。到了20世纪二三十年代,上下九开始兴建骑楼,狭窄的街道也被扩筑成宽敞的大马路,骑楼建筑连绵近千米,百货业、饮食业、金银业纷纷进驻,推动上下九的商业跃升到另一个台阶。皇上皇、莲香楼、陶陶居、广州酒家等许多著名的老字号都是从广州上下九的骑楼街起步,然后名扬海外。随着经济社会发展进步,上下

恩宁路骑楼街

九到了90年代逐步发展成商业步行街,号称"中国第一条步行街"。中西合璧的骑楼、琳琅满目的商品、蜚声海外的老字号吸引各方游客参观、购物,商场内外,骑楼内外,人头攒动,欢声笑语,坊间甚至有"到广州没到上下九,就不算到过广州"的说法。穿过喧嚣的上下九,转入恩宁路,世界顿时变得宁静悠闲。20世纪二三十年代,恩宁路是有名的粤剧之街,曾留下众多粤剧名伶的身影,这里有李小龙祖居、八和会馆等传统风貌建筑数十处,骑楼建筑充满着文化韵味。

> **专栏:骑楼和普通广州市民的故事**
>
> 土生土长的"80后"广州仔丁文轩对骑楼有很深的感情。小时候,他经常去叔叔的店里和骑楼街上的小伙伴一起玩耍。丁文轩还清楚记得,叔叔的灯饰店就位于恩宁路221号,如今已属于永庆坊二期项目。实际上,位于老城区的恩宁路,20世纪80年代末90年代初已逐步开始衰败,居住环境相对差,公建配套缺失。丁文轩回忆,叔叔之所以选择在恩宁路开铺:一来是因为这里附近有华林玉器市场、清平市场等批发市场,人流量大;二来是看中骑楼的实用性,楼下做铺面,楼上可以做工场和居住,也可以隔开租给来穗务工人员,赚房租补贴收入。以前,店家通常会把商品放到店外,吸引过路人。遮风挡雨的骑楼,也可为顾客提供好的购物环境。
>
> 生活在骑楼的老街坊,朝夕相见,彼此信任,结下深深的情谊。当邻里在做饭的时候需要油盐酱醋,仅需喊一声,就有人将其需要的东西主动送上门。茶余饭后,大家也会坐在骑楼的屋檐下闲聊。"这种街坊之间的凝聚力是现在生活在高楼大厦里面的人们感受不到的。"丁文轩说。
>
> 长大之后,2010年左右,丁文轩选择重返恩宁路,开了一家铜器

第二章　有风自南　广府文脉历久弥新

店。在他心中，骑楼早已成为岭南文化中重要的符号之一，承载着西关大屋、广州十三行、粤剧等历史、饮食、戏剧等文化精髓，恩宁路骑楼街保存情况相对完整，更应该好好传承，将开发和保护有机结合。他希望以销售铜器的方式，勾起人们对曾经骑楼所承载一切的回忆。"我希望有更多广府青年能够回到骑楼下，了解老一辈广府人骑楼下的生活和其中蕴含的一切并进行传播，从而将骑楼文化打造成新时代广州的一张亮丽的全新名片。"丁文轩表示。

保护传承：新业态让**老建筑**重焕光彩

时光荏苒，岁月如梭。广州经济社会不断加速发展，骑楼商贸功能日渐式微，显得老破残旧，不合时宜。为适应城市发展，广州加快扩宽马路、修建地铁，骑楼遭到不同程度的拆除和破坏。一时间，骑楼"去"和"留"的问题引发关注。直到20世纪90年代末，保护骑楼的呼声逐渐响起。

为了解决交通拥堵等问题，广州市规划部门计划对上下九商业街进行改造。华南理工大学建筑学院教授袁奇峰当时带着团队负责上下九片区的规划课题。一开始，广州原本是计划拆除沿线骑楼以拓宽街道。眼看着这连片的骑楼，袁奇峰觉得拆除了实在可惜。适逢1995年，南京夫子庙、上海南京路两条步行街先后开通，步行街热潮在全国掀起，袁奇峰团队顺势提出了一个创新的想法——把旧骑楼接入新建筑活化使用，打造骑楼步行街。最后，上下九建设为"骑楼步行街"的规划方案被广州市政府所采纳，上下九骑楼才得以保留。

为了更好地守护骑楼，广州开始建章立制，运用法治的力量将这些见证广州百年变迁的建筑保留下来。

1999年，《广州历史文化名城保护条例》提出，在名城内，文物古迹比较集中的区域，或比较完整地体现某一历史时期传统风貌或民族地方特色的街区、建筑群、镇、村寨、风景名胜，应当划定为历史文化保护区。2000年12月，广州发出《关于公布广州市第一批历史文化保护区的通知》，将荔湾区上下九路至第十甫路骑楼街列入广州市第一批历史文化保护区名单。2001年广州市城市总体规划也指明，要加强对历史旧城区传统城市风貌格局、西关大屋、沙面及特色骑楼街的保护。划定历史文化保护区、历史风貌保护区及缓冲区，针对不同情况分别提出保护对策。

近年来，广州对骑楼等传统建筑的保护力度越来越大。2019年1月，广州市发布《广州市骑楼街保护利用规划》（以下简称《规划》），这是广州首个针对骑楼街保护的法定规划，首次明确了广州骑楼的"家底"。《规划》提出，要保护广州骑楼街"一环三带，四片十街"的传统格局，确定北京路等60条道路的全部或局部作为骑楼街规划范围，传统骑楼街总长度26.5公里，涉及骑楼建筑总数多达3886栋。在规划范围内的骑楼，将按照一类骑楼街、二类骑楼街、三类骑楼街进行分类保护控制，明确"保护－协调－控制"的三级保护体系，通过分级体系对不同类型的骑楼街进行有针对性的保护。

骑楼保留下来后，关键的一步是怎么让它活起来。对传统骑楼进行活化利用，适当改造以增加骑楼的生命力，一直是政府支持、政策鼓励的。《广州市历史文化名城保护条例》中就明确规定，鼓励根据历史建筑的特点开展多种形式的利用，可以用作旅游观光、休闲场所、发展文化创意等功能，并鼓励社会资本和个人参与历史建筑的保护和利用。针对广州已公布的历史建筑，相关部门组织编制了保护规划，"一案一策"进行活化利用。

> **专栏：北京路骑楼街活化成为非遗街区**
>
> 北京路是广州最著名的骑楼街之一，有不少建于20世纪初期的骑楼建筑。为推动广州实现"老城市新活力"，北京路近年来通过步行街改造提升，推动"千年城脉 广府商街"焕发新活力，实现传统文化商业街

区创新发展。北京路片区内376栋骑楼,全部按照"一栋一策"进行精细化修复,打造开放式的"岭南建筑博物馆"。约17万平方米的公有物业带头全面改造,广药陈李济、永汉电影院、新华书店北京路店、新大新公司均已全面改造,一批老建筑、老品牌、老字号焕发了新活力。

2022年,北京路商圈获批首批全国示范智慧商圈。如今走进北京路,智能导购、虚拟试衣、虚拟试妆镜等智慧应用和新型消费场景,为大家提供看得见、找得到、用得好的便利化服务和科技互动新体验;智慧公厕、智慧路灯、5G无人清扫车等多种智能公共设施,让逛街变得更便捷舒适;通过智慧导览系统和VR全景地图,游客可以一键了解信息、找到目的地。在技术的加持下,这条广州著名的骑楼街变得越来越潮流。

除了"面子",骑楼的"里子"也发生了变化。结合广州骑楼的特

北京路非遗街区

点，北京路调整传统产业的方向，重点发展地标、非遗、夜间、小店、楼上、后街"六型"经济，让消费新场景既有广府味，又有烟火气。

在越秀区城隍庙旁，一段百米长的骑楼街道与非遗文化、科技相互碰撞融合，摇身一变成为全国首条线上线下同步开放的非遗街区。非遗街区所在的骑楼位于北京路文化旅游区，北临南越王宫博物院（王宫展区）和城隍庙，西南为老城区千年商圈，与北京路商圈交错成为老城区一条重要的城市中轴线。而今，这条承载着广州人记忆和乡愁的骑楼街以"广州非遗街区（北京路）"的全新身份，讲述广府文化的故事和内涵。

一入骑楼街区，花香扑鼻，文创店铺商品琳琅满目，让人恍如穿越时空与季节，回到"行花街"场景。街区以越秀区国家级代表性非遗项目春节（行花街）为核心，采取创新的场景设计和体验模式，打造"永不落幕的花市"，重构广府人"行花街"的记忆。在骑楼整饰改造中，越秀区采用"微改造"方式，保持现有道路格局肌理和景观特征，注重与南越王宫博物馆融为一体，达到既尊重南越王宫署遗址历史，又保护骑楼的目的。根据越秀区的规划设计，街区将在二期建设中开放骑楼二、三楼区域，将骑楼街区打造成集非遗展示、传承人展演、数字体验、互动打卡、文创消费等内容于一体的非遗综合体验空间。

现存的骑楼得以活化利用的同时，广州历史文化街区的不少新建筑也在以新型骑楼空间的形态出现在街坊的视野当中，呈现新旧骑楼交相辉映、一起延续广州旧城肌理的城市景观。

2023年8月，在越秀老街中心的中山四路与德政中路交会处，一幢名为"珠江·星火1926"、结合了岭南建筑风格与现代都市风貌的新建综合商业体正式启用。

第二章　有风自南　广府文脉历久弥新

"珠江·星火1926"项目

　　这个项目其前身是星火市场，20世纪90年代地铁一号线建设时启动谋划开发，最早规划为高度160多米、建筑面积为14.5万平方米高层甲级办公楼，此后受各种因素影响项目一直搁置，直至2019年才重新提速，为了满足《广州市历史文化名城保护规划》的要求，建筑的高度也从160多米大幅降低至30米，建筑面积也从14.5万平方米减少至3.5万平方米。

　　项目在老城区中心地带，项目地块对面是农讲所，500米内还有中山图书馆、南越王宫署遗址等。地铁拆迁之前，中山四路是连绵的骑楼，因地块位置的特殊性，项目在规划上要求设置骑楼，而且对于整体的风貌协调性要求较高，建筑立面要符合历史文化名城建筑规定，建筑风格要求含蓄内敛，不可标新立异过于张扬。

　　于是，设计师选择了骑楼的建筑式样，但演绎方式上又在传统的基础上进行了创新，以适应现代商业的需求。项目通过高低错落的柱子营造出不同的挑高，临街橱窗的骑楼为常规的一层高，走到商场入口处骑楼则拉高至三层，带来强烈的空间感对比。首层是连续的骑楼街，上方改变了传统骑楼的形态样式，设计了空中商业街，透过树梢可以眺望对面的旧广图和农讲所，再往上还有天台花园的第三层商业街，在那里可以看到整条中山路上最好的景观。项目主入口与农讲所的棂星门（三门一组的牌坊）隔路相望，设计师将建筑上部的开窗设计同样以三个一组进行排列，成为建筑内部与农讲所的视觉景框，实属匠心独运。在材料选择上，设计团队没有用常规的混凝土，而是以钢筋垂直贯穿，并用铝板金属一块块地拼装。

"既然作为老广州回忆的印记，骑楼还是要和现代人生活融合才会有更大的意义。如果没有人，骑楼就只是一种建筑形式。我们试图通过新的形式、新的材料给骑楼增添新韵律，带给老城区新的风貌。"在珠江外资建筑设计院设计一所副所长李玉山看来，骑楼空间在某种程度上说是商业与市民互动的空间，考验着业主对经济利益和社会利益的权衡。广州要发展新式骑楼街，目前仍需要政府的大力引导。而对于现存的骑楼，则应该以修旧如旧为原则，在原先基础上进行微改造或局部拆除，增添新的功能内容。

即使在广州的新城区，也能找到骑楼的身影。琶洲西区多个总部大楼的设计就是吸收了骑楼元素，底层有突出的"屋檐"为行人遮阳挡雨，主要街道两侧也设置了具有岭南特色的骑楼，增加行人活动空间。穿梭在琶洲西区的摩天大楼之间，人们可免受暴晒之苦。

结语

骑楼，曾经是广州街景的主角，如今骑楼街道虽多成为古街旧巷，但依然是这座城市独特的风景线。骑楼承载着一代又一代的广州人的成长记忆，风雨不变，骑楼已经成为广州的一部分。风格各异、兼容并包的广州骑楼，构造了广州旧城肌理的骨架，反映了 20 世纪初的广州城市形态。它不留痕迹地将外国建筑与中式传统结合起来，最后变成自己的公共空间。

百年骑楼传承着千年古城的基因与气质，它是城市人文的沉淀，也是城市宝贵的财富。它的保护与活化，它的文化与审美，都带着岭南文化的深深烙印——包容、开放、创新、坚韧。

广州骑楼经历过"生存危机"，如今，越来越多的人意识到这些艺术瑰宝的重要性，百年骑楼在广州得以保护传承，一些咖啡店、艺术馆等业态也在骑楼街蓬勃发展，将古典与时尚、艺术与商业融为一体，这也正是广州推动岭南文化创造性转化、创新性发展的生动答卷。

有风自南

得闲饮茶
敦本务实的岭南文化名片

引言

广州街坊见面,通常会用"饮咗茶未?"来相互问候,告别时再笑口吟吟地说一句"得闲饮茶"。饮茶,特指喝广东早茶。在广州人心目中,饮茶早已经演化为一种世俗务实的处世哲学。

早茶楼和凉茶铺是广州整座城市最容易识别的文化元素。遍布街头巷尾的凉茶铺、早茶楼不仅跟市民生活彻底融为一体,也成为这座城市的温度感知器,只要看到它们,就能轻易感受到广州热腾腾的烟火气和浓浓的粤式风味。

2000年,广州市公布了全市第一批"老字号",广州人耳熟能详的陶陶居、莲香楼、广州酒家、大同酒家等有着百年历史的早茶楼都被列入老字号进行保护传承。2006年5月,凉茶作为唯一的"食品文化"列入第一批国家级非物质文化遗产名录。

目前,广州早茶和凉茶有关产业也得到了蓬勃发展。随着广州老字号茶楼成功地走出广东,广式早茶、广式凉茶的口味和文化习俗也被传播到世界各地。

这些广式早茶和凉茶走出广州、走向全国、走向世界的故事,不仅说明了岭南文化在今天依然拥有强大的生命力,更说明它们可以超越地域乃至国界的局限，成为文化软实力的强大载体。

复兴的茶楼对外输出广式风味

因为气候炎热，普通人需要大量喝水以补充体内水分，一直以来广州人就非常注重饮茶。

从喝茶补充水分出发，广州人在历史中逐步发展出了具有岭南特色的饮茶文化，这表现为广州人喝茶并不是为了纯粹地喝茶，而是赋予了更多的内涵。有些人喝茶是为了就餐，开一盅茶并配以点心或炒粉炒面独饮独嚼，此谓"叹茶"；有些人喝茶是为了清理肠胃，消除火气，再吃两三件点心，此谓"灌水"；还有人喝茶是为了交际，在饮茶的过程中互通信息、洽谈生意，或是相亲见面、谈婚论嫁，抑或粤剧伶人谈戏论艺等，所谓"一杯在手，半日清谈"。

以上种种表现也形成了广州特色的茶文化，它在乎的是以喝茶为名进行消遣和交际活动，这种文化也促进了饮茶向商业化、大众化茶市方向的转化，为广州孕育出繁荣的茶文化市场奠定了基础。

> **专栏：历史视野中的广州茶楼风云**
>
> 广州饮茶之风盛行，早期茶楼也演化出"二厘馆""茶居""茶楼"等不同场所，分别针对不同的消费人群。
>
> 清朝咸丰、同治年间，广州一些店家就已经开始用平房作为店铺，用木凳搭架于路边供应茶点，由于茶价仅二厘，又被称为"二厘馆"。"二厘馆"可以视为茶楼业的雏形，其主要的消费群体主要是一些肩挑负贩者，即以出卖苦力过活的贫苦劳动力。"二厘馆"恰为他们提供了一个歇脚的去处，这些肩挑负贩者常在早晨上工之前到"二厘馆"吃一碟芽菜粉，两个大松糕，又或中间闲暇时来到"二厘馆"泡饮一壶

有风自南

历史上的广州"二厘馆"

茶,聊聊天,松松筋骨,使精神得到调剂,体力得到恢复。

由于成本较低,通常这种"二厘馆"所用茶叶质量并不好,点心种类也十分有限,只有芋头糕、芽菜粉之类的食品,所用的茶壶质量也很低劣,多是粗制绿釉,大耳朵、粗嘴巴,因长得像鹌鹑,人称

"鹌鹑壶"。

　　对于有一定社会地位和身份的乡绅、商人等阶层而言,"二厘馆"自然不是他们的去处,茶居也就由此而生,它们或是独营,或是酒楼附设。和二厘馆相比,茶居环境要相对舒适一些,云石面的桌台,雕花的座椅,地上及墙壁干净整洁,所用的茶叶也高档一些,无论红茶、绿茶均加以花瓣,相应的茶点也不再是粗糙的大松糕或芽菜粉,而是

历史上的广州茶楼

相对精美的马蹄糕、烧卖、糯米鸡、叉烧包等。早在光绪中期，广州城内就出现了早期的茶居，比较有名的有"一品陞""三圆楼""南阳堂"等。

光绪年间，伴随商品经济的进一步发展，茶居渐渐现出繁荣之势。据考证，广州第一间现代化的茶楼是诞生在第十三行街上的"三元楼"，但直到1890年左右茶居的称呼才演变为茶楼，较早挂出茶楼招牌的还有南关的品南楼、卖麻街的巧元楼和油栏门的怡香楼等四五家。

与茶居相比，茶楼的环境要更舒适，它们通常"地方通爽、空气清新、座位舒适"，尤其还经常在楼上设置一些单列的厅座。茶楼的点心更加精致，各家竞相出新招来吸引食客，大师傅们更是大显身手，做出来的点心集中西之长，具有选料广博、造型独特、款式新奇、制作精细、皮松屑薄的特点。

最为重要的是，相对茶居而言，茶楼的沏茶更加讲究，着重要求"茶规水滚"。所谓"茶规"就是茶的品质要上乘，能满足茶客的不同口味；所谓"水滚"就是泡茶的水要"滚开"，特别是煮至刚冒气泡的为最好，这样的茶水泡出的茶才能领略到茶的真味。而沏茶时则要水壶悬空，让沸水飞泻入壶，这种沏茶方式能使茶叶上下翻动，充分泡出味来。

因为环境精致清雅，一些茶楼也逐渐成为一些富家子弟、粤剧艺人和文人骚客经常光顾之地，此后个别著名茶楼慢慢成为文艺聚集地，由此茶楼也从单纯的食肆变成了带有文化属性的公共空间。

为了增加客流量，广州早期的茶楼业在选址上有着不小的讲究，第一，要靠近人口密集、客流量大的车站、码头或重要商业街、商业区；第二，要面积较大，第三，要各茶楼之间相距不应太远以便形成集聚效应。

严格的选址要求和精美的装饰意味着较高的资金投入，这对于个人或家庭来说，往往都是一笔不小的开支。因此，早期的广州茶楼业大多实行股份制的企业架构以平摊经营成本。例如知名茶楼莲香楼就是一个典型的例子。莲香楼由几位乡人共同筹建。民国初年，"茶楼大王"谭新义收购了莲香楼并重新集资，与股东们订立《广州莲香楼合同》。

通过合股的方式吸引大量民间资本加入后，广州的茶楼如雨后春笋般涌了出来，尤其是陈济棠主粤时（1926—1936年），茶楼业的发展更是达到顶峰。

据统计，20世纪30年代初，仅位于西关十八甫的就有亦山茶室、金龙茶室、龙泉茶室、富隆茶居，位于永汉北路的有陆园茶室、新亦山茶室、兰苑茶室、涎香茶楼、兰苑茶楼、马玉山，位于惠爱东路的有云来阁茶楼、冠东茶楼、利南茶楼，当时的广州茶楼之多用"五步一楼、十步一阁"来加以形容也并不夸张，正如时人所感叹，广州茶楼之多，为任何都市所不及；就是广州市内，它的数量在各行业中也占第1位。

新中国成立以后，广州一大批著名茶楼也经过了公私合营、收归国有等一系列公有化改造逐步成为国营企业。至20世纪90年代，包括陶陶居、南园酒家、北园酒家、莲香楼、泮溪酒家、大同酒家、太平馆等一系列著名的老字号茶楼全部都归由市属国企广州饮食集团公司进行管理，不过因为国企经营体制不够灵活，难以适应当时市场化的改革需要，很多老字号在这一时期只能算是惨淡经营，一些老字号如菜根香素食馆、大三元酒家、华北饭店等甚至直接关闭。

不过，随着2000年之后广州实施国企管理体制改革，这批老字号茶楼也迎来了改革契机，2006年左右，一批老字号茶楼被广州饮食集团公司拿出来拍卖转制，有些被转让给有实力的民营资本继续经营，开启了新的发展阶段，诸如莲香楼、陶陶居等拥有百年历史的老字号也因此焕发了新的活力。

有风自南

广州莲香楼享誉国内外，有"莲蓉第一家"之称。它最早可以追溯到1889年清朝光绪年间在老广州城西成立的一间糕酥馆，这也是莲香楼的前身。一个偶然的机会下，这家糕酥馆的制饼师傅独创了用莲子来制作饼点馅料的做法，一时生意大为兴隆，此后糕酥馆改名为连香楼并扩大经营，在香港九龙开设了三家分店。清朝宣统二年（1910年），一位名叫陈如岳的翰林学士品尝了莲蓉食品后，有感于莲蓉独特的风味，提议给连香楼的"连"字加上草头，从此形成了一个绵延百年的莲香楼品牌。

2006年7月，广州饮食服务企业集团把当时经营不善的莲香楼老字号拿出来拍卖，最终由一家民营企业西关世家成功获得经营权。

接手后的西关世家先后投资近亿元支付了股权转让款、原莲香楼公司的职工安置补偿费和土地出让金，还大手笔更新了生产设备和装修门店，在番禺兴建大型现代化的莲香楼食品工业园，让整个莲香楼的资产全部活了起来。

改制后的莲香楼经营也立即有了起色，门店数量从最初的6家增加到目前的30多家，在广州机场、车站、商圈等旅游窗口都可以见到莲香楼销售点的身影。在海外，莲香楼的销售也大有进步，莲蓉馅料远销美国、澳大利亚、欧洲等世界各地。在成功的经营下，近年来莲香楼也连续获得"广州手信天王""国饼十佳""著名月饼"等称号，2011年莲香楼广式月饼的月饼传统制作技艺还入选广东非遗目录，并且在2020年挂牌中国食品工业协会广式糕饼研究所。

如今走进位于荔湾区第十甫路67路具有百年历史的莲香楼正铺，每个人都能感受到这家老字号身上所散发的活力。古色古香的莲香楼大厅雕梁画栋又古朴典雅，尽显岭南风韵；大厅中的窗花以满洲窗框为特色，门廊亦显出岭南建筑风格。现在的莲香楼已经成为很多游客了解广州历史的著名景点之一，每天都可以看到许多游客在此游览和打卡拍照。

另一家老字号茶楼陶陶居近年来通过改制恢复活力的案例也非常有代表性。

"想认识老北京文化可以去老舍茶馆；想了解上海十里洋场可以去和平饭店；

第二章　有风自南　广府文脉历久弥新

想体验广州西关的美食生活文化很多人第一时间就能想到有140多年历史的陶陶居。"广府文化学者、广州民俗文化研究所所长饶原生曾经用这样一句话，总结陶陶居对于广州西关文化的重要意义。

陶陶居始创于清光绪六年（1880年），位于广州西关第十甫，其前身为葡萄居，经营姑苏式清茶细点。直至1927年茶楼大王谭杰接手并在原地重新建店，并更名为"陶陶居"，寓意"来此品茗乐也陶陶"，主营茶点月饼和菜肴。

作为目前广东饮食界历史最悠久的老字号茶楼，陶陶居见证了清朝到民国再到新中国成立的每一个重大历史时刻，这里是康有为、鲁迅、巴金等文化巨匠曾经出入过的地方。鲁迅客居广州时在1927年3月的日记里写道："18日，雨。午后，同季市（许寿裳）、广平往陶陶居品茗。"

2000年之后，广州饮食集团公司先后将陶陶居旗下食品制造和餐饮两大业务拿出来对外转让盘活资产，最终食品制造业务由广州幸运楼饮食集团摘得，

位于西关第十甫的陶陶居总店装修后重新开业

而餐饮业务则在 2015 年被广州食尚国味集团收入囊中，特别是位于西关第十甫的陶陶居总店资产也因此交由食尚国味集团经营。

而陶陶居总店在食尚国味的经营下实现了业绩的高速增长。2016—2018 年的营业额复合年增长率达到 214%。2019 年陶陶居开始走出广州对外扩张，当年 11 月在上海新天地开出沪上首家门店并引发排队热潮。在近年来的扩张步伐下，截至 2023 年陶陶居在全国共有 34 家门店，几乎在每一个新进入的城市陶陶居都能在当地引发热度，韩国知名漫画家曹经圭还把在陶陶居饮茶的经历画成漫画，吸引了众多海外游客来到中国一探粤式饮茶文化。

成功将陶陶居从广州总店扩张到全国的食尚国味集团董事长尹江波总结说，"陶陶居能够成功走向全国靠的是对广州饮食文化的整体输出"。每一家外地新开门店都忠实地延续了广州总店的老西关文化符号，让顾客一看就知道是岭南风情，服务细节上也体现粤式文化，不管是在北京还是在上海开店，90% 以上的员工都是从广州派出的，能够跟客人进行粤语交流。

此外，在菜式出品上外地每一家陶陶居都坚持现场手工制作，绝对不通过中央厨房做半成品，所有茶点每一样都不偷工、不减料。再加上食材供应链一直选用专门做粤菜食材的供应商合作，确保了广州陶陶居的味道也始终如一，以最真实的粤式风味赢得了全国的认可。

2019 年 7 月，广州另一家著名老字号广州酒家集团全资并购陶陶居公司，位于西关第十甫的陶陶居总店也迎来了建成百年后的第一次大修，全面复原了 1925 年民国时期的外貌。

2021 年 2 月 4 日，修缮后的陶陶居开门迎客，当天也成为广州城中的一场盛会，许多老西关一大早就前来打卡占位，现场还请来了广州粤剧院红豆粤剧团献唱经典粤剧曲目《花好月圆》。有街坊回忆道："我在西关长大，以前每个周末都和家里人去陶陶居饮茶。现在几十年过去了，都好怀念。"在他们的心目中，这家百年老店已经成为老广州缅怀往昔美味，回忆童年岁月的一处圣地。

如今的陶陶居十甫路总店已经成为外地游客来广州感受岭南早茶文化和粤菜的首选地,广州酒家和食尚国味都表示未来将把它打造成为广州殿堂级的美食地标,一个能充分呈现广府饮食文化的历史见证。

把凉茶文化传播到全世界

"大病睇医生,小病饮凉茶。"凉茶既是每个广州人的共同记忆,也是岭南中医文化的重要组成部分。

凉茶源于岭南地区独特的气候环境和饮食习惯。广东濒临南海又有南岭山脉的屏障,受季风和台风的交替影响,降水丰富,天气炎热,自古多有瘴气,瘟病高发。宋代陈昭遇在《太平圣惠方》中指出:"岭南土地卑湿,气候不同,夏则炎毒郁蒸,冬则温暖无雪,风湿之气易于伤人。"

与此同时,广东人喜食海鲜山珍野味和煎炒燥热食物并习惯晚睡,身体容

传统的广东凉茶铺内部格局

有风自南

易生"热气",发病以燥热、湿滞为多见,因此广东人自古以来就有清热解毒、消暑祛湿的需求,民间亦一直尝试用各类草药搭配制作药汤。公元306年,东晋道家兼医药学家葛洪来到广东,研制出各种治疗热毒上火的药方,这被认为是"凉茶"的雏形。至元代,这种清热解毒的汤药,被称为"凉药",有药店事先煎煮好备着,患者买来即可服用,可谓凉茶铺的雏形。到清代时,已有许多医药文献提到"凉茶"。

清代中后期,广州十三行成为清朝政府指定专营对外贸易的垄断机构,西关沿江一带也成为繁华的世界商贸中心,大量劳工涌入也带来了对凉茶的爆发式需求。

正是看到这一市场机会,1828年,王泽邦(人称"阿吉")在广州十三行靖远街开设第一家凉茶铺,诊病兼卖药,专营水碗凉茶,这就是"王老吉"凉茶最初的由来。由于他的凉茶配方合理,价钱公道,因而远近闻名。而后各家纷纷效仿,凉茶铺一度开遍整个广州十三行,除了王老吉凉茶之外,还逐步涌现

历史资料里的早期王老吉凉茶铺

出了三虎堂凉茶、黄振龙凉茶、徐其修凉茶、廿四味凉茶等品牌。

凉茶虽以茶为名,实际上并没有茶叶的成分。在千百年的摸索中,菊花、金银花、蒲公英、夏枯草、甘草等常见草本植物逐渐形成了传统凉茶配方的主要原料,并且经过不同的调配方法形成了不同口味和功效的凉茶,例如以癍痧、廿四味为代表的苦茶,以茅根竹蔗水、罗汉果五花茶为主的甜茶等。

过去的传统凉茶更多地偏向中药,熬制时需要掌握不同药材配比和药性,制作工序繁多,因此这一时期的凉茶很多都是家族内部世代相传,再加上凉茶需要现场熬制且有一定的保质期限,在过去的技术条件下难以大规模生产和储存,因此一直以来传统凉茶铺都是个体分散经营,难以形成规模化扩张。

如今的年轻人一提到凉茶就会想起"王老吉",但是对于有一定年纪的老广州人来说,一提到凉茶最先想到的却是"黄振龙"。

黄振龙原是广州家喻户晓的凉茶大王,创有响当当的招牌"癍痧凉茶",至今已有近80年的历史。黄振龙年幼师从名医,潜心苦学,凭多年经验总结出"癍痧凉茶"配方,因药效显著,这种凉茶很快闻名遐迩,他也因此一度在20世纪四五十年代在广州开设了多家凉茶铺,不过,新中国成立后因为公私合营等历史问题,这些早年开设的凉茶此后未继续经营。

而到了20世纪90年代,黄振龙三子黄富强独立注册了"黄振龙"商标,重新将其父黄振龙早年独创的"癍痧凉茶"发扬光大,黄振龙凉茶也再度占领广州市场,大街小巷到处都是标志性的黄色凉茶铺。

这一时期的黄振龙凉茶能够获得成功的关键是引入了现代化的管理运营手段。在传承原有祖传秘方基础上,黄振龙凉茶运用新的科技手段进行研发创新,一改过去凉茶只能单独熬制、现做现卖的做法,引入了现代化手法进行生产研发、物流配送以及店铺零售管理,成功创造了凉茶铺的新型连锁经营模式,为凉茶行业带来新的发展方向。此后,连锁经营的理念也逐步被邓老凉茶、清心堂、黎泉等品牌引入,最终让凉茶铺开始在广州全城遍地开花,真正做到了

"凉茶铺多过米铺。"

不过，由于对凉茶文化认同的差异，这一时期连锁化发展的凉茶始终只能在广东内部蓄势，对于国内其他地区来说，由于理解不了凉茶的概念，凉茶也很难成为当地消费者的选择。2000年左右曾有凉茶品牌去北京做市场调查，不少受访者表示根本没有听说过凉茶，还望文生义地把它看成"凉着喝的茶"，这一局面直到2003年"非典"在国内暴发才意外地被打破。

据介绍，当年许多清热解毒类的药品被列入防治"非典"用药目录中，其中就包括广东凉茶颗粒，这也给了一个让全国人民认识凉茶的机会。此外，当时凉茶主打的"预防上火"的概念正好满足了市场的健康养生需求，广东的凉茶品牌也由此走向了全国。

> **专栏：入选国家级非遗保住了整个凉茶产业**
>
> 2006年对于广东凉茶的发展有着标志性意义，这一年凉茶不仅成功地渡过了一道难关，更借由这次应对化危为机实现了大发展。
>
> 在前期凉茶的发展中一直有一个问题悬而未决，那就是凉茶到底是属于药品还是食品。由于传统凉茶一直是由多种中草药熬制而来，似乎更应该把它归类为中药，事实上很多喝凉茶的顾客也下意识地把它当作中药，但是这会带来一个问题：按照国家对药品的管理规定，生产和销售药品必须取得相应的药品许可证并且还要配备专业的药剂师，而当时几乎所有的凉茶铺都不满足这个条件，既没有中药生产资质更没有专业人员，严格按照法律法规追究起来这些凉茶全部属于违规甚至违法生产药品。
>
> 而如果把凉茶当作一种普通的食品饮料又会带来另一个悖论：食品不能在宣传中声称具有特殊治疗功效，这也意味着"去火""补气""解燥"等关于凉茶功效的宣传广告词汇按照法律将不得使用，否

第二章 有风自南 广府文脉历久弥新

广东凉茶对入选非遗进行宣传直播

则就是虚假广告。正是因为这一点，当时有人把凉茶品牌"王老吉"告上法院，声称它明明是饮料却在广告中宣称具有"祛火"功能且违规使用具有毒副作用的夏枯草成分，一时间整个凉茶行业危在旦夕。

情急之下，当时各个凉茶企业也紧急行动想办法。恰好当时国务院正在组织评定首批"国家级非物质文化遗产"，最终各方决定由广东省食品行业协会依据《广东省食品（饮食）文化遗产论证认定标准》向国家申请凉茶非遗，通过文化保护的力量为凉茶解困。

为了确保这次申遗成功，当时协会还向省文化厅求助并获得港澳同胞的支持，以粤港澳三地名义向国务院提交凉茶的非遗申请，最终在2006年5月25日正式获批，首批国家级非遗的成功认定在文化上保护了凉茶组方和制作工艺，进而也保住了整个凉茶产业。

> 这次获批的非遗中具体包括王老吉、邓老凉茶等 21 家凉茶企业的 18 个品牌、54 个秘方及术语，全部入选"非遗"的凉茶品牌在功效宣传所用的"清肝明目""滋润肺燥""润燥滑肠"等疗效词汇也作为凉茶术语而得到保护，并不违反相关的法律法规。
>
> 成功获得文化保护的凉茶饮料也因此化危为机，走上了高速发展的快车道。

2006 年，凉茶销量已超过可口可乐在中国大陆的销量。2007 年产销量达 600 万吨，销售范围已覆盖美国、加拿大、法国、英国、意大利、德国、澳大利亚、新西兰等近 20 个国家，2010 年凉茶饮料产业达到 2500 万吨，超过可口可乐全球销量。2012 年王老吉的年销量突破了 200 亿元，力压可口可乐、百事可乐成为中国第一饮料品牌。

不过，2012 年凉茶产业达到顶峰之后很快也迎来了新挑战。《凉茶产业发展白皮书》显示，在 2012 年之后，凉茶市场进入了瓶颈，规模出现增速放缓的趋势，增长速度从 15% 下降至 9% 甚至更低，刚刚突破 500 亿元的市场规模也迎来衰退，在 2018 年的统计数据中仅剩 470 亿元。

市场增速下降的背后是这一时期备受年轻人喜爱的网红奶茶店开始火速蹿升，在口感上和社交属性上，各种新式奶茶和袋泡茶、水果茶等更能符合年轻人的需求，这也直接导致凉茶对年轻人的吸引力不断下降。

此外，由于店铺租金高企、人力成本的增加、中药材原材料价格上涨等诸多因素，这一时期凉茶铺也在经营的压力下不得不逐步收缩战线、减小规模。在广州街头，一批凉茶铺也就此闭店消失，取而代之的是各种新式茶饮和网红咖啡店占据了各大商圈的显著位置。一家著名凉茶品牌的负责人曾经表示，目前旗下的凉茶铺数量比最高峰时下降了一半左右，以前全市的直营店和加盟店加在一起能达到 400 多家，现在只剩下 200 家左右，已经难以重现当年"每隔

第二章 有风自南 广府文脉历久弥新

几条街就有一家凉茶店"的盛景。

在这样的压力下,近年来很多凉茶品牌也在尝试不断通过改变经营策略来吸引年轻人的关注,在传承传统凉茶文化的同时,通过产品研发、品牌营销和运营渠道的变革以贴近年轻消费者,争取让凉茶变得更年轻化。

在产品研发上,一些传统凉茶企业在努力开发适口性更好的灌装凉茶,挖掘菊花茶、罗汉果茶、竹蔗茅根水等广东凉茶的甜茶品类,通过本草茶饮结合甜品等方式打造"国潮"养生茶饮。

例如,近年来和其正凉茶就推出了瞄准年轻人市场的特调凉茶"荊茶",通过在传统凉茶中添加了花与茶,这款产品主打低糖、轻养生,在保留凉茶"降火"功能的基础上让口感更清爽舒适,也让产品的饮用场景从餐饮扩大到日常工作。

王老吉凉茶铺向年轻化转型

王老吉凉茶也在这个过程中进行了大刀阔斧的年轻化改革,不仅推出了针对"90后"的专属凉茶黑凉茶等产品,更是直接成立了一个专门瞄准年轻人需求的凉茶品牌"1828王老吉",通过在线下大量开设凉茶现泡体验店,用现代化潮流风格对传统的凉茶铺进行改造。

如今在"1828王老吉"体验店里直接设有包含20多个品种的中草药展示台,顾客不仅可以现场了解每种草药的功效和特点,还可以根据养生需求自己选择添加哪些草药品种。传统凉茶铺里用来描述功效的清热祛火、健脾益胃、祛湿、活血化瘀这些专有名词在这里也被按照年轻人更容易理解的方式进行呈现,统一改为"润固轻美暖瘦",直接贴合当下年轻人的养生诉求。

除了年轻化之外,借助中医文化实现国际化出海也是近年来凉茶产业应对挑战的另一种方式。

2018年11月18日,王老吉海外凉茶博物馆于美国纽约曼哈顿格兰街正式开馆。这是王老吉的首个海外凉茶博物馆,也是在全球56个城市开设凉茶博物馆的关键一步。

博物馆以现代化外形与具有传统中国特色的内景融合建造而成,馆内展区以多媒体形式呈现王老吉190年来的传奇故事与辉煌成就,也重点推荐了王老吉所代表的中国特色吉祥文化和中医文化。此外,馆内还设有王老吉品牌的现泡凉茶铺,可现场调制不同风味的时尚现泡凉茶。

而除了王老吉之外,目前已有五六个凉茶品牌率先开拓了国际市场,梁氏剑波、黄振龙等凉茶都在海外市场进行销售,部分品牌还在一些海外城市投资建设了生产基地。

特别是在2019年《粤港澳大湾区发展规划纲要》公布之后,加强人文交流融合成为推进粤港澳大湾区建设的重要内容,如今的凉茶作为中医文化的代表之一,也越来越多地获得三地政府在海外的联合推广,这也意味着借助文化的力量,广东凉茶未来将进一步走向世界,向全球展示它的巨大魅力。

结语

为促进早茶和凉茶的非遗保护传承，2018年广州市政府提出通过弘扬老字号工匠精神、建立老字号非遗保护机制、推动老字号与旅游文化产业融合发展、推动老字号体制机制创新等一系列措施，促进全市老字号创新发展，形成中华老字号、广东老字号、广州老字号多层次共同繁荣发展的局面。

此后，广州市又成立了老字号振兴基金，为老字号、老品牌振兴提供资金融通、经营管理方面的支持。2022年基金首期4亿元额度完成募集和备案，开始正式运作。

可以预计，在一系列政策的支持下，未来王老吉、莲香楼、陶陶居等老字号还将继续获得进一步发展，而早茶和凉茶作为岭南文化的名片也将被传播到全世界更多的地方。

有风自南

饮头啖汤
改革与创新塑造城市特质

引言

广州人的饮食习惯喜好煲汤，饮头啖汤，就是喝第一口汤，其延伸含义是指做什么事都争当第一。习近平总书记指出，广州是中国民主革命的策源地和中国改革开放的排头兵。1000多年前，广州就是海上丝绸之路的一个起点。100多年前，就是在这里打开了近现代中国进步的大门。40多年前，也是在这里首先蹚出来一条经济特区建设之路。这段话精辟地概括了广州这座城市在发展历程中始终不变的改革创新特质。

作为改革开放的排头兵、先行地和实验区，广州在改革中破茧，在开放中成长，在奋斗中蝶变，这座城市亲历并见证了中国改革开放40多年的伟大奇迹。

凭借敢饮"头啖汤"、勇当"开山虎"的开拓勇气，在改革开放的历史进程中广州创造了多个"第一"，从第一个取消粮票、率先价格闯关到现在创下近百个"全国第一"，敢改革、勇争先也因此成为广州的城市精神，同千年商都的历史底蕴一起构成了岭南的文化名片。

回顾改革开放初期广州的改革经验，一个鲜明的特征就是广州在从计划经济向社会主义市场经济转轨中，对内大胆放开鼓励发展个体经济和私营经济，对外则积极引进以港资为代表的外资企业,最终在 20 世纪 90 年代初一举成为国内经济总量排名居于前列的一线城市。

在这段波澜壮阔的历史中,作为国内第一条个体户一条街的高第街和国内第一家中外合作的五星级酒店白天鹅宾馆也深深刻入了广州的城市记忆中,成为展示这座城市改革精神的地标和象征。

> **专栏:改革开放初期广州创造的多个"第一"**
>
> 1978 年底,芳村率先放开部分水产市场办起河鲜货栈,广州也迈开了城市农副产品开放的第一步,开创了全国价格改革和流通体制改革的先河。
>
> 1980 年 10 月,一块名为"高第街工业品市场"的牌匾在广州市越秀区的高第街牌坊上挂起,由此诞生了全国首条经营服装的个体户一条街和全国第一批万元户。1984 年上映的著名电影《雅马哈鱼档》的主人公海仔就是高第街个体户的代表,这部电影也让高第街的名字响彻大江南北,当时流行一句话"见过高第街,才算来过广州"。
>
> 1983 年 2 月 6 日,中国第一家中外合作的五星级酒店白天鹅宾馆正式开业,它是国内第一家"自行设计、自行建设、自行管理"的现代大型中外合作酒店,也是国内第一家敞开大门允许老百姓参观游览的高级酒店。
>
> 1984 年 5 月,为了增加当时的青年就业渠道、统一管理马路两旁的个体摊档,广州开办了全国最早的灯光夜市——西湖路灯光夜市。每到入夜,这里的各个档主就会用竹竿沿着马路两边临时搭起一个个档口,挂出当季流行的衣服,许多都是紧跟香港当红的时装样式来做的。
>
> 1984 年 12 月,广州经济技术开发区成为国务院批准的首批 14

个沿海经济技术开发区,此后拟定了全国最早的开发区条例《广州经济技术开发区条例》。

1985年2月,广州市举办了改革开放后第一届选美比赛"首届羊城青春美大赛",这也是新中国成立后的第一届选美比赛,当时共有550多位男女青年参加初赛,考核内容涵盖时事政治、文史哲、地理、数学、化学等多种学科的文化知识,外形分数占15%。

1985年7月,国内第一个大型现代园东方乐园在广州开业,当时它的广告遍布北上南下的列车,很多第一次到广州的外地人一定会来东方乐园。

1987年4月20日,全国第一个劳务集市在越秀区龙藏街的越秀区政协礼堂开张,80多个前来招聘的单位一共提供了1000多个职位,共有2400多人进场求职,这种劳资双方自由选择的招聘方式很快就风行一时,影响力遍及全国。

个体经济的改革地标:高第街

20世纪80年代,许多外国商人只认识中国的两条街,一条是深圳的中英街,另一条就是广州的高第街。

这条位于起义路和北京路之间、长约600米的窄石板路如今被称为"内衣一条街",街道两旁的狭小档口伸出的搭棚下面挂满了内衣、泳衣、睡衣等商品。走在古朴的石板街上,两边档口的顾客稀疏寥落,里面的店员大多在一边玩着手机一边盯着网络订单,只有顾客主动询问时才抬头回应,整条街上只有送货工拉着装满大包货物的铁架手推车滚过路面发出的"嗒嗒"声。

从高第街主街转入两侧的支巷,里面空间狭窄得只能容纳两三人并行,陈旧破败的老屋和密密麻麻的电线遮蔽了阳光,由于年久失修,许多墙体已经出现了裂缝，只能用脚手架进行支撑保护，另一些彻底腐朽斑驳的建筑则被挂上了"危房"的标志。由于难以住人，这些老旧的房屋很多都被改作为档口仓库，里面堆满一袋袋的打包货物。

褪下了往日的繁华，今天的高第街已经不再喧嚣，而如果把时光拨回到20世纪70年代末，在改革开放的春风吹拂下，处于青壮年时期的高第街刚刚迎来属于自己的高光时刻。

在20世纪70年代中期的动荡岁月结束后，广州有回城知青和留城待业青年40多万人，为了解决这些人的劳动就业问题，1979年9月26日，广州发出《关于安排城市待业青年就业的通知》，要求大力发展集体所有制的工业、商业、饮食业、服务业，允许待业人员自筹资金、自带工具、自选场地、自由结合从事生产和开办生活服务事业。

政府部门的一纸公文让广州街头陆续出现改革开放后第一批个体户试点并且大受欢迎，此后广州进一步放开个体经营，1980年10月，历史上一直就是全市商贸聚集地的高第街被设定为广州第一个工业品市场，市工商部门开始正式为在高第街摊贩发牌照，这一举动不仅让高第街成为全国首条个体户集贸市场，也让广州就此诞生了国内第一代个体户和万元户。

当时第一代档主大部分是高第街本街居民，主要经营布匹、服装、鞋帽、百货等。他们用竹架铁架在街内搭起300多个简易的摊档，两旁是店铺，街道中间则是用铁丝隔开的"车仔档"，沿街的铺面背后则是家庭小作坊，前面销售后面生产。因为很多商品参照了当时香港最流行的款式甚至一部分就直接来自香港，很快高第街就打开了市场，深得广州居民喜爱。

1984年上映的著名电影《雅马哈鱼档》里，海仔是高第街个体户的代表之一，通过自食其力致富，这个角色的演员真实身份正是在高第街开皮鞋档的个体户黎志强。这一年《当代文坛》杂志发表了广东作家洪三泰的报告文学《中国高第街》，展示了高第街639户个体摊档自我奋斗实现人生价值的故事。通过

有风自南

历史资料中 20 世纪 80 年代的高第街

这些文艺作品的传播，高第街的名字迅速响遍大江南北。

　　这一时期高第街也彻底走进了属于自己的黄金时代。那时从各地到广州旅游的人纷纷跑到高第街，亲眼看看这个如雷贯耳的"个体服装一条街"，顺便买上几件又便宜又时髦的衣服。最兴盛的时候这条街上各种各样的小商品如化纤衣料、尼龙服装、电子手表、计算器、打火机、克罗米小洋伞、人造革背包等都是抢手货，各地客商争相贩购，整条街从早上一开市起就人头攒动，总长度约 600 米的街道从这一端走到另一端要走半个小时，通常一整天的客流量甚至高达 20 多万人次。

　　高第街承载的是一个时代的梦想。"见过高第街，才算来过广州"，这句 20 世纪 80 年代流行语代表着高第街在全国曾经占有的地位，就连北京秀水街、上海城隍庙、武汉的汉正街都是学习它的商业模式发展起来的。

　　那个年代高第街所代表的改革活力和朝气蓬勃也成为广州城市气质的象征，许多在 20 世纪 80 年代来广州出差的外地人都能感受到与其他地方不一样的面貌：

湿热清新的海腥空气、鳞次栉比的高楼大厦、奇装异服的红男绿女、熙熙攘攘的喝早茶、略带神秘的港台电视和录像。珠江之畔，南国都市的别样风情和浓郁的商业气息完全不同于国内其他地方，令人目不暇接、惊奇不已。

不过，在当时以高第街为代表的个体户经济发展得如火如荼之际，处于转型期的社会舆论和思想倾向依然还有保守的一面，关于个体户和私营经济是否属于资本主义、是否带有剥削性质也时常引起争论，得益于国家领导人和广东省的大力支持，当时广东对个体户和个体经济的政策基本保持稳定，广州个体户群体也一直抱着坚定的信心，不担忧政策会变。

特别是1984年春节期间，改革开放总设计师邓小平同志来广东视察，在军区礼堂还接见了部分广州个体户的代表，鼓励大家要继续发展，鼓励广东要走到改革开放前头，当好改革开放典范。

专栏：广州第一代个体户代表容志仁

广州第一代个体户的代表人物之一是容志仁。1979年春，身为知青的容志仁从乡村回到城市。因为没有工作，有一段时间他先凭借画画技能谋生，后来在报纸上看到党和政府提倡发展个体经济，他想到了开店。当打听到越秀区西华路附近的居民"买早饭难"后，容志仁决定在西华路司马坊街口上开起了面积只有几平方米的"容光饮食店"，专卖一毛钱的学生餐。因为便宜又实惠，他的学生餐一推出就大受欢迎，光是一个早上就能卖100斤粉，最多的时候甚至可以卖到300斤。

不过，当时个体户虽然能够凭劳动致富，但是在传统的社会观念里社会地位依然不如有稳定工作的国企职工。容志仁后来在回忆说，那个时候个体户被叫作"街边仔"，大家都怕做个体户，怕被人看不起，青年当时干个体的不多，面子上不好看，都希望有一份正式工作

有风自南

20世纪80年代的容志仁和他的"容光饮食店"

才风光。

特别是当时围绕个体户在生产经营过程中雇佣工人算不算剥削还一度引发激烈的争论。

1980年,铆焊工人高德良辞掉了工作,以500元的资金开办了"周生记太爷鸡",营业额很快达到一天上百元。因为雇了6个帮工,高德良被指责为"资本家剥削"。不服气的他因此上书中央,提出对"雇工"问题的质疑,中央领导把他的信转回广州,并提出"允许试验,摸出一些经验"。

于是,在1981年8月18日,共青团广东省委召开广州市部分个体户青年座谈会,当时的广东省委第一书记任仲夷接见了与会的12名青年个体户。

参加了这次会见的容志仁记得,当时任仲夷是在省委小礼堂接见大家的,他在讲话中明确表示党和政府的政策就是要扶持发展个体经济,肯定了个体户经济是社会主义经济的补充,个体户是社会主义的劳动者,不属于资本主义。

他讲完政策后让个体户发言讲讲经营情况,有什么需要政府帮助的。当时12个个体户青年你看看我,我看看你都不敢发言,只有容志仁主动讲述了自己搞容光饮食店并且特设了一个学生餐等情况。

"当时任书记一拍桌子站起来说容志仁你说得很好,我们需要的就是你这样的做法,你自谋职业也方便了群众的生活,而且你能根据群众的需要来做,这很好,在座的有很多报社记者,你们都要报道。开完会,我一回到家,家里站得满满的都是记者,《广州日报》《南方日报》《羊城晚报》都对我作了报道,一下子我就出了名了。"

就此出名的容志仁此后在1984年成为广州市个体劳动者协会的会长、广州市青年联合会委员、广东省个体劳动者协会副会长,还作为广东代表去北京参加全国发展集体和个体经济安置城镇青年就业先进表彰大会和全国青联会议,受到当时党和国家领导人的亲切接见。

带动专业批发市场续写商贸传奇

在政策的呵护下,此后广州的个体私营经济在十多年的改革开放中有了飞速发展。

当时的统计数据显示,改革开放之初的1979年,广州市个体工商户只有5022户,1990年底已发展到95265户,增加了近19倍,从业人数达151159人,注册资金41164万元。1979年以前广州市没有一家私营企业,而到了1990年底广州市的私营企业已有2905户,投资人数5708人,雇工人数32755人,注册

有风自南

20世纪90年代初的高第街门口

资金40777万元，工业总产值39158万元，商业营业额33758万元，个体经济和私营经济的蓬勃发展也让广州在那个年代一举成为和京沪齐名的国内一线城市并延续至今。

经过了20世纪90年代蓬勃发展后，政府出于火灾隐患和安全隐患的考虑，在21世纪初对高第街进行规范和整治，原来占据街道中心的车仔档全部取消，只留下300多个商铺继续经营，童装主要迁入中山八路，皮革迁入梓元岗，服装则主要迁入流花地区的白马市场，高第街店铺背后的生产作坊也逐渐被仓库所取代。借助政府的引导，这一时期广州也逐步形成了遍布全市的专业市场，当时形成了专营妇女用品的"女人街"粤华路、专营金鱼水族容材的"水族街"

书坊街、专营摩托车零配件的"摩托街"较场西路等20多条专业街道。

经过多年的发展和升级,广州的专业批发市场现已成为这座千年商都商贸功能的重要载体。统计数据显示,截至2022年底,广州拥有专业市场逾600个,年成交额突破2000亿元大关,占全国份额约1/7,1亿元以上年成交额的市场就超过150家。流花服装、站西鞋材、狮岭皮革、三元里皮具、中大布匹、江南果蔬、增城牛仔服装等产业集群享誉全国,随着产业升级和行业细分,广州各类专业市场辐射力日益扩大,形成的"广州价格"和"广州标准"影响着全国乃至全球市场。

广州的个体户也跟着高第街的发展而不断向前。最早由广州本地人经营的高第街现在也变成了商户主要以潮汕人为主,送货工多为湖南湖北人。在岁月的变迁中,像高第街这样的专业市场逐步成为外地人来广州谋生的第一站,许多人怀抱着人生的梦想一头扎了进来,有本钱的先做点小生意,没本钱的先凭勤劳和才华积攒本钱,点点滴滴的人流会聚而成,最终铸就了那个年代的一句流行语,"东南西北中,发财到广东",作为全省中心的广州也成为改革开放以后国内人口流入量最大的城市之一。

如今回过头来看,高第街至少给广州改革留下了两样难能可贵的遗产:由它衍生的广州众多专业市场在今天依然支撑了整座城市的商贸底蕴,而它所反映的个体户自食其力、积极向上的创业奋斗精神也成为广州的符号,源源不断地吸引了全国各地的奋斗者前来。

改革开放引入外资的见证:白天鹅宾馆

2023年元宵节刚过,白鹅潭就迎来一场盛典。节后的第一天晚上,500架无人机在夜幕中腾空而起组成了一只展翅高飞的"白天鹅",提醒人们这场盛典的主题与白天鹅有关。

有风自南

这一天正是白天鹅宾馆举办"四十荣光 赓续风华"40周年馆庆的日子。

作为中国第一家中外合资的五星级酒店，见证了改革开放历程的白天鹅宾馆不仅是广州的著名旅游景点，更成为不少广州人心中的一段情结：在那个国内五星级酒店还不对普通人开放的年代，40年前首度开业的白天鹅向每个广州市民敞开怀抱，免费进场、免费参观，许多人在孩童时期就被家长带着进去逛了又逛，在酒店大堂著名的景观"故乡水"前拍照，就此留下永恒的记忆。

著名的爱国港商霍英东曾用"一二三四五"来概括白天鹅宾馆的成就：一马当先——它是中国改革开放初期落成的中国第一家中外合作的五星级酒店；二十年——从1983年2月6日开业到交回给广东省，整整走过20年的光辉历程；三"自"——它是中国第一家"自行设计、自行建设、自行管理"的现代大型中外合作酒店；四门大开——中国第一家敞开大门允许老百姓参观游览的高级酒店；五十佳——两度蝉联"全国五十佳星级酒店"榜首。

20世纪80年代刚刚建成的白天鹅宾馆

第二章 有风自南 广府文脉历久弥新

尽管白天鹅宾馆取得了诸多荣誉，然而在兴建它的过程中却经历了一波三折。从立项到兴建和开业都是在非议和阻力中艰难前行，不过，白天鹅宾馆最后的顺利落地则体现了广东改革先行者的勇气和魄力，也成为广州坚持改革开放的象征。

1977年11月，刚刚从动荡岁月中复出的邓小平同志离京视察首站就来到广州，他在广州发表的讲话特别提到了发展旅游和建宾馆问题，提出中国应该立即把旅游事业搞好，挣的外汇正好可以用来进口先进的大中型生产设备。

为贯彻邓小平同志的指示，国务院很快就成立了利用侨资外资建设旅游饭店领导小组，并且决定在北京、上海、广州、南京四座城市兴建八座高级酒店，作为中国"南大门"的广州一个城市就占了三座，可见当时需求之迫切。

1977—1979年，每年都有数以万计的外宾、华侨和港澳同胞进出广州，当时每年来自欧美等国外的旅游团都在2万批左右，游客数量更是逐年增长到20万人次。与此同时，作为中国对外贸易窗口的广交会也同步进入了快速增长期，许多国内客商在会期都来到广州洽谈生意。

然而，与不断增长的旅游商务客流人数相比，当时广州的高级宾馆不仅数量少，服务设施也早已落后老化，国外客商的不断涌入导致广州的酒店"一房难求"，有人无奈之下甚至在酒店的大堂、花园、餐厅等公共区域摆上大通铺。

在这样的背景下，1979年一批爱国港商也积极响应国家需要投资建设高级宾馆，香港知名人士利铭泽、李兆基等投资了花园酒店，胡应湘等投资了中国大酒店，而霍英东则投资兴建了白天鹅宾馆，最终白天鹅宾馆在三家之中最先建成开业。

> **专栏：霍英东为何将白天鹅宾馆选址在沙面**
>
> 这三家酒店中花园酒店和中国大酒店的选址位于流花湖地区，靠近当时广交会承办地流花展馆，只有白天鹅宾馆另辟蹊径选址在沙面，

有风自南

霍英东纪念馆里霍英东先生的雕像

这背后是霍英东深思熟虑的结果。

当年全程参与白天鹅宾馆设计与建设过程的岭南建筑大师林兆璋回忆说，其实当时广州还有其他三个位置给霍英东挑选：一个是现中国大酒店所在地块象山岗，另一个是白云宾馆对面现花园酒店所在地，还有一个是人民北路流花湖畔后来蓓蕾剧院附近的地块，但是霍英东反复考察后却心仪白鹅潭边上沙面岛南面的一块滩涂地，而这背后有一系列的原因。

在香港生活和投资多年让霍英东深知一个规律，香港最贵的住宅是在看得到海的地方，广州市区虽不靠海，但却有一条美丽的珠江，而白鹅潭沙面岛边上的这块滩涂看似不起眼却在珠江边，滨水优势得天独厚。同时，沙面东侧西堤一带历史上是广州的金融和贸易核心区，地位堪比上海的外滩，沙面北侧更是中国历史上对外开放的标识区域十三行，在此地建造宾馆更能彰显改革开放的决心。

此外，白天鹅宾馆的选址原来是沙面岛西南侧的一个凹口，江水不断冲积淤塞了许多泥沙，平时又冲积了许多垃圾，把江岸拉直填滩造地可以节省耕地，也减少珠江的垃圾淤泥堆积。

从经济成本上考虑，沙面的滩涂在三块选址中地质条件最差、施工难度最大、建造成本最高。花园酒店地块当时是一块菜地，霍英东不愿意占用菜地，怕影响老百姓的"饭桌"，而中国大酒店身处闹市临近火车站，虽然在经济上是最佳选择，但霍英东却认为，建在火车站附近虽然能赚钱，但是却很难有影响力，他希望住进这座酒店的客人不仅对服务感到满意，更能感受到广州的历史风光和中华文化。

在白天鹅宾馆选址确定之后，起初有几个建筑设计方案，其中一个是通向宾馆的道路穿过沙面中间，但由于会切断沙面的景色，这个方案最终没有被采纳，最后改成建设一条紧挨江边的专用引桥，既解决了交通问题又保持了沙面的完整，后来霍英东和设计团队又把填滩造的地块拨出十亩左右并捐资300万港元修建了沙面公园供市民使用。

最终在1979年7月19日白天鹅宾馆正式动工，施工过程中广州市政府也对白天鹅宾馆提供了极大的支持，当时市领导就曾要求各部门要尊重建筑师的意见，"凡是经总建筑师最后确定拍板的东西都不要改"。

此外，在那个非常缺电、居民用电常常被拉闸限电的背景下，白天鹅能够配备自动启动的应急发电机、国内外直拨长途电话等设备，也完全得益于广州市的大力支持。

三年多工期后白天鹅宾馆如期建成，霍英东决定宾馆在1983年2月6日（农历新年）前正式开业，之所以选择在这一天是因为他担心过了农历新年后广州就进入雨季，天气潮湿会让宾馆的许多物资沤坏。

定下这个日子之后，霍英东索性搬到酒店现场督工，一连住了13天。他后来回忆说，这13天他没有脱过鞋子睡觉，一个人累得筋疲力尽脱了人形，当时也在建设的中国大酒店和花园酒店都是几个香港财团合作搞，只有自己搞白天鹅是单枪匹马、孤军奋战。

1983年2月6日（农历小年），白天鹅宾馆如期开业。原本广州人习惯逛着花市迎来春节，但这一年春节最时兴的节目变成了参观白天鹅宾馆。

> **专栏：霍英东的坚持让白天鹅成为一代广州人的情怀**
>
> 在改革开放初期，国内所有的涉外宾馆都不对普通市民开放只接待外宾，只有白天鹅在霍英东的坚持下第一个打破惯例，从开张第一天开始就四门大开向普通广州市民开放，哪怕不来消费也允许免费参观。
>
> 面对这样的创举，一开始宾馆的管理者心里都没底，担心开放会出现安全和保卫问题，而且万一普通市民到场乱看乱摸弄坏了物资设备也会给宾馆带来损失，但是霍英东却不为所动，说如果物品被损坏了就算到他的账上。
>
> 按照他当时的判断，沙面是个很敏感的地方，近代历史上国内就曾有所谓"华人与狗不得入内"的历史创伤。"如今修了一个宾馆不让老百姓进，与当年的洋人买办有什么两样？"霍英东还提出一个更有深远意义的观点：白天鹅宾馆向广州市民开放还能让每个人亲身感受到改革开放的成果。"普通百姓可能感受不到报纸、电视上宣传的改革开放政策到底有多好，但是当他们走进白天鹅宾馆时却能够体会到它的实际效果。"
>
> 最终霍英东的这一决定不仅成为一大创举，更让白天鹅宾馆就此

成为许多广州人的一生情结。

白天鹅宾馆正式开门营业后,一时间不计其数的广州市民徒步走过沙面那条长长的引桥前来看稀奇,摩肩接踵的人潮中有些人挤丢了孩子,有些地毯被踩坏,那个年代卷纸和干净美观的洗手间不是每个家庭都能拥有的,结果宾馆的公共洗手间一时成为参观的热门,连马桶盖都弄烂了,光是一天就要用掉400卷厕纸。

许多白天鹅老员工都记得,刚开业时每天宾馆大堂都挤满了人,当时广州人还习惯穿拖鞋出门,结果开业那些天里酒店每天打扫卫生都能收到一箩筐的拖鞋,很多人挤着挤着连拖鞋都不知道去哪了。

许多上了年纪的"老广"也对第一次走进白天鹅宾馆的场景记忆犹新。一直住在沙面的黄女士回忆,从大年初一开始,很多人就拖家携口地把白天鹅宾馆围了个水泄不通,当时大家走进宾馆大堂都是相互扶着的,因为那个地板光滑得可以当镜子照,大家生怕滑倒,进了宾馆之后很多人最好奇的是中庭"故乡水"的室内瀑布,心想那些水是怎么来的?

很多孩童时被家长带去参观的普通人多年以后事业有成,都会带着年长的父母回到白天鹅宾馆故地重游,如今白天鹅宾馆还能不断收到客人的来信讲述自己圆梦的故事。曾经就有人在信中讲起,当年自己跟着在珠江运沙的母亲第一次到白天鹅宾馆参观之后就梦想有朝一日来这里住一晚,等多年自己事业有成再次来到这里,看到和家人一起参观的孩子就像看见了童年的自己。

见证外交风云:接待**英国女王**和**美国总统**

在白天鹅宾馆开业之后,由于当时只有香港有较多的国际航班,许多前来中国访问的外国政要在抵达香港后往往先来广州住一晚再北上，而白天鹅宾馆也成为接待的首选，包括已故英国女王伊丽莎白二世、美国前总统尼克松、美国前总统老布什和夫人都曾下榻这里。改革开放初期，邓小平同志频繁到沿海城市视察，1984 年和 1985 年也曾莅临白天鹅宾馆。

历史资料显示，开业以后白天鹅宾馆共计接待过 40 多个国家的一百多位元首和王室成员，当年白天鹅宾馆为他们精心设计的菜单、纪念品，各国政要留下的签名和信签如今都被珍藏在宾馆的陈列室里。

走过了过去的峥嵘岁月，2023 年白天鹅宾馆也迎来了开业 40 周年纪念。在这个特别的时期，2023 年春节期间白天鹅宾馆也迎来了一波客流爆发：这一年 1 月 20 日至 2 月 1 日，宾馆连续 13 天客房开房率及餐厅上座率达 100%，总营业额逾 2100 万元，创下 1983 年开业 40 年以来历史新高。

跟 40 年前相比，今天的白天鹅宾馆也不断在传承中创新变化。

2015 年，白天鹅宾馆迎来了建成之后首次大修，此举让这座已经成为文物保护单位的老宾馆内部设施焕然一新，更适应现代使用习惯。在这次大修中，原本 843 间客房调整成 520 间，每间客房的面积比过去更大，内部装修设计也更现代化，酒店的公共设施也全部更新，而不变的则是宾馆的整体外形和原来的岭南元素如满洲窗、潮州木雕屏风、蚀刻玻璃工艺品等西关风情，无数广州人曾经合影留念的中庭"故乡水"也理所当然地继续保留下来。

在 2023 年初白天鹅宾馆举办的"四十荣光 赓续风华"馆庆活动中，官方确认白天鹅宾馆开业以来一共开创了 18 项"全国第一"，无愧于当年霍英东把它打造成一座中国人自己设计、管理、运营的五星级酒店的理念，更无愧于它在国家改革开放进程中的历史地位。

多年前在接受采访时，霍英东曾经跟媒体有过一次有趣的对话：

"白天鹅不是一座宾馆！"

"不是宾馆又是什么呢？"

"它是邓小平改革开放路线正确的见证!"

结语

凭借诸多领先全国的改革实践,敢饮"头啖汤"、勇当"开山虎"的改革创新精神也就此成为广州的城市底蕴,"改革创新"这四个字也从此和"开放包容"一起,成为人们用来形容广州城市文化的高频词汇。

这一时期广州形成的改革底蕴和历史上的商贸底蕴混合碰撞,为广州带来了遍布全城、辐射世界的专业批发市场,不仅续写了千年商都的历史传统,也让广州在当前国内国际双循环战略中占据了重要地位。城市的文化底蕴和经济发展相辅相成,共同为广州铸就了面向未来的远大前景。

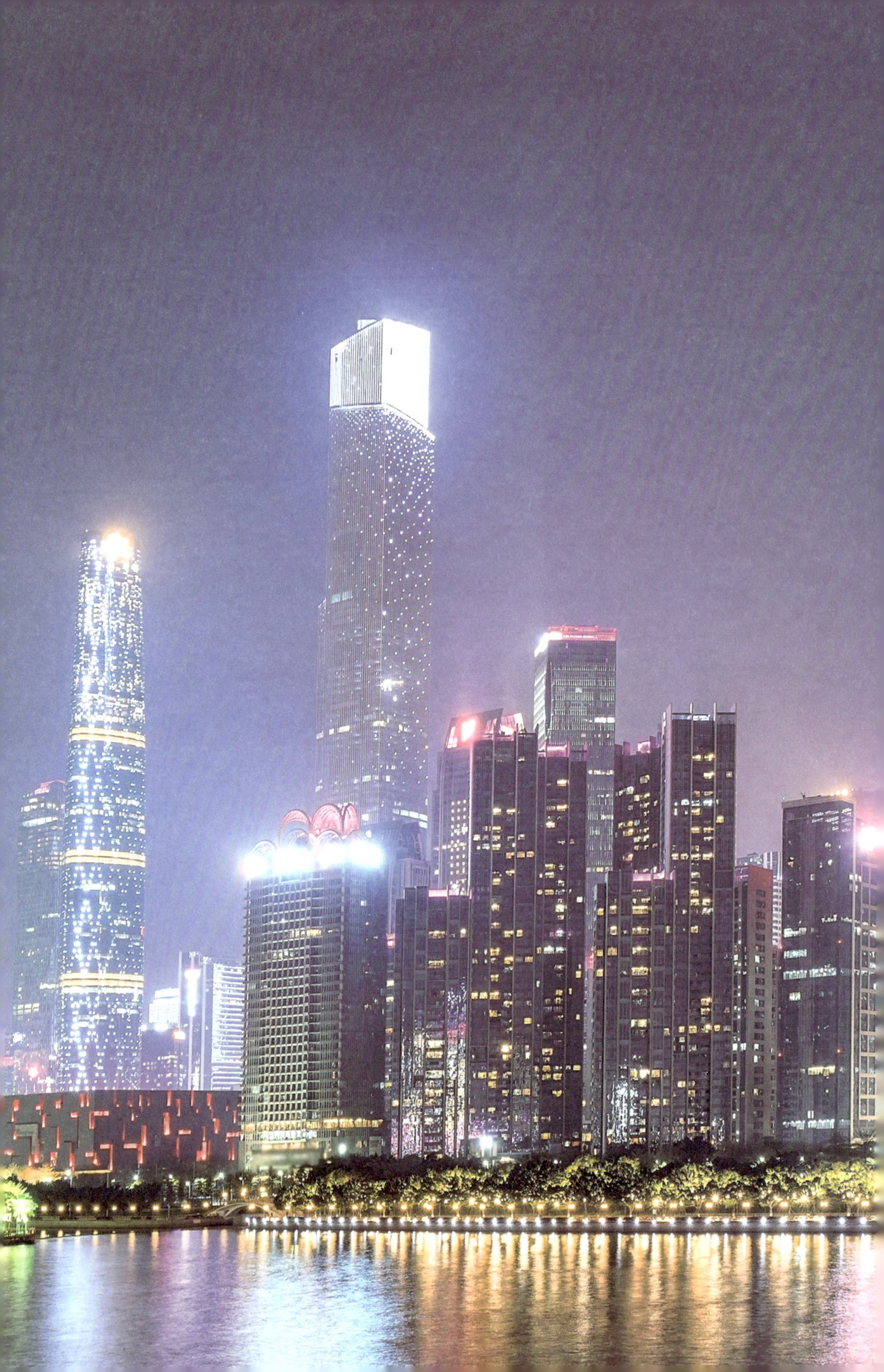

第三章

绿美花城
厚植城市生态底色

中国古人在建城选址上历来注重城市与自然环境的和谐，讲究查山观水、藏风聚气。当前我国的超大型城市中，广州无疑是山水资源禀赋最好的城市。"白云山高，珠江水长"，广东第一高等学府中山大学的校歌，头两句咏颂的便是广州城中最重要的生态资源白云山和珠江。

"六脉皆通海，青山半入城"，是古人对广州城市山水格局的形象描绘。云山珠水奠定了广州两千多年的城市格局，广州的城市发展和云山珠水的生态系统也就一直密不可分。从广泛的生态学角度出发，广州的经济社会发展和人口规模不仅必须以城市的生态自然环境承载力为边界，还需要将城市空间和人居活动纳入整体的社会-生态系统中考虑，平等地保护除了人类之外其他的生态物种在云山珠水中继续栖息繁衍。

党的十八大以来，"绿水青山就是金山银山"的生态理念已经深入人心，广州也在保护云山珠水的生态格局中打造了绿美城市的样本。根据广州市生态环境保护"十四五"规划设定的目标，到2025年，广州要建设为青山常在、绿水长流、空气常新的美丽广州，建成美丽中国样本城市。在本章我们将分别考察近年来广州打造的千里碧道、华南国家植物园和白云山，从广州的经验出发去感受"中国式现代化是人与自然和谐共生的现代化"是如何在广州实践的。

有风自南

六脉皆通海
千里碧道再现珠水风流

引言

广州自古依水而生、因水而兴,在这座城内,交织的河涌如经脉般穿城而过。"六脉皆通海"就是指古时的广州城内共有 6 个水渠,水流从这里流到东西

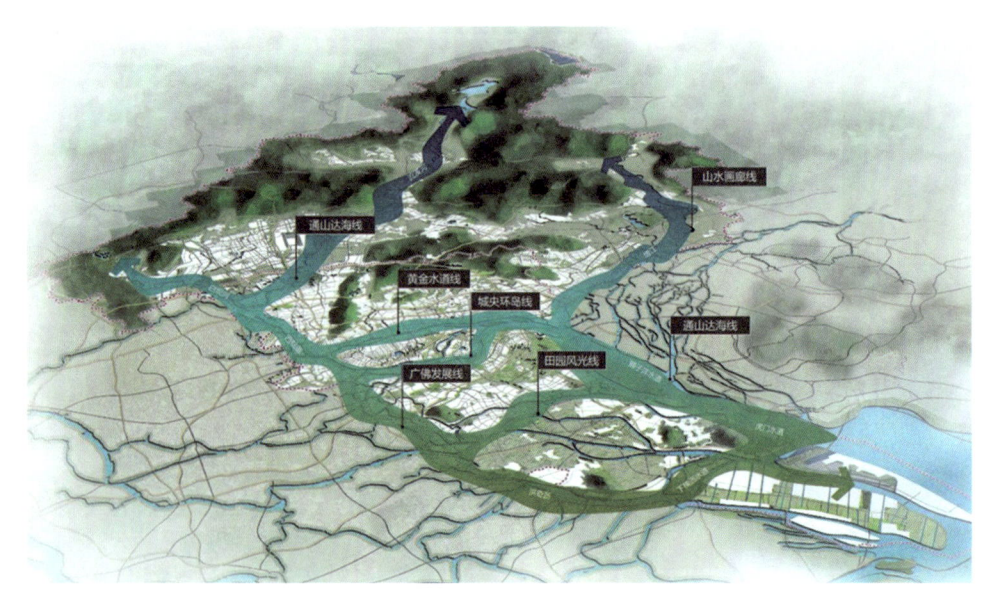

广州碧道规划中的全市碧道网络

两个濠涌后再进入玉带河,最后通过珠江归入大海。

今日的广州,致力于为市民群众营造更加舒适、安全的滨水生活环境。作为广东省高质量建设万里碧道的先行城市,广州市于2020年正式印发《广州市碧道建设总体规划(2019—2035年)》,提出至2025年,全市建成碧道1506公里;至2035年,全市建成碧道2000公里的总体目标。通过碧道建设,整体改善了城市空间和生态环境。

在近年来碧道建设的过程中,广州探索了一条"水城共治"的系统化治理之路,以水为纽带,以江、河、湖、库以及河口岸边带作为载体,形成了一条条统筹生态、安全、文化、景观、休闲等多重功能的复合型廊道。

在生物岛沿着江边碧道慢跑,在东山湖踏着蜿蜒的碧道观景、在南沙蕉门河碧道漫步垂钓……如今在广州,一条条在城市中蜿蜒穿梭的碧道陆续成型,呈现出水清河畅、岸绿景美、人水和谐的景象,不仅成为市民锻炼休闲、亲近自然的新去处,也成为产业转型发展的活力经济带。穿城而过的千里碧道正成为新时代的羊城绿美印记,生生不息、延绵不绝。

碧道开启广州治水新阶段

广州的河与城自古以来相互依存发展,而随着高速城市化的开发建设,广州的治水与治城问题交错、交织、交替演进。

广州的治水史最早要追溯至20世纪80年代的新河浦涌和沙河涌整治,此后的90年代广州还开展了珠江截污,禁止工业废水和生活垃圾流入珠江。从2000年开始,广州开展了"一年一小变、三年一中变、十年一大变"的城市治理行动,完成了马涌和花地河沿线、荔湾涌、黄埔涌等市内主要河涌的沿线整治规划,兴建了猎德污水处理厂二期和西朗、沥滘污水处理厂。

2008年底,借着2010年举办亚运会的契机,广州立下了"到2010年6月底全市水环境明显好转"的军令状，首次开启大规模集中治水行动。此后，兴建污水处理厂、沿岸景观整治、搬迁污染工厂……"一天一个亿"的治水行动覆盖了几乎与水相关的所有领域，581项污水治理和河涌综合整治项目接续启动，还同步展开了截污清淤、调水补水、堤岸建设等工作。

这一轮高强度的治水投入也让当时广州在城市生活污水处理能力、河涌水质、调水补水、农村地区水环境、水浸街改造工程、雨污分流和排污口整治6个方面取得了成效。

统计数据显示，亚运治水期间，广州一共新建38座污水处理厂、48座配套

亚运治水时期广州修建的西江引水工程

泵站及 1094 公里污水管网，使全市生活污水处理能力从 2008 年的 228.6 万吨/日提升至 2010 年的 465.18 万吨/日，全市生活污水处理率从 2008 年的 75.09%上升到 85%，其中中心城区已近 90%，全市每天减少 80 万吨污水直排珠江。当时广州还全部完成 246 个农村生活污水处理系统建设，改善了农村地区卫生状况和生活条件。

这一时期广州还完成了天河区岗顶、临江大道、天河立交、中山一立交底层改造等 225 项排水改造工程，通过沿线截污、河道清淤、调水补水、堤岸建设，对长度为 388 公里的 121 条河涌进行整治和生态修复，河涌水环境持续好转。

特别是这一时期广州实施的西江引水工程对全市西北部的水源进行全面置换，不仅每天为越秀、荔湾、白云等区以及天河部分区域约 600 万市民送去 240 万吨活水，让上述地区实现从"放心水"到"优质水"的飞跃，水质提前两年多全部达到新国标的要求。西江水的引入还为广州预留了 110 万吨战略后备取水量，为后续城市经济社会发展提供了供水保障。

回过头看，在当时的高强度投入下，亚运时期的广州治水虽然取得了明显的成绩，但是由于时间紧迫，当时的治理工程更多的是侧重于对污水的末端治理，主要的方式是末端截污和末端补水，并未从污水产生的源头进行全链条整治，也并未系统性地治理污水背后的整体水环境问题，特别占据着滨水地区的旧村庄、旧城镇和旧厂房的生活污水和生产污水的收集排放并未得到彻底解决，这种治水和治城的矛盾也成为后续广州水环境治理重点突破的方向。

党的十八大以后，以习近平同志为核心的党中央作出全面推行河长制的重大决策部署。特别是 2018 年 10 月，习近平总书记视察广东时指出，要深入抓好生态文明建设，统筹山水林田湖草系统治理，深化同香港、澳门地区生态环保合作，加强同邻近省份开展污染联防联治协作，补上生态欠账。

为贯彻落实习近平生态文明思想以及习近平总书记对广东的重要指示批示

精神，2019 年广东省委、省政府作出高质量建设万里碧道这项重大决策部署，并于 2020 年正式发布了《广东万里碧道总体规划（2020—2035 年）》。

广州也迎来通过碧道建设系统化解决治水和治城矛盾的重要契机。

在广东省城乡规划设计研究院总工程师马向明看来，2020 年广东省开启碧道建设不仅跟生态环境治理有关，更关系到整个珠三角和大湾区城市治理模式和经济社会发展模式的转型和升级。

过去 40 年珠三角发展走的是外向型经济发展模式，各地通过兴建机场、高速公路、港口等基础设施吸引外资，然后带动整个珠三角工业化的进展。而在全新的世界政治经济形势下，珠三角很难再继续沿着原有的发展路径往下走，必须要转型升级，很多企业不仅要让产品走出去，还要让投资走出去，而此时粤港澳大湾区要成为走出去的一个支点，珠三角也要转变成知识经济的发展模式，走创新研发的道路。

珠三角经济发展模式发生变化，相应地，对城市空间环境和生态环境的需求也发生变化，所以当前许多城市面临的水安全问题、人口密度过高带来的宜居性问题、产业低端带来的污染问题，就很难支撑整个珠三角的转型需求，而碧道的建设正好提供了以生态和空间治理配合带动经济发展模式转型的机遇。

《广东万里碧道总体规划（2020—2035 年）》显示，碧道建设最大的亮点是体现了系统治理的思路，在治理的过程中兼顾了多个目标的实现。

首先是水安全提升，即通过实施防洪工程提升城市的防洪治涝能力，这中间还涉及水环境改善，这是人民群众最基本的需求。在水安全和水环境改善的基础上，碧道还追求水生态恢复、水文化建设和水经济发展。

整体来看，随着碧道建设的开展，广东治水进入一个更高的层次，在继续巩固水资源、水安全、水环境治理成果的同时，开展水生态的恢复、水文化的建设，用"水"支撑和助推经济的发展，所以万里碧道是一个以水生态建设为主的综合性工程。而从 2020 年以来各地碧道建设的实际效果看，碧道不仅给市民营造了一个旅游休闲活动的去处，也带动了两岸经济发展、城市升级、产业转型。

作为全省碧道建设的试点和示范，广州在本地碧道的规划建设中，在落实全省要求的同时也结合自身情况进行创新。

2020年公布的《广州市碧道建设总体规划（2019—2035年）》提出，构建"水道、风道、鱼道、鸟道、游道、漫步道、缓跑道、骑行道"八道合一和"滨水经济带、文化带、景观带"三带并行的"八道三带"空间范式。

在建设碧道的过程中，广州也同步实施了对42片水源保护区的保护，利用59座江心岛塑造珠江生态岛链，建设"5主6次"的碧道风廊、22条"多廊+多点"的水鸟走廊，恢复鱼类洄游生态圈，串联34处全市大型绿地斑块，串联超220处传统村落、文物古迹、特色名城小镇等节点，沿碧道打造公共服务综合带和373公里水上运动产业带，辅助85片产业片区发展，挖掘碧道沿线4类48片价值地区。

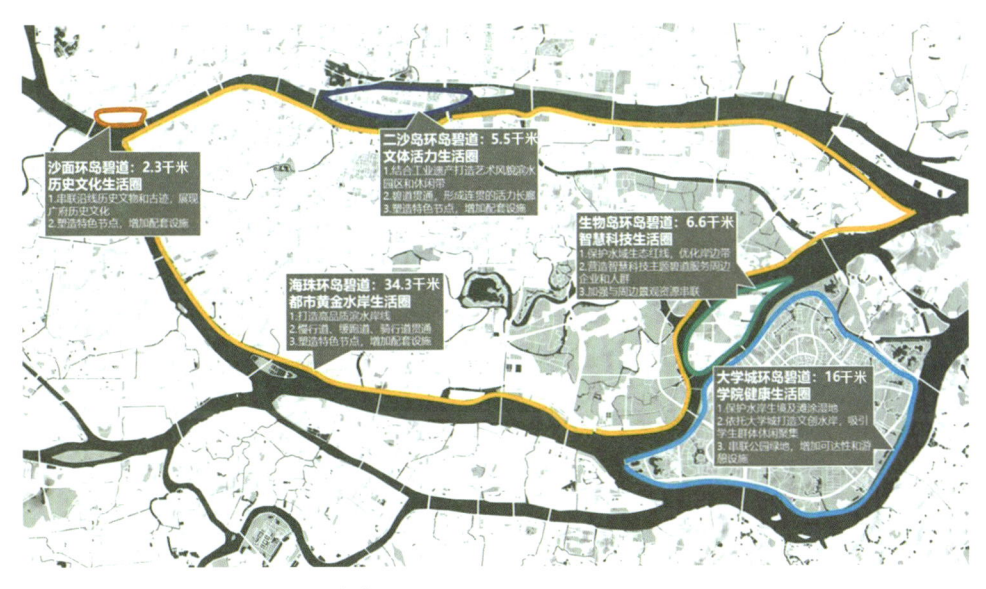

广州碧道规划中的碧道城央环岛线

碧道也让广州探索出一条让水环境治理从"水城分治"走向"水城共治"的新路径。

在整个"水城共治"的实施过程中，广州也重新认识和挖掘全城水系的生态价值、历史人文价值、景观价值和经济价值，借助水岸滩涂、堤防和临江绿地等公共空间打造公共服务设施带，将原本被忽视的潜在流域空间利用起来，通过新增休闲、体育、娱乐、科普、文化、创意等多种功能，形成与岸边城市功能带互补互融的滨水公共空间带，再度复兴水岸场景，最终实现用生态修复将动物留住，以产业导入把企业留住，也靠碧道风廊把人留住。

千里碧道带动水生态和水经济发展

回顾2020年以来广州碧道建设的过程，一个突出的特点是延续了历史上广州城区的水网脉络。

从城市内部地理看，广州三面环山、一面临海，珠江水系孕育出广州"一江两片、北树南网"的水网脉络。

"一江两片"是指东西向穿过中心城区的珠江前航道，以珠江前航道为界形成的南片、北片两个片区，借水之源，珠江起着统领城市绿水系统的关键作用。

"北树南网"是指北片的山区丘陵水系树状结构，流域边界明显，主要河流有流溪河、白坭河、增江，南片的平原感潮水系网状结构，主要为西、北江下游水道和珠江广州河道汇流交织而成的河网，大小水道、河涌纵横交错。

"一江两片、北树南网"的水网在古代广州形成"羊城六脉"，

而从2020年开始的碧道建设也延续"羊城六脉"体系，形成了总长476公里、通山达海的"新六脉"碧道格局。

"羊城新六脉"具体由6条碧道线路组成：

第一条通山达海线长210.6公里，线路源于流溪河，沿途经过帽峰山、莲花

山、小虎山等山体和地质遗迹，串联沿线山、水、林、田、城等自然和城市空间，展现了广州依山、沿江、滨海的自然风貌和地质价值。

第二条山水画廊线长 90.6 公里，线路以增江和东江北干流为基础，整合串联沿岸的天然林带、生态田园风光、古朴村落景点等元素，通过绿道游线、慢行游线、水上游线三道交通体系，打造"一江两岸"的全域旅游。

第三条广佛高质量发展融合线长 102.6 公里，线路将广州、佛山市农田、地质公园、郊野公园、古村落、祠堂、文化遗址等各类生态文化资源串联在一起，集中展现出广佛地区独特的生态魅力和人文风情。

第四条城央环岛线长 73.3 公里，线路打造了 5 条环岛碧道，包括海珠环岛碧道、沙面环岛碧道、二沙岛环岛碧道、生物岛环岛碧道以及大学城环岛碧道。这些环岛碧道将串联岛屿资源，打造适老适幼、多元活动的水岸空间。

第五条黄金水道线长 30 公里，线路依托珠江前航道，从白鹅潭至南海神庙，打造出云山珠水相望的景观视廊。同时，贯通珠江两岸绿带，塑造花城如诗、珠水如画的世界级滨水区，为市民提供开放的滨水体验。

第六条田园风光线长 26.5 公里，线路基于番禺、南沙水乡水系，田园风光线以紫坭河—沙湾水道为依托，串联沙湾古镇、宝墨园等沿线历史文化资源和古镇，巧妙地打造出生态、休闲和水乡特色完美融合的田园风光碧道。

从"羊城新六脉"的格局出发，广州在建设碧道的过程中也以十一区为实施主体，各区根据自身的自然地理特征形成了北部山水区、中部现代区、南部水乡区的三种碧道类型。

北部碧道区充分利用花都、从化、增城三区的自然生态优势，以流溪河、增江、白坭河为骨架，形成总长约 869 公里的山水型碧道区，集中展现广州的自然山水风光。

花都、从化、增城的共同特点是集原始生态、历史人文、乡村风情于一体，周边的小镇和乡村有着各自独特的历史文化和风土人情。因此，北部山水型碧道的最大亮点是让市民能够体验生态野趣和回味乡愁记忆，从化的鸭洞河碧道就是典型的代表。沿着北部碧道不仅可以品尝到地道的农家菜，感受到浓郁的乡土气息，也可以欣赏沿途绿树成荫、水流潺潺、鸟语花香，感受大自然的呼吸，体验乡村的宁静。

> **专栏：鸭洞河碧道——广州第一条水产城共治碧道**
>
> 绵延15.49公里的鸭洞河从大山深处自东向西流向村庄，为广州从化区典型的山地自然生态系统。2019年，为破解乡村治理、乡村河道功能复兴等问题，从化区以鸭洞河为碧道建设试点，利用生态设计小镇与碧道建设的双契机，率先建立"政府投入＋企业养护＋村民参与"的三方共治模式，以河养河，盘活附近5个村共600多亩闲置集体留用地，为沿线村庄带来集体收入660万元，提供就业岗位100余个，当地还举办国际国内高端活动100余场，走出了一条基于产业发展的生态、生产、生活融合的可持续治水之道，使绿水青山持续发挥

从化鸭洞河碧道

生态效益和经济社会效益，而这也是广州第一条水产城共治碧道。

鸭洞河碧道总长 11 公里，其中一期碧道长 1 公里，在 2019 年建成；二期碧道长 10 公里，在 2021 年建成。一期工程注重水安全、水景观建设，二期工程以保护自然风貌的原真性为出发点和落脚点，创新天然卵石与生态砌石结合造型等办法，融入宾格石笼和生态框等工艺，把曾经杂乱不堪、洪水泛滥的河道升级改造为绿岸滩涂、生态湿地和亲水碧道，绘就了一幅人水和谐共生的优美画卷。

2021 年初，在广州消失 60 多年的珍稀植物——飞瀑草，在鸭洞河流域被发现。飞瀑草俗称"石头花"，属于川苔草科植物，其形似小苔藓，高仅 2～3 毫米，因生长于瀑布下的石头上而得名。由于其终身生长在水流湍急的河川瀑布石头上，并且往往是在花果凋零的冬季开花，花朵顶生，不到 1 毫米，飞瀑草不容易存活，即便在野外存活也很难被人们所发现。飞瀑草是水质好坏的一个指向标，它对生长环境的水质要求很严苛，不仅不能有任何污染，还要有适当水流动，冬夏季河流水位要有变化。飞瀑草的重现是从化生态环境质量不断提高的最好证明。

从明代开始，这里的村落就有着逐水养鸭的习俗，周边的荔枝林、梯田以及罗村、影村、溪头村等古村落在鸭洞河的联通下，将山水林田湖草等自然元素完美融合，使藏在深山里的古村文化、水文景观呈现出独有意蕴的自然美学。如今，鸭洞河碧道保留了荔枝树、叠水坝等岭南村落肌理，也重塑了旧时"鸭峒"村民傍水而栖的生活方式。随着碧道的建设，河岸线管护也从集中治理向市场化、专业化的治理方向转变，碧道示范段成了生态设计小镇的"迎客厅"。山、水、果、林、滩、石等原生态资源重新被激活，形成了相映成趣绵延 1 公里的风景画卷，创文活动和文化系统更给乡野生活添了几分趣味。

中部碧道区主要是根据广州中心六区的水域现状,建设了长约626公里的现代都会型碧道,打造了一幅展示广州城市繁华与深厚历史底蕴相结合的现代画卷,充分展示广州的国际大都市形象。在中心城区,珠江两岸已覆盖有珠江前后航道碧道、二沙岛碧道、临江大道碧道、阅江路碧道、东濠涌、荔枝湾涌等。

在建设过程中,各区也侧重于黑臭水体的治理和水域空间的修复治理,通过修复水体、改善水质、增加绿化面积等一系列工程提升碧道周边环境的质量。

借助碧道的建设,中心六区还在保留沿岸原有自然和人文景观的基础上逐步打造出"宜居宜业宜游"的国际高品质一流水岸,联动周边的社区、公园和绿化带,让每一条碧道都有各自的主题特色,为周边街坊提供丰富多样的服务,天河区的猎德涌碧道就是其中的代表。此外,中部碧道区还将整合广州中心六区的产业资源,将一些有潜力的产业与水岸相结合,形成新的产业链,为广州带来新的经济动力。

专栏:猎德涌碧道——坐落于CBD的"迷你"滨水公园

位于广州天河区的猎德村南临珠江,开村于宋朝,至今已有八百多年历史,是一个拥有丰厚文化底蕴的传统村落。一条平行于广州新中轴线的猎德涌从村中流过,将猎德村分为东、西村,一河两岸景色秀美。

猎德涌,史称猎水,总长度5.1公里,流域面积16平方公里,流域人口约76万人,是唯一流经珠江新城中央商务区的河涌。起源于华南理工大学西湖,自北向南途经五山文教区、天河北商务区、珠江新城,在猎德村汇入珠江前航道,串联临江大道、花城大道、金穗路、黄埔大道几条主要干道。

过去由于污水管网不完善,生活污水、合流污水溢流进入猎德涌,

第三章 绿美花城 厚植城市生态底色

天河猎德涌碧道

导致河内淤泥沉积、河水黑臭，附近街坊绕河而行。自 2020 年起，天河区结合已有的城市绿道、绿地板块、公园等生态要素，开始推进猎德涌碧道建设，结合猎德村深厚的物质及非物质文化遗产，将猎德岭南园林文化和龙舟文化相结合，形成"猎德八韵"八个标志性碧道景点。昔日猎德村龙舟庆典的"碧波争渡"、以千年古树为载体的"榕影画堤"、以猎德村复建祠堂为载体的"古祠醉影"……一系列文化景象在猎德涌碧道中得以重现。

如今，在猎德村河段碧道，古色古香的石桥、栏杆、祠堂在一湾清水的簇拥下雅致又充满禅意，河涌两岸绿树环绕，一边观景楼等亭台楼阁古色古香，高高耸起的"镬耳屋"更是别具广府民居传统建筑特色，亲水平台间、曲径通幽处连接成一个开放式"迷你"滨水公园。另一边河涌堤岸雕刻式文化栏杆接连滨水漫道，远处的广州地标"小蛮腰"、附近的 CBD 高楼大厦与对岸的绿树、镬耳屋建筑、亲水平台以及眼前河涌的碧水相互映衬组成一幅自然与人文和谐共生的国际大都市生态画卷。

集自然美景、历史文化和现代设施于一体的南部碧道区主要分布在番禺和南沙。这里总长约 505 公里的水乡型碧道主要围绕区域内的河网水系展开，通过对水系治理进行生态修复和河湖水体净化，促进水生植物和动物的生长繁殖，提升南部片区的水乡风貌和居民的生活品质。

此外，南部水乡型碧道在建设过程中还进一步修复沿岸古树、古桥等具有历史价值的古迹，打造各种亲水、观水、玩水的滨水体验空间，让广州南部的古历史风貌与珠江水融为一体，形成极具粤府特色、珠水魅力的广府水乡碧道画卷，重塑岭南水乡文化，南部水乡型碧道最典型的代表之一是南沙的蕉门河碧道。

专栏：蕉门河碧道——通山达海的"城市客厅"

蜿蜒秀美的河水静静流淌，温婉秀雅地穿越南沙中心城区，水面宽阔静谧，偶有鹭鸟低飞，车行桥和凤翔桥上两条飘逸的蓝色桥架犹如彩凤飞舞，抬眼望去，白色车厢的地铁列车飞驰而过……这是广州南沙蕉门河流域最为人熟知的美丽景象。

蕉门河全长 6260 米，位于黄阁镇和南沙街区域的中心，南接蕉门水道，北临小虎沥水道，是南沙近年来着力打造的"城市客厅"。两岸建有 2.5 公里景观绿道、2.3 公里生态驳岸，种植植物约 5000 株。

曾经的蕉门河两岸用于堆砂、堆石，遍布旧厂房、旧码头，其余地方也是杂草丛生。自 2003 年起，南沙区对蕉门河进行多番改造，清拆了两岸的烂船、窝棚和违章搭建，为堤岸建设创造了条件。此后

第三章 绿美花城 厚植城市生态底色

蕉门河碧道

蕉门河的堤岸建设也摒弃了过去常用的硬质化石砌筑或钢筋混凝土堤岸的做法，改为修建自然缓坡的生态堤岸，防止过分的人工痕迹。以自然共生的形式打造出现代且具有本地植物特色的驳岸生态景观效果。

此外，为保护河两岸整治的建设成果，南沙区还对进港大道以西至蕉西水闸的蕉门河两岸局部景观进行了升级改造。拆除蕉西旧水闸、改造杂乱的生物植被、完善观景亭台和游艇码头、完善垃圾收集设施、休憩坐凳、驿站、商业售卖、夜景照明设施、亲水平台相关配套休闲设施等，形成完整的景观带，成为广大市民日常休闲的好去处。

工程实施后，蕉门河两岸实现了"脱胎换骨"，原河道沿线脏、乱、差的现象早已不复存在。通过综合治理，水质明显改善，河边也修建了相应的休闲区，有商业汇聚的南沙万达广场、喜来登酒店，创

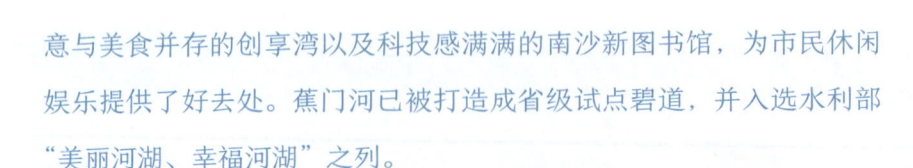

意与美食并存的创享湾以及科技感满满的南沙新图书馆，为市民休闲娱乐提供了好去处。蕉门河已被打造成省级试点碧道，并入选水利部"美丽河湖、幸福河湖"之列。

值得一提的是，碧道的建设还带动蕉门河水上运动的发展。广东舟游休闲运动发展有限公司2011年正式落户南沙，旗下的南沙皮划艇基地是广东省第一家对公众开放的水上休闲运动基地，培训的学员达到160万人次。从这里走出来的一群热爱水上运动的孩子从2019年开始代表南沙区参加广州市青少年锦标赛、广州市青少年运动会，拿过不少奖项，还在2020年广州市锦标赛中夺冠。如今在南沙，皮艇、桨板、赛艇等项目正在悄然兴起，皮划艇更是成为大多数游客前来南沙的必玩选项。

"水城共治" 打造绿美广州

截至2023年底，广州碧道总里程已突破1100公里，预计到2025年底，全市建成的碧道总里程将超过1500公里，通过碧道建设带动"水城共治"也让广州找到了一条具有本地特色的治水路径。

从碧道出发，近年来广州以"尊重自然、顺应自然"为原则，按照控源、截污、清淤、补水、管理的方针，以全面落实河湖长制为统领，按照网格化治水和创建达标排水单元的要求，从源头出发实施源头减污、源头截污、源头雨污分流，全面实施清理违法排污场所及违法排污管道的"四洗"（洗楼、洗井、洗管、洗河）和"五清"（清理非法排污口、清理水面漂浮物、清理底泥污染物、清理河湖障碍物、清理涉河违法建设）专项行动，通过综合施策和系统治理，推动城市生态功能的系统性修复，不断提升水治理能力现代化水平。

2019年广州试点碧道建设以后仅一年时间，就累计组织"洗楼"25079栋，共摸查出污染源40998个,并已清除39347个;"洗管"7106公里,"洗井"约25万个,清理整治入河排污口2014个;"洗河"1567条,清理河道垃圾、杂物4.02万吨,清理河岸立面3100.77万平方米,按当时广州生活垃圾处理能力计算,这一年"四洗"清出的垃圾和杂物量,相当于广州现有所有生活垃圾焚烧设施,连续工作近3天的处理量。

在治水过程中广州还通过实施河湖长制,发动群众参与,实现"全民治水"。通过实施《广州市河湖长制监督检查办法》《广州市河长制工作有奖举报办法》,广州将各级河长履职情况纳入日常监督内容,鼓励群众监督举报违法排水排污行为,组织全市1万多名民间河长巡河护河,建设11个治水志愿者驿站,形成共建共治共享的治水格局。

一套"组合拳"下来,如今广州的水环境质量大幅改善。

2022年广州市生态环境状况公报显示,广州20个地表水国考、省考断面水质全面达到省年度考核要求,17个断面水质优良,占比为85%,劣Ⅴ类水体断面持续清零,全市水环境质量同比明显改善;10个城市集中式饮用水水源地水质100%稳定达标;3条入海河流水质全部优良,近岸海域水质稳中趋好。

全市10个城市集中式饮用水水源地水质达标率为100%,各流域水环境质量状况优良,其流溪河上游、中游、珠江广州河段后航道、黄埔航道、狮子洋、增江、东江北干流、市桥水道、沙湾水道、蕉门水道、洪奇沥水道、虎门水道等主要江河水质优良。

广州市水务部门的数据则显示,2023年1月至7月,广州已完成治理的147条城市黑臭水体持续保持不黑不臭,目前全市污水日处理能力达787.03万吨,仅次于上海。过去5年新建污水管网19663公里,几乎是此前5年的10倍。

来自市民群众和上级政府部门对广州近年来治水成绩也给予大力肯定。

2019年广州市统计局的一项民调显示,市民认为建设美丽宜居花城中成效最为显著的是"黑臭河涌治理"。2020年市民对广州生态环境的满意度升至

71%,较 2016 年上升 28 个百分点。

住房和城乡建设部发布的全国 38 条治水经验中,广州经验被收录 14 条,数量居全国第一。广州还获得"全国黑臭水体治理示范城市""河湖长制国家督察激励""国家节水型城市""国家海绵城市建设示范城市"等荣誉,在治水成效方面大踏步走在了全国前列。

如今在超过 1000 公里碧道的串联下,广州岭南水乡"水清岸绿、鱼翔浅底、水草丰美、白鹭成群"的美好景象正在加速实现,群众的获得感、幸福感显著增强。

"治水一直在路上",在圆满完成水环境治理初级阶段任务后,广州水污染防治攻坚战仍在继续。根据碧道规划,至 2025 年广州将把碧道的总长度提高到 1500 公里,以此为牵引,"十四五"时期广州水环境治理将继续实现治水、治产、治城相融合,加快建设江河安澜、秀水长清、人民幸福的生态广州,打造"有涌有水,有水有鱼,有鱼有草,人水和谐"的绿美广州。

结语

在北部流溪河碧道体验山水魅力,在中部猎德涌碧道感受都市活力,在南部蕉门河碧道亲触滨海风情……穿城而过的千里碧道蜿蜒而下,勾绘出别具岭南特色的碧道山河图。千年潮涌的珠江孕育了四时充美的广府水乡,塑造了广州碧道"河畅、水清、岸绿、景美"的水生态底蕴。

从"水城共治"向"水产城共治"转变,"八道三带"空间范式将治水与治岸、治产、治城联动规划,实现了堤内外、上下游、干支流、左右岸的系统治理,丰富了万里碧道的建设内涵,重塑了人水和谐的"理想水生活"。依托"一江两片、北树南网"的水系结构,通山达海的羊城新六脉充分挖掘广州本土文化,串联沿线的重要生态、景观节点,传载了广府文化的原生态乡土民俗,展现了岭南水乡的自然人文风光。从北部山水到中部都市再到南部水乡，广州的碧道建设以"水"为脉，积极探索实践"碧道+"多元融合模式，展示了南粤水乡的特色魅力。

　　河湖相连、江海相通，站在新的历史起点上，广州将奋力绘就"千里碧道"，筑梦"最美广州"，让山、水、林、田、湖、海的自然美景与亲水体验在千年羊城的大地上繁衍生息。

有风自南

翠色折不尽
北回归线上的公园城市

引言

广州一年四季花开满城,素有"花城"的雅称。越秀公园、东山湖公园、兰埔、流花湖公园、荔湾湖公园、晓港公园、海珠湿地,一片片"城市绿洲"错落其中,令整座城市宛如一个大公园。从空中俯瞰,华南国家植物园如一颗绿色宝石点缀在广州中心城区的东北角。

2021年10月12日,习近平主席以视频方式出席《生物多样性公约》第十五次缔约方大会领导人峰会时宣布,本着统筹就地保护与迁地保护相结合的原则,启动北京、广州等国家植物园体系建设。2022年7月11日,华南国家植物园在广州正式揭牌,成为华南地区首个国家植物园,也是我国国家植物园体系的重要组成部分。

我国地理跨度大,地貌和气候多样,植被类型丰富,是全球植物多样性最丰富的国家之一,已知的高等植物达3.7万余种,约占全球的1/10。建立国家植物园体系,对野生植物类群进行系统收集和完整保存,有助于维护植物多样性,永续造福人类。

近年来随着国家对生态文明建设越发重视,人民群众对自然之美、生态之

第三章 绿美花城 厚植城市生态底色

揭牌后的华南国家植物园

美的需求更加多元，建设国家植物园迎来最好的机遇。华南国家植物园不仅承担着城园融合，助力绿美广东、绿美广州建设的任务，还肩负着推动我国国家植物园体系建设的历史使命。

扎根广州促进共同发展

华南国家植物园前身为国立中山大学农林植物研究所，由著名植物学家陈焕镛院士于1929年创建。历经94年建设，成为中国历史最久、种类最多、面积最大的南亚热带植物园，被誉为永不落幕的"万国奇树博览会"，有"中国南方绿宝石"之称。

目前华南国家植物园全园由三个园区组成，包括占地36.8公顷的科学研究园区，占地282.5公顷、建有珍稀植物繁育中心等38个专类园区的植物迁地保

有风自南

著名植物学家陈焕镛院士

护园区，还有我国第一个自然保护区、占地面积约 1133 公顷的鼎湖山国家级自然保护区暨树木园。

一座园、一座城。从华南国家植物园的发展历程来看，广州与其关系密切。除抗战时期外，华南国家植物园都"扎根"于广州，一城一园相互见证了对方的发展。从华南植物园再到华南国家植物园，拥有"花城"称号的广州一直利用其丰厚的生态家底，助力华南植物园的发展。广州不仅是全球北回归线地带性沙漠中的绿洲，区域生物多样性位居全球前列，植物科学研究和迁地保护同样位居国际前沿。

广州有着足够丰厚的生态资源，广州市林业和园林局在华南国家植物园挂牌成立前（2022 年）提供的数据显示，当时广州有林地面积 428 万亩，森林覆盖率 41.6%，森林蓄积量 1955 万立方米；建成区绿地率 40%，建成区绿化覆盖率 45.52%，人均公园绿地面积 17.33 平方米，综合公园 38 个、专类公园 47 个、社区公园 112 个、游园（口袋公园）888 个，建成 728 多公里生态景观林带、30 万亩碳汇林、3800 公里城市绿道。

自然保护地是生物多样性保护的核心基础，广州建立的自然保护地也对生物多样性提供了有效保护。截至华南国家植物园挂牌时，广州建成各类自然保护地 89 处，总面积约 11 万公顷，占广州陆域面积的 14.83%，包含自然保护区、风景名胜区、森林公园、湿地公园和地质公园 5 种类型，为重要自然生态系统、自然遗迹、自然景观和生物多样性提供了系统性保护，提升生态产品供给能力，保护生态安全。

此外，广州市是我国唯一做过两次生物多样性本底调查的城市。最新一次生物多样性本底调查显示，广州市记录到维管植物 231 科 1366 属 3516 种。随着调查力度的深入，越来越多的物种被发现，种类较第一次本底调查明显增多。117 种植物在广州市有新分布，其中包括 1 个新纪录科——霉草科，以及石灰岩地区的 1 个新种——连平报春苣苔。同时，消失近 60 年的飞瀑草在从化地区也重新被发现。这些丰厚的生态家底，为广州建设国家植物园体系打下了坚实基础。

濒危植物在这里保护繁育再回归野外

华南地区热带亚热带植物资源迁地保护是华南国家植物园的重要职能。2023 年以来，华南国家植物园新引种植物 2940 号，物种数 1527 种，隶属 102 科 907 属，其中国家重点保护野生植物 144 种（一级 19 种、二级 125 种），未来还将力争迁地保护植物达到 2 万种左右，占我国高等植物种类的大半，实现华南地区珍稀濒危植物园内迁地保护全覆盖，经济植物达到 6000 种左右。

怀集报春苣苔恣意地绽放着可爱的白色小花，海南黄花梨已成参天大树……在华南国家植物园里，不少极度濒危乃至野外灭绝的植物就此扎根落地。

有风自南

华南国家植物园里人工繁育的怀集报春苣苔

"让它们（濒危植物）被保护、繁育、实现野外回归，这是我们植物园承担着生物多样性保护的重任。"华南国家植物园引种保育部副部长湛青青说。建园至今近百年，植物园始终扮演着濒危迁地物种"诺亚方舟"的角色。

走进华南国家植物园的濒危植物繁育中心，几盆小巧玲珑的植物吸引了参观者的目光。这正是产自广东粤北，曾一度被认为灭绝的报春苣苔。资料显示，报春苣苔是苦苣苔科，属多年生草本植物，生长区为热带和亚热带地区，喜凉爽、阴湿的石灰岩地区，对生长环境要求严格，温度、湿度、二氧化碳浓度等因素的轻微变动都会影响它们的生存和繁殖。报春苣苔于1881年在粤北连州连江流域的石壁上首次被发现，此后100多年再也没有人发现过它的踪迹，一度被认为已经灭绝。直到20世纪90年代，报春苣苔在广东连州被重新发现。1999年，报春苣苔被列入《中国国家重点保护野生植物（第一批）》名单，保护级别为国家一级重点保护。

据湛青青介绍，从 2002 年起，华南国家植物园就开始了报春苣苔的迁地保护研究。经过探索，科学家们舍弃了传统用种子培育的方式，采用生物克隆技术培育报春苣苔，把报春苣苔的叶片进行生物切割，再运用生物技术诱导其发芽、生根。

"报春苣苔的生长环境要求温度、湿度保持相对恒定，在培育试管中很难生根，这成了培育报春苣苔的最大难题，"湛青青随手拿起身边的一个玻璃培养基，里面装满着报春苣苔同属的"亲戚"怀集报春苣苔的幼苗说，"我们从幼苗开始，让它们在成长中逐步适应人工打造的环境，这样才能让人工繁育的报春苣苔个体健康成长。"

据了解，繁育专家通过反复进行实验、不断调整培养基的成分，控制培育试管的湿度和温度，终于在历经 5000 多次试验后在 2003 年成功繁殖报春苣苔，2007 年又成功实现了报春苣苔的野外回归，2021 年报春苣苔的保护等级由国家一级重点保护调整为国家二级重点保护。

此外，华南国家植物园中还对报春巨苔属内更濒危的三种植物怀集报春苣苔（产自广东怀集）、封开报春苣苔（产自广东封开）和红花报春苣苔（产自广东阳春）进行抢救性的迁地保护。

据湛青青介绍，怀集报春苣苔 2010 年在广东怀集被发现时约有 200 株，而 2021 年当华南植物园康明研究员再次考察时发现，因生长的溶洞环境变得干燥，怀集报春苣苔存活率大大降低，仅剩 1 株。无独有偶，2012 年红花报春苣苔被发现时仅有 10 多株，根据 IUCN 标准被列为极度濒危状态，对怀集报春苣苔和红花报春苣苔两个物种实施迁地保护迫在眉睫。

2023 年，华南国家植物园的联合科考小组赴广东省怀集县和封开县，开展 3 种广东特有珍稀报春苣苔属怀集报春苣苔、红花报春苣苔和封开报春苣苔野外回归，并进行野外考察引种。未来，研究人员将对本次回归的 3 种报春苣苔属植物进行持续定点监测，以期探究苗龄和环境因子对其野外回归成活率及生长发育的影响，为喀斯特洞穴植物的有效保护和回归提供参考。

"迁地保护的重要意义在于保护了一个物种仅剩的种群和基因，但野外回归才是保护的终点，"湛青青说，"回归野外后的植物，在复杂的环境下才能更容易产生基因的突变，为物种的基因多样性带来正面影响。"目前，华南国家植物园已经成功实现了报春苣苔、杜鹃红山茶、虎颜花、彩云兜兰、龙州金花茶、猪血木、广东含笑、绣球茜等36种华南珍稀濒危植物的野外回归。

事实上，在华南国家植物园"落脚"后，多种濒危迁地物种已成为"明星植物"和"镇园之宝"。

目前，华南国家植物园迁地保护珍稀濒危植物970种、国家重点保护野生植物496种（一级67种、二级429种）。其中：国家一级重点保护野生植物有望天树、东京龙脑香、坡垒、广西青梅、猪血木等；国家二级重点保护野生植物有报春苣苔、虎颜花、广东含笑、狭叶坡垒等。

杜鹃红山茶是国家一级重点保护野生植物，有"植物界的熊猫"之称，由卫兆芬研究员于1986年命名发表。野外调查时发现杜鹃红山茶只有千余株，任海研究员与广东鹅凰嶂自然保护区合作，在每株植物上剪下3根小枝条进行嫁接，建立了遗传多样性资源圃，成功实现其迁地保护，全覆盖保护该物种的遗传多样性。

杜鹃红山茶因为一年四季均开花，观赏价值极高。以其花大、鲜艳、叶片独特、树冠优美的特征在园景树、花篱、盆景及切花等方面应用广泛，有较好的开发前景，是华南国家植物园里的"明星植物"。

除生长较为快速的草本植物以外，华南国家植物园内还种植了不少珍稀的木本植物，其中之最，当属园内堪称"元老"的海南黄花梨。海南黄花梨又称降香黄檀、海黄、黄花梨或花梨木，被誉为"红木界的国宝"。它是国家二级重点保护植物，1963年由华南植物园豆科植物分类学家陈德昭先生命名并发表，野生种群仅见于海南岛。因为其突出的经济价值，华南植物园在1957年建园初期就引种栽培了一批黄花梨，成功迁地保护该物种的遗传多样性。

目前，当初引进的一株株小苗，经过华南国家植物园工作人员的悉心培育如今都长成一棵棵粗壮的参天大树。其中，最大的一株位于蕨园，其胸径达 69 厘米，是华南国家植物园的"镇园之宝"。

为世界培育植物新品种

近年来，从华南国家植物园"走出"的新培育植物品种也不断亮相国内外的大舞台。

在 2023 年 4 月初举行的 2023 年广州新优花卉品种展示暨泛美种子公司第二十届中国（广州）新品种展示会上，千余种新优植物展出，其中 26 种新优花系全球首发，由华南国家植物园曾宋君研究员团队选育的大湾区兜兰尤为瞩目。据了解，大湾区兜兰在今年三月末于英国皇家园艺学会进行了国际登录，也是继 COP15 兜兰之后又一个明星新品种。它高约 30 厘米，向上挺立的部分像凤凰头顶的彩翎，中间突出的部分好似一个布兜（这也是"兜兰"名字的由

华南国家植物园培育的大湾区兜兰

来），呈飘带状的侧瓣螺旋下垂，潇洒飘逸犹如两根长辫。

这两根"长辫"与兜兰当中赫赫有名的皇后兜兰有着异曲同工之处。曾宋君介绍，大湾区兜兰是多花型兜兰，由华南国家植物园自主选育的功勋兜兰和从中国台湾引进的"布斯少女"杂交选育而来，身上至少还包含了5~6种不同兜兰品种的基因。

大湾区兜兰的名字蕴含着粤港澳大湾区永不放弃、持之以恒的奋斗精神。曾宋君表示，永不放弃、持之以恒也是团队在培育新品种兜兰持续数年的这个漫长过程的真实写照。

在培育大湾区兜兰的过程中，研究员们将不同品种兜兰的特定性状设想结合形成一个新品种，再通过筛查拥有表达该性状基因的兜兰，通过杂交选育出新品种，这个过程看似简单但实际操作难度相当大。从2012年开始曾宋君的团队就为这种兜兰选择合适的亲本，直到2016年才开始正式进行杂交，从选育到第一株鲜花的盛开，这个过程足足经历了10余年。

让兜兰"交配"是一个精细活。兜兰的唇瓣高度特化成一个"兜"，就是为了在自然环境中吸引昆虫进去授粉，让昆虫在"兜"里多转几圈，增加授粉的成功率。而在人工环境下研究人员需要用工具从雄蕊处取出花粉，并将花粉放到雌蕊的柱头处进行授粉，由于兜兰大多具有内生菌，人工授粉的过程极易被细菌或真菌污染，难以获得消毒成功的外植体。

但是这个技术难题被曾宋君及其团队找到了克服办法。他们选择在栽培时利用多种杀菌剂对母株材料进行消毒，对培养基与培养条件进行优化，最终让一些品种2个月内的增殖倍数可达3.5，技术水平处于世界领先水平。

成功授粉之后，为了在一个舒适的环境保障兜兰的发芽与成长，研究团队将新品的幼苗放置在人工大棚内进行栽培，大棚内装有大功率的通风设备，棚顶还铺上了双层薄膜和遮阴网进行温度和光照调节，避免环境太冷、太热、不通风导致的幼苗死亡。

新生的种子经过约 1 年的时间发芽后,最快也需要 2~3 年才能开出第一朵花。在曾宋君看来,这个漫长的时间里既令人期待,也会感到有一丝的煎熬。"就像开盲盒一样,没到它开花或者叶片长完全,你无法确定新选育的品种最终会长成什么样。"曾宋君说。培育新品种的另一个难点,在于确保新品种的基因稳定。目前"大湾区兜兰"虽然有一定数量的个体培育成熟并公开亮相,但由于采用的亲本是杂交种,后代分离较大,目前登录的是杂交组合,要使其变种一个性状稳定的新品种难度还很大,团队也在努力从大湾区兜兰的植株上取其嫩芽或花芽进行组织培养,力争让更多的大湾区兜兰进入花卉市场。

培育新品种兜兰不仅是迎合花卉市场的需求,其本身也是兜兰的迁地保护以及基因运用的有机结合。在兰科植物的大家族里,兜兰属植物最受灭绝威胁,甚至被称为"植物界的大熊猫",该属的野生物种已全部被纳入濒危野生动植物种国际贸易公约中被禁止交易。

中国国内分布有 34 种兜兰属的植物,约占世界兜兰的 1/3,全部已纳入国家保护,除了少数种类为国家二级保护外,大部分均为国家一级保护。

因为市场需求大,加上兜兰生长缓慢,野生兜兰被大量采挖后种群数量难以很快地恢复。为了保护野生兜兰并满足市场需求,曾宋君带领研究团队不断培育出观赏价值更高的兜兰杂交新品种并争取投向市场,目前已经创制出新品种 300 多个,培育新品种数量位居中国第一。目前部分兜兰品种已通过规模化的商业种植,使售价大幅下调,变得更加"亲民"。以市场常见的白旗兜兰("小青蛙兜兰")为例,5 年前价格大约在 200 元一株,目前的市场零售价已降至 80~90 元一株。

除兜兰之外,华南国家植物园目前在培育的新品种中还包括另一项具有重要价值的农作物——具有天然抗虫特性的甘薯。

甘薯是保障粮食安全底线的战略作物之一,但是目前全世界都没有很好的方案去解决严重影响甘薯产量、品质的病虫害问题。对甘薯种植危害最大的害虫是甘薯小象甲，为了防虫，种植户只能喷洒农药，但这会对环境和食物安全都会产生影响。

为了解决问题，华南国家植物园的科研团队决定到甘薯的主产区寻找抗虫材料并且反复进行实验对比。通过前期实验，科研团队发现甘薯对甘薯小象甲的抵抗依赖一种名为奎尼酸的代谢物及其衍生物。奎尼酸对人体并没有毒性，但是甘薯小象甲吃了含有这种物质的甘薯会影响其肠道消化吸收，所以含有奎尼酸的甘薯对甘薯小象甲有很好的抗虫能力。为了培育这一新品种，目前华南国家植物园的科研团队正在全力以赴。

让市民拥抱自然接受科普

华南国家植物园展示区占地4237亩，拥有木兰园、姜园、棕榈园、兰园、药园、温室群景区等38个专类园区，迁地保育各类植物1.7万多种（含种下分类单元）。优美丰富多样的生态环境为动物提供了良好的栖息地，也让它成为广州市重要的观鸟观蝶观虫胜地，全年可观察到的野生鸟类达130多种，蝴蝶110多种，也是广州市区内少数夏夜赏萤火虫的绝佳场所。每年游客量达110多万人次，其中青少年20多万人次，成为公众接近自然、了解自然的重要场所。

数据显示，自2022年7月揭牌以来，华南国家植物园科普旅游工作获得快速发展。2023年1月至9月总入园人数174.9万人次，与去年同比增长35.2%。其中，2023年春节期间同北京国家植物园联合举办精品兰花展，入园游客量同比增长1倍；"五一"假期入园游客量同比增长约50%；"夏日观萤"等特色科普研学活动及志愿者招募获社会广泛关注，参与人数与咨询热度同比大幅增长。

以2022年"舌尖上的博物学"夏令营为例，该夏令营的课程内容不仅包括"人类怎么吃"，也涵盖"植物怎么吃""虫子怎么吃"，从"吃货"的视角让孩子们感受其他生物是与人类息息相关的；而在夜晚，华南国家植物园还组织夜观活动，让亲子营员在夜幕中寻找正在繁殖的昆虫、两栖爬行类动物等，并沉浸式体验夜空中的星星萤火。

华南植物园升级为华南国家植物园之后，更加注重提高作为国家植物园的科学知识普及功能。园区内的夏令营等自然科普课程，鼓励孩子们走进自然，引导他们用眼睛、耳朵、鼻子等感官去感受自然，让孩子们回归自然去成长，增加他们对自然的好奇心，提高他们的专注力和探索力。2023年，华南国家植物园入选中国科学院弘扬科学家精神示范基地、全国科学家精神教育基地、首批国家林草科普基地。

> **专栏：开展科普教育，华南国家植物园有多牛？**
>
> 华南植物园历来重视科普教育理论和方法研究，注重知识传播与

华南国家植物园举行面向中小学生科普活动

科普教育。1997年5月,华南植物园与广东省科协共建"广东省植物学科学普及基地",开创了全国科普基地建设的先河,带动广东省乃至全国科普教育基地的建设。共建科普基地的经验在1997年的"全国科协会议"上被介绍后各省科协纷纷效仿,掀起了各地建设科普基地的热潮。在此基础上,中国科协、科技部等部门1999年联合开展"全国科普教育基地""国家青少年科技教育基地"的创建活动,华南植物园成为这两类国家级基地的首批成员单位。

在科普教育方面,华南国家植物园获得各级科普基地称号30多个,连续被中国科协认定为"全国科普教育基地"(1999～2004、2010～2014、2015～2019、2021～2025),被广东省林业局认定为"广东省自然教育基地"(2019)、被生态环境部宣教中心认定为"自然学校能力建设项目试点单位"(2021)。先后获"全国科普日活动先进单位""十佳广东省科普基地""广州市最受市民欢迎的科普基地""全国科普工作先进集体""优秀全国科普教育基地"等数十项荣誉称号。2018年被中国科学院、科学技术部联合授予"国家科研科普基地"称号,2019年被评为年度中国最佳植物园。

结合园内丰富的特色动植物资源,华南国家植物园充分发挥深厚的科研优势,开展面向公众服务的科学教育,坚持科普活动的思想性、知识性、趣味性,通过主题活动、专题讲座、特色营期等多种形式,传播科学知识,弘扬生态文明,助力人与自然协调发展。

华南国家植物园着力发掘科学内涵,以科学、环保、可持续发展等为主题,2019年创立了面向公众的公益科学讲座"琪林科学讲坛",至今已举办71期,邀请了近70多位园内外科学家为公众解读身边的植物科学故事,帮助公众了解前沿科学进展,该讲坛荣获"2021年广州市科普创新奖三等奖";依托华南国家植物园区域特色经济植物的科技创新，贯彻落实科技创新和科普创新两翼发展的理论，创建科学普及新体系，实现了科普课程、科普讲座、科普论文、科普书籍和文创产品的原始创新，为科技成果科普化开拓了新的模式。其中，科普课程"中科1号红松茸"因在展示农业废弃物转化利用上效果显著，2022年被国际植物园联盟教育刊物ROOTS报道；区域特色经济植物科普活动荣获"2022年广州市科普创新奖二等奖"，"植物科技资源科普化模式创新"项目荣获2023年度岭南动植物科学技术奖一等奖（科普普及类）。

此外，华南国家植物园还开展了包括木兰花展、山茶花展、禾雀花展、杜鹃花展、姜目植物展等专类园主题花展，以及牡丹花展、朱顶红展、食虫植物展、兰花展、簕杜鹃花展等特色专题花卉展，并通过华南国家植物园微信公众号、官方微博、抖音，以及中科院之声"花颜鸟语"栏目等新媒体平台，发布当季植物故事、花讯等，让公众在赏花的同时，了解学习有趣的植物知识，提高公众科学素养。

在科技周、公众科学日、全国科普日、中科院科学节等活动期间，华南植物园等多个大型科普活动，如2023中国科学院第六届科学节广州分会场、粤港澳大湾区科普发展论坛等，均取得良好社会效应。同时结合社会热点，公众兴趣点，推出"南岭生态摄影展""抗疫植物知多少""替花写照植物科学画展"等特色科普展览。出版了《嘿！你的生活被这些植物改变》《植物的生存智慧》《华南植物园科普解说词》等科普专著，积极向公众展示科学之美、环境之美和文化之美。

结语

珍稀植物保护、开发物种的潜在价值，这都是华南国家植物园在科技上自主创新、自立自强的缩影。未来华南国家植物园将努力推动城园融合，建设大城名园，让其成为广州市这座国际化大都市的城市名片，希望通过它让市民们认识到植物多样性对支撑城市高质量发展和满足人类美好生活需求的重要性，让绿色生态的理念深入人心。

园在城中，城在园中。华南国家植物园只是广州生态环境的一个缩影。目前，广州正以建设"活力公园城市"为目标，规划到2035年新增公园绿地约6320公顷，人均公园绿地面积不低于17.5米^2/人，公园绿地服务半径覆盖率达到90.0%，构建以自然保护区为基础、以自然公园为补充的自然保护地体系，全面建成人与自然和谐共生的现代化生态城市样板。

第三章　绿美花城　厚植城市生态底色

青山半入城
屹立于城央的生态屏障

引言

"不用山僧导我前,自寻云外出山泉。千章古木临无地,百尺飞涛泻漏天。"

白云山西门

这是北宋文学家苏轼当年经停广州时描写白云山景观的诗句。在广州 2200 多年的城市发展史中，城与山相互呼应，白云山早已成为广州这座城市最重要的意象标志。

白云山自古以来就有"羊城第一秀"之称。清代学者仇巨川所纂的《羊城古钞》云："每当秋霁，有白云蓊郁而起，半壁皆素，故名曰白云。"作为广东最高峰九连山的支脉，白云山从空中俯瞰大致呈东北、西南走向，南北长 7000 多米，中部东西宽 4000 多米，横跨越秀、白云、天河三个核心城区，是广州云山珠水城市格局的重要组成部分，被誉为城市的天然氧吧、名副其实的广州"市肺"。

自宋代以来，白云山先后有"蒲涧濂泉""白云晚望""景泰僧归""白云松涛""云山锦秀"等景点入选"羊城八景"。20 世纪 90 年代，广州市政府正式划定白云山风景名胜区并成立专门的管理局对整个景区进行管理和保护。目前整个白云山风景名胜区面积 21.8 平方千米，共有云台花园、鸣春谷、摩星岭等 7 个游览区，全年接待服务游客超 2000 万人次。

白云山风景名胜区是广州市唯一同时拥有"全国文明风景旅游区"和"国家 AAAAA 级旅游景区"两项荣誉的景区，近年来白云山秉持"绿水青山就是金山银山"的生态文明理念，坚持拆违还绿于民，还景于民，创建城市生态氧吧，进行生物多样性调查，古树名木"一树一档"建档，以"文旅融合、农旅融合、学旅融合、研旅融合"等多元化发展思路，成为城市生态公园的典型代表。

目前白云山生态建设成效显著，山上现存丰富的野生动植物资源，每当候鸟迁徙的季节，这里还成为候鸟们中途休息的"加油站"，多种珍稀鸟类不断被目击记录，近年来推行的"还绿于民"行动也让更多市民能够享受白云山的绿色生态成果。

第三章　绿美花城　厚植城市生态底色

从城外之山到山在城中

"云山珠水"是广为人知的广州山水地形。古时广州城就建在山海间由广大丘陵、台地、平原交杂而成的区域内，南临珠江，北依越秀山、白云山。著名历史地理学家曾昭璇将广州地形由北向南分为四区：白云山区、观音山丘陵、广州台地和珠江平原。在今天天河新中轴线上的地标高楼出现之前，海拔382米的白云山碧云峰，也就是俗称的"摩星岭"一直是全城最高点。

白云山和著名的"五岭"有着密切关系。五岭是划分岭南、岭北的自然分界线，白云山就是五岭之一大庾岭的一条支脉——九连山的余脉。九连山主体在粤北连平、和平二县，东连龙川、河源，南连博罗、增城、龙门、从化，西连翁源、英德，北连江西的龙南、全南、定南三县，环连九处，故称"九连"。

在白云山上鸟瞰广州市区

九连山为现在广东最大的山脉，其南延山势由从化逶迤而来，至白云山而成终点。

公元前221年，秦将任嚣、赵佗率领的南征大军从中原南下至江西定南县，然后越过九连山中段进入龙川，再长途跋涉来到白云山南面，修筑"任嚣城"。这标志着广州城建和白云山人文历史的开端，而白云山一开始就是广州城的天然屏障。

从地质学上看，白云山的生成与隆起历程十分壮观。借助现代科学手段测定，白云山一带地层形成年代大约在"中泥盆统桂头群"时期，也就是距今近4亿年前。

真正意义上的"白云山"形成于约6000万年以前。当时广州的地形是白云山高起成山，侏罗浅海沉积被花岗岩侵入，部分砂岩变质成为坚硬不透水的石英岩层，因此花岗岩、石英岩和砂岩也构成了白云山崖壁的地形基础。同时，白云山两侧却是断裂陷落的低地，围绕着白云山的都是浅水湖盆或大河谷地，堆积着大量红色岩系。

第三纪（约6500万年前至约250万年前）末期地壳继续上升，白云山两侧断陷低地上升成为陆地。松碎的沙泥石砾在炎热气候下被氧化铁胶结起来，成为被称作"红色岩系"的坚硬石头，这就是今天广州市所在的地基。花岗岩体的白云山构成山地，两侧断陷区保留的砂页岩地区也形成了一些高丘陵——观音山（越秀山）、象岗、瘦狗岭等。古盆地的红色岩系地区岩性软弱，成为低平的台地和缓的丘陵，这也是广州城主体的所在。因此，广州的地势高低与岩石性质有关。

白云山是长期剥蚀的山地，故山顶也呈平缓起伏丘陵地形，摩星岭由于有坚硬的石英岩形成顶峰，故山脊顶部高起几块巨石，成为白云山最高点，高度为382米。

整体来看，白云山350米高的山顶是在第三纪末期形成的，天南第一峰的山顶和缓面（200米一级）在第四纪初形成，山脚的丘陵地顶面（100米左右）在第四纪形成。

白云山上多云气候跟地理地质环境有关。白云山地势较高，从西北方向吹来的冷气流常被山体阻挡，而从东南方向吹来的暖气流亦常被山体阻滞，两股气流相遇交融，由此生雾。此外，白云山上林木繁茂，溪涧纵横，地下水源丰富，地表湿度较高，水蒸气自然较多，而山体复杂的地形又使水汽不易迅速飘散，自然容易形成云雾。

白云山泉水多，与花岗岩不透水有关，雨水只能沿山坡流下，或浸透入风化层中，故山体周边坑、溪众多，也成就了白云山许多以水命名的景点，如九龙泉、蒲涧、双溪、黄婆洞等。白云山的山泉以表层泉和节理泉为主，山上的硬石英砂岩露头地点几乎都成为悬崖急坡，地下水常从渗出形成潺潺泉水，滴水岩等就是这样形成的。不过，表层泉只靠厚两三米的风化壳来储水，水量不大，难以成为大量涌泉，所以白云山中并没有多少瀑布存在。

在时间长河里，白云山与广州城一直相辅相成。两者之间的方位关系也随着历史的发展而变迁，逐步从城外之山到城郊之山，再到山在城中。

据史料记载，2200多年前的"任嚣城"约在今中山四、五路交界处至越华路西段的位置；稍后建造的赵佗城则向东南拓展至现今中山四路中段和文德路北段，此时的白云山显然远在建城区之外。从这两个最早的广州古城出发，沿路去往白云山的南端或西南端，大概要走上9公里。

三国时期至唐代的广州城向西拓展到现今中山五路中段和吉祥路南段，城东部和城东北部的疆界基本维持不变，广州城至白云山的路线距离变化也不大。宋元两代，广州城拓展为"东""西""中"三域，北界接近现东风中路，南界抵至现大德路、文明路一带，东界稍稍越过现德政北路和德政中路，以这一时期的广州城的东北部作为起始点，其至白云山的距离缩短了500米左右。

明、清两代，广州城北端已扩至越秀山上的五层楼（镇海楼），东北部推进至现小北路北园酒家及越秀北一带，南部和东南部接近珠江边。广州城至白云山的距离变为 7500 米左右，民国时期也基本保持这个距离。

新中国成立后，广州城区全方位逐步扩大。现在，白云山成了一座真正意义的"城中山"。

如今的白云山有 17 个门岗，市民可从四面八方进山。如果时光倒流百年，回到 20 世纪 30 年代的民国时期，从市区到白云山只有两条路线：一条是从大东门至沙河息鞭亭和云泉山馆，沿途经过黄花岗、茶亭、十九路军坟场、朱执信墓等；另一条是从小北门到弥勒寺，首站经过宝汉茶寮，后经登峰路、横枝岗和姑嫂坟，至长腰岭弥勒寺下车上山。

从清末民初开始，随着广州城的人口增加，白云山越来越成为热门登高地。每年的郑仙诞、重阳日和清明节，白云山上都热闹非凡。市民吃完晚饭后上山，在山里待上一个晚上，第二天早上才下山回家。山道两旁摊档遍布，卖茶水、饼食、花卉、纸花、风车、摇鼓、香烛等的货郎小贩错杂其中，从山脚一直摆到现在的山顶公园之处，非常热闹。

历经了亿万年的地质演变，白云山终成"羊城第一秀"，白云飘绕，风光旖旎。不过，对广州人而言，云山和珠水不仅是这座千年古城的地理标志，更是城市文化的一部分，融进了每一个人的日常生活。"得闲（有空）去爬山"和"得闲去饮茶"一样，是广州人的口头禅。而广州人对白云山的感情并不仅限于此。白云山之于广州人，是早已植根于血液中的城市文化和历史。经过千年的文化熏陶，这座山蕴藏着这座城最深的韵味。这座山和这座城里每一个人的过去和现在，都有紧密的关联。

造化赠给广州的"自然博物馆"

白云山绿化覆盖率达 95% 以上，植被群系以针阔混交林为主，拥有丰富的国家级及省级珍稀濒危植物，可观察到的鸟类、昆虫、两栖类动物种类繁多，是岭南地区不可多得的"自然博物馆"。

早在1994年广州市政府部门主持的一项《白云山植物种质资源调查》的结果显示，当时白云山共有植物179科、553属、1002种，其中蕨类植物23科、332属、41种，裸子植物7科、13属、25种；被子植物149科、503属、946种，有5种国家保护的珍稀濒危植物（鹅掌楸、土沉香、降香黄檀、油杉、大叶竹柏）。白云山植物种类占广州地区的50%，物种丰富程度较高。在植被方面，白云山植被种类复杂，既有人工成分也有天然更新种类，既有阔叶林、针叶林，也有混交林、竹林，植被在一定程度上表现出南亚热带常绿阔叶林的特征。

此后，为了继续提高白云山的绿化品质，从1995年开始政府部门陆续开展了白云山林分改造行动，在白云山鸣泉居等地进行补种绿化苗木树种，几年内共造林30417亩，种植树苗140万株，成活率达95.8%，实施林分改造后白云山的森林覆盖率达到95%，供氧量增加了一倍，对二氧化碳及部分有害气体的吸收能力提高了30%~50%。通过林分改造及后期对树木的精心管理，白云山从原本以马尾松林为主，逐渐形成多品种、多色彩、多层次、多香味、多功能，具有岭南特色的南亚热带季风针阔混交的风景林。

此外，在白云山鸣泉居的林地改造中把马尾松残次林改造成常绿阔叶混交林，新种的树木以马占相思为主，非洲桃花心木、红胶木等为辅，种植过程中还采取基肥造林的办法促进树苗生长，确保苗木成活率达到98%以上，最终林分改造也使得鸣泉居换上绿色新装，半年时间鸣泉居山上便已一片葱绿，让整个白云山呈现山顶"戴绿帽"（保持松林的特色）、山腰"披彩带"（多种色彩树种）、山脚"穿花鞋"（四季花卉争艳）的景观效果。

连续多年的林分改造和动植物资源保护也让白云山的生物多样性明显提高。2021年白云山管理局公布的最新数据显示，白云山绿化覆盖率达95%以上，负离子平均 3000~7000 个／厘米³，达到国家一级标准。2023 年初步统计，全山共有维管植物 1133 种，隶属于 180 科 635 属，绿化覆盖率达 95% 以上。保育国家级保护植物 20 种，其中天然分布 2 种，即桫椤、金毛狗，为国家二级重点保护野生植物；迁地保护有 18 种，如苏铁、土沉香、罗汉松、江南油杉等。

白云山近年苗木种植主要有夹竹桃、黄槐、宫粉紫荆、黄花风铃木、黄婵等一系列开花乔灌木。例如，在麓湖聚芳园、雕塑公园花架廊区域、摩星岭摘斗亭周边、云台花园内，分别种植梅花、风铃木、桂花、金花茶等，形成梅林、茶花园等特色花景。良好的生态环境吸引了松鼠等小动物在这里"安家落户"，经 2022—2023 年调查初步统计，在白云山记录到的鸟类有 206 种，爬行类动物 30 种，两栖类动物 14 种，昆虫 296 种，哺乳动物 20 种。陆生野生脊椎动物（鸟类、兽类、两栖类和爬行类）中有国家级及省级重点保护动物 65 种，包括国家Ⅰ级重点保护动物 1 种，即白肩雕；国家Ⅱ级重点保护动物 43 种，如白鹇、游隼、蛇雕、豹猫、虎纹蛙等；广东省重点保护野生动物有 21 种。与 2010 年的统计数据比较，物种的丰富度和多样性有所提高。适宜的自然环境和丰富的食物已吸引了包括"鸟中大熊猫"黑脸琵鹭在内的众多候鸟前来停歇，更吸引了白鹭、灰鹭、白胸翡翠等鸟类留在白云山"安营扎寨"、繁衍生息。

为了给野生动植物提供稳定、高质量的栖息生长环境，目前白云山已经提出将继续强化生态资源保护措施，通过科学的人工放归部分野生动物，如骨顶鸡、赤腹松鼠等，丰富白云山的动物种类，实施动植物多样性保护监测项目，积极开展动植物调查工作，建立系统的档案资料及数据库。同时，白云山还将加强专职护林队巡查监督，严厉查处破坏白云山森林植被、捕捉伤害野生动物的行为，严禁游客上山取水，保护白云山中的溪沟常年流水不断，既为野生动物提供水源，也为两栖爬行类动物提供良好的生存和繁殖环境。

白云山是广州"市肺"，多年的生态建设也让它的空气净化功能持续提升。

第三章　绿美花城　厚植城市生态底色

> **专栏：白云山成为广州首个"城市生态氧吧"**

为树立和践行"绿水青山就是金山银山"的理念，广州市坚持人与自然和谐共生的原则，全面推进生态文明建设，自2021年底市林业园林局、市气象局共同开展白云山风景名胜区"城市生态氧吧"创建工作。

2022年12月初，经国家、省权威技术部门、高校及科研院所、行业协会的气象和生态领域专家组成评审小组认定，白云山风景名胜区创建"岭南生态气候标志·城市生态氧吧"评价等级为"优"。

2023年1月4日，白云山风景名胜区获得授牌，正式成为广州市首个"城市生态氧吧"。据了解，白云山是广州"市肺"，素有"羊城第一秀"之称，也是广州实现美丽宜居花城、活力全球城市愿景的重要组成部分。近年来，通过实施还绿于民工程、林分林相改造、开展生物多样性保护与监测、水鸟生态廊道建设等一系列重要举措，景区环境质量稳步提升，生态系统韧性持续增强，公共服务产品不断丰富，得到广大市民和游客的认可。

根据监测与分析，白云山风景名胜区空气清新怡人，常年微风习习，在夏季发挥较明显的城市冷岛效应，年空气质量指数优良率高达92.5%，2022年测得空气负氧离子浓度最高值可达9000多个，空气负氧离子浓度与市区相比优势达5.4倍，景区地表水达到Ⅱ类水质标准，生态用地占比96.5%，生物多样性丰富，生态效益良好，单位面积植被释氧1038.58吨/千米^2，由此孕育白云山景区独具特色的生态旅游资源，每年景区游客量保持在2000万人次左右，连续多年游客满意度超过95%。

位于超大型城市中心的氧吧是罕见的，白云山获评"城市生态氧吧"显得弥足珍贵。

有风自南

保护候鸟迁徙"加油站"

全球9条候鸟迁徙路线中有4条路线穿越我国，在我国形成东部、中部和西部3个候鸟迁徙区，而白云山是我国东部和中部部分候鸟南北迁徙路线的重要中转站。每年从华中、华北、东北甚至西伯利亚出发，为躲避刺骨的西伯利亚寒流而辗转飞行数千公里的候鸟已经逐渐习惯将白云山当成长途飞行中的一个重要的"加油站"和休息区。

近年来，白云山摩星岭、龙虎岗一带凭借高海拔的优势成为观鸟爱好者们观察猛禽高飞的绝佳去处。

每年10月左右的候鸟迁徙季，广州市自然观察协会志愿者都会聚集到白云山摩星岭下的龙虎岗进行候鸟的观察拍摄。在天气良好的时候，通常短短一上午就能拍到蛇雕、白腹鹞、鹊鹞、凤头鹰、凤头蜂鹰、日本松雀鹰、褐冠鹃隼等10多种珍稀猛禽，有些猛禽的出没较为频繁，相隔5~10分钟就会闪现一次，它们有的在云端不断地盘旋，有的以极快的速度从人们的视线中划过。

广州市自然观察协会会员、珠海市观鸟协会鸟类调查部主任陈什旺拥有多年观鸟经验，经验丰富的他可以一边快速用肉眼锁定猛禽的活动方位一边抬手摁下快门，一番操作之后一只猛禽在空中滑翔的身姿就被镜头定格了下来。拍下照片后他还能快速地通过对猛禽的整体轮廓、翼指、翼形和尾形、头胸腹以及尾部的花纹、飞行方式等因素判断出它的大致品种。

据广州市自然观察协会理事甄军介绍，从2022年9月下旬开始到10月下旬的短短一个月，协会成员就有超过5次单日观测到超过100只猛禽个体，其中10月20日单日观测到猛禽高达297只次。

猛禽属于食物链上层乃至顶端的物种，通常会有在高空飞行的习性，白云山山峰山谷间产生的较为强盛的上升热气流为迁徙猛禽的高飞带来了助力，因此能够吸引许多猛禽前来。

此外，充足的食物也是吸引候鸟迁来的重要因素之一。白云山经过对本地阔叶林的修复与改造，使山上的生物多样性大大增加。大范围、高体量、形态立体发育良好的森林环境为野生动物提供了庇护所，形成了一条由植物、昆虫、鸟类及哺乳动物组成的完整生态链，为迁徙野生鸟类提供了良好栖息环境。

白云山上空的猛禽除蛇雕、黑耳鸢等留鸟外，许多猛禽往往会紧随食物链当中一部分小型鸟类往南迁徙。因此南迁的猛禽就可以在白云山的大环境里获得更多的食物，使白云山成为猛禽迁徙的"加油站"或落脚点。而对于棉凫这种爱吃睡莲科植物的水鸟来说，白云山麓湖有一大片开阔的水域，不少睡莲科植物生长在湖面上，湖畔周围也有茂密的植被环绕，因而成为棉凫在长途飞行中理想的休息区。

对于野生动物而言，与人类尽可能少接触也带来较高的安全感。目前白云山仍有不少地方人迹罕至，例如中部的一些山谷就鲜有人为的干扰。此外白云山的流浪猫数量比较少，这大大减少了鸟类被非自然食物链物种猎杀的概率。近年来白云山还在反盗猎、野生动物科研保护等方面逐年加大工作力度，也使得野生动物受伤害的风险降低，迁徙候鸟能安全飞越白云山。

> **专栏：珍稀动物棉凫现身白云山麓湖**
>
> 2023年的候鸟季，又有一种"稀客"候鸟造访白云山。与在高空翱翔的猛禽不同，这次出现的是一种娇小可爱的水鸟。
>
> 2023年10月29日，广州市自然观察协会会长赵广胜在白云山麓湖公园带领小朋友做自然观察时，湖面上飞起的4只"小野鸭"引起了赵广胜的注意。拥有多年拍摄野生鸟类经验的赵广胜发现，这4只"小野鸭"的颜色较为特别，且体形较一般野鸭而言更加娇小，随

有风自南

麓湖公园的珍稀动物棉凫（赵广胜 摄）

后被确认这是国家二级保护动物棉凫。

棉凫是雁形目鸭科棉凫属的鸟类，是鸭科中体形最小的种类之一，羽毛主要呈白色，一般生活在河川、湖泊、池塘和沼泽地等淡水湿地，喜欢在树洞中筑巢，一般以种子及蔬菜尤其是睡莲科植物为食，偶尔也吃昆虫、甲壳类等。棉凫在中国数量稀少，在分布区大部为夏候鸟，极南部为留鸟。此前在广州、深圳、珠海、东莞等地有少许出现记录，这次是近17年来广州市区这次拍到棉凫的记录。

白云山上有丰富的植被，山脚的麓湖是一片湿地，因此对候鸟而言，这里有着相对合适的庇护环境和较为充足的食物。以棉凫为例，它们喜欢吃睡莲科的植物，刚好麓湖有一大片开阔的水域，不少的睡莲科植物生长在湖面上。

无论是猛禽在白云山上空出没，还是棉凫这种极其"社恐"的小型水鸟在麓湖"闪现"，都体现了近年来白云山生态保护的成果。

拆违还绿让白云山更加亲近

白云山是广州山水历史格局"云山珠水"的代表，历史积淀丰富，且位于老城区，周边人口密集。随着城市扩张，单一的资源保护与市民日益增长的空间需求矛盾凸显，生态建设也一度面临挑战。

2019年以来，广州市启动了白云山"还绿于民"工作，通过拆除白云山周边地区违建，高质量复绿27.76公顷、打通环山生态断点7处、串联公园26个、提升改造2.7公里进山路径，优化了旅游服务中心、便民驿站、停车场、公厕和门岗等设施。

《白云山、麓湖、越秀山及周边还绿于民工程三年环境整治行动计划（2019—2021年）》为"还绿于民"制定了六大任务：制定白云山环境整治规划、门岗"一门一方案"，以及白云山、麓湖、越秀山连通方案；对白云山红线内违法建设实施拆除、复绿；对缓冲区范围实施城中村改造和违法建设治理；重点建设广州花园；建设南门等7个主要门岗及进山通道；开展越秀公园环境整治复绿，内含拆违复绿、绿化品质提升、慢行系统建设、进山路径贯通、出入口品质提升、区域景观提升、广州花园建设、麓湖公园品质提升这八大工程。

2019年3月15日，白云山"还绿于民"集中拆违大行动正式打响，集中拆除了永泰地铁站周边、同和握山西街一巷14号旁、金泰路181号连体房、白云山上桃花涧侧门经营部、麓湖公园簪香馆、白云山南门金贵停车场侧边违建等8宗影响白云山景观品质的典型违建点。同年3月29日，广州市再度拔"硬钉子"，第二次集中拆除白云山南门附近等处违建25宗5万平方米，紧接着第三次、第四次拆违大行动相继展开。

白云山违建拆除中尤其敢于啃"硬骨头"，当中包括拆除了困扰20多年、被称为"大钵盂"的18栋历史违建及白云山南门、丛云路、省军区白云大道南汽修厂、永泰地铁口、濂泉路"职工活动中心"等违法建设，打通了白云山视廊通道，初步实现了拆违复绿、显山露水。

"大钵盂"曾是一个容易受地质灾害影响的区域，在雨水冲刷下，山体上的18栋违法建筑存在滑坡隐患，威胁在此居住的400多名市民人身安全。在拆违工作开展初期，经过各部门仔细工作，"大钵盂"18栋建筑住户全部同意拆除并全部搬离，最终在2019年6月中旬对"大钵盂"实行全面清拆，整整比原定计划提前了3个月。除了拆除景区红线范围内的违法建筑，政府部门还带头示范，白云山管理局主动将景区内影响景观品质的自有建（构）筑物进行拆除，其中包括影响景观的自有建筑物133座，拆除面积达2.83万平方米。

2020年开放的空中步道

第三章　绿美花城　厚植城市生态底色

拆违的最终目的还是"还绿于民",在第一批作为违建的麓湖公园簪香馆被拆除后,白云山风景区管理局迅速开展复绿工程,在违建原址建成草坪和绿树景观带,拆违后一些重要的通道也被打通,为设施升级和环境改造提供了空间。

2020年5月1日,全长8公里的"云道"(空中步道)正式建成开放。借助这条城市慢行廊道,白云山、花果山、越秀山三大邻近山体实现了连通,线路还全程串联了白云山、广州花园、云台花园、麓湖公园、雕塑公园、花果山公园、越秀公园、中山纪念堂八大城市公园,为市民闲暇散步提供了一条难得的生态徒步线路。

在修建这条廊道的同时,工程人员也对不同路段的自然景观进行了升级并配备了必需的便民设施。在中山纪念堂至越秀公园的1.7公里路段,通过补种一些木棉和异木棉营造出热烈的气氛,这里打造了"锦绣文海"景点。在越秀公园至麓湖公园3.4公里路段,在原有的宫粉紫荆的基础上新布置了一系列粉色系花色,形成了缤纷、浪漫、活泼的"嫣粉飘香"景观。而在麓湖公园至白云山2.9公里的路段上,则采用了种植黄花风铃木形成黄色系的花色效果,打造了"枫铃榄韵"的景观。

如今每到周末假期,这条空中步道就会成为广大市民徒步打卡的热门景点,行走在其中可以充分感受到森林和城市融为一体,眼前是繁花似锦的绿木森林,远处则是车水马龙的城市一隅。

在白云山"还绿于民"工程中,最大的成果之一是对白云山南门、西门、北门、柯子岭门、翠竹园门、梅花园门6条主要进山通道路面、人行道、绿化及沿线建筑进行了整治优化。这次门岗的升级优化还请来了由何镜堂院士领衔的大师团队按照"一门一策、一门一景"思路,为白云山风景区打造彰显岭南特色的标识性门岗。

位于广州云台花园附近的白云山南门是白云山最著名的门户。据何镜堂介绍,白云山南门不仅是一座山门,而是一个整体和一个空间,因此改造过程中也尽量突出山门的标识性和功能性,把南门景区打造成一个集入口购票、休闲交流的地方。

改造中的点睛之笔是被称作"云间花海"的白云山南门门岗。通过精心设计,新南门体现出广州"云山珠水"之秀的地域文化特色,取白云之意,构岭南之风,既是雕塑,也是建筑。大门形态自由灵动,犹如流动的云朵漂浮于重峦叠翠之间。白天阳光倾洒,仿佛一把把散开的云伞,地面光影斑驳;夜间华灯初起,云间的木棉花通过灯光装置映像出来,不断绽放跳动。

为了增强南门作为白云山景区主入口的标识性,新设计专门把位于大榕树后方的门楼前移40米,成为统领整个南门集散广场、指引上山游客的重要景观地标。

除南门以外,位于白云大道上的白云山西门也是白云山最著名的大门之一。据它的设计者全国工程勘察设计大师、广州市设计院顾问总建筑师郭明卓介绍,新改造的西门岗既尊重了原有的"山·门"概念以突出白云山的历史文化沉淀,又通过新的手法提高了门岗的建筑形象和观赏度。

位于白云大道上的西门岗地势平坦开阔,因此设计人员在此也采取了传统的坡顶设计,但在结构和材料上却采用了体现现代化风格的玻璃顶和钢结构,足够大的体量也让西门岗足以成为标志性建筑。

此外,原来的西门岗配套设施不足、服务功能不完善,厕所和电瓶车候车棚等设施陈旧,无法满足市民需求,改造时新建了一个180平方米的游客服务中心及330平方米的附属功能建筑,另外对公厕进行了扩容,新增了景观亭廊和树池坐凳,完善配套指引和标识。

位于大金钟路上的柯子岭门岗也大幅进行了升级。过去这里受限于地形导致门岗的界面狭窄又正对着立交桥,让人很容易忽略,本次改造后移门岗并扩大前广场,将入口敞开面拓宽至110米,设置了集娱乐、运动、交流于一体的多层次立体活动平台,增强市民参与感和获得感。

第三章　绿美花城　厚植城市生态底色

据它的设计者广东省建筑设计研究院副院长、国家勘察设计大师陈雄介绍，柯子岭门岗的设计理念为"行云·流水"，以云作为场地的肌理元素塑造了云廊，用流水般的步道展示了山谷间缓缓流水的空间意境。云廊的设计不仅是为了美观，而是考虑到广东地区雨水比较多，天气也比较热，有了云廊的半室外空间既可以遮风挡雨也能遮阳防晒通风透气。通过改造，原本狭长的游客通行通道也成为别致的社区公园。

位于白云山西门不远处的翠竹园门岗也彻底焕然一新。新门岗通体简洁素白，立体的截面外观看起来像自然而生的山石，中间则巧妙运用了少见的整面玻璃墙，墙上是白色字体的白云山。整座门岗背靠高阔的蓝天白云和竹林，一旁繁花曲水绕山门而过，让人刚进山门就感到山水之美。

改造后的白云山翠竹园门岗

有风自南

"相比其他几个门岗，翠竹园门岗用尽可能贴近自然的手法打造了一个端庄大气的山门形象，让它接近自然生成的感觉。"团队成员、广州市冼剑雄联合建筑设计事务所主任建筑师程路表示。不像其他位于主干道的门岗，翠竹园门岗并不是直接在道路外面，整体更贴近自然，呈现与自然非常统一、与周边环境非常和谐的状态。

这个山门原本鲜为人知，进山道路长且路窄，为此团队将原来的空间结合河道开拓改造，让道路更亲近水体，形成自然通透的水岸绿地空间。进山道路采用了"先抑后扬"的景观布置，一开始走进来面对的是窄通道，越走到后面宽度就越大，同时能跟景观互动的区域也越来越多，最终形成山水结合、环境优美的诗意溪涧景观。

2020年五一假期，完成改造重新开放的白云山六大门岗也获得了市民的大量点赞。有不少市民表示，现在的白云山不仅绿色空间更多了，而且门岗都变得各有特色，第一眼看上去就能留下深刻印象。

2023年4月7日，国家主席习近平在白云山的松园同法国总统马克龙举行非正式会晤。春天的白云山麓，春和景明，繁花似锦，见证着中国特色大国外交踏上新的征程。

何镜堂也认为，广州的白云山还绿于民工程取得了良好的效果，既帮助广州打造了粤港澳大湾区宜居宜业宜游的优质生活圈，也是实现"老城市新活力"的具体举措，广州是一座有2000多年历史的文化名城，最大的资源环境特点就是云山珠水，通过改造，让美好的环境更加深入人心，也更加令人耳目一新。

结语

岭南画卷，秀美云山。在习近平生态文明思想的科学指引下，广州市始终坚持"顺民意、暖民心、为民利"的宗旨，打造更加符合时代特色的云山珠水，走在为实现人民美好生活而奋斗的征程上，为广州绿色和谐画卷汇入新篇章。

展望未来，白云山还将继续发挥自然气候条件、生态资源以及空气、水质环境等方面的优势，不断增加生态服务产品供给，探索建立持续的生态治理机制，提升广州宜居宜业宜游的城市品质，进一步擦亮广州市生态文明建设招牌，让市民拥抱自然，走近自然，感悟自然，感受云山生态之美。

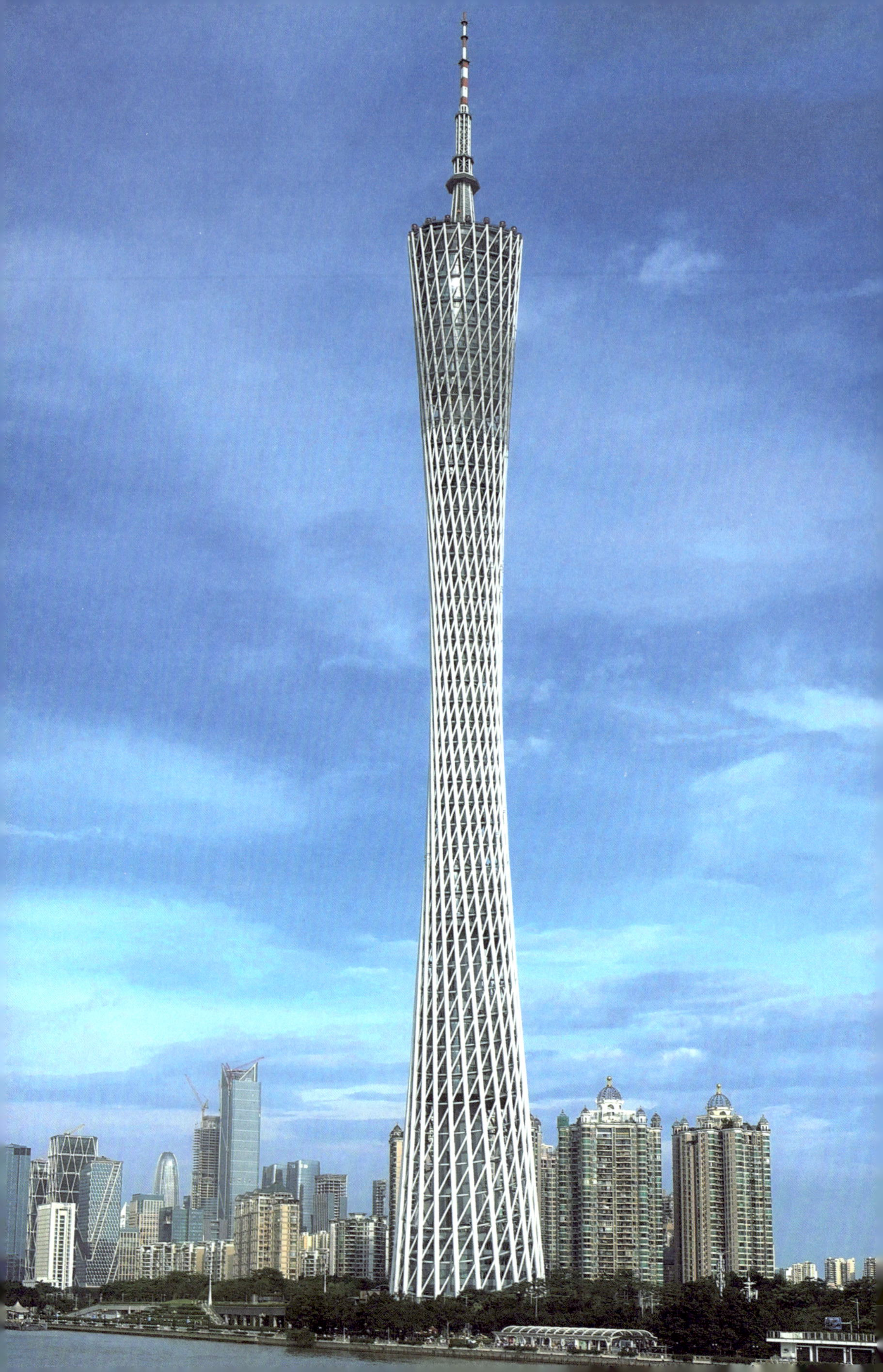

第四章

精细治理
有品质的人民城市

"民，乃城之本也。"人民是城市建设的主体，也是城市建设成果的共享者，这正是习近平总书记提出"人民城市人民建，人民城市为人民"的主旨所在。

广州这座有着 2200 多年建城史的老城市，跟随时代环境的变迁和人民需求的变化，不断实现城市的新活力，是城市可持续发展的题中应有之义。从建设新时代人民城市的理念出发，广州在近年来的城市工作中始终坚持以人民为中心，聚焦人民群众的需求，以绣花功夫般的精细化治理打造高品质、有温度的城市，让人民有更多获得感，为人民创造更加幸福的美好生活。

建设新时代人民城市，是在新发展阶段对中国特色城市发展规律的时代总结。社区微改造、历史文化街区的保护与活化以及城中村改造，这三件事反映了近年来广州建设人民城市、实现老城市新活力的生动实践，它们回答了广州对"建设什么样的城市""怎样建设城市"等重要命题的问卷，也展示了广州认识、尊重、顺应城市发展规律，用实际行动践行以人民为中心的新型城镇化理念的决心。

有风自南

社区微改造
城市治理彰显民生情怀

引言

随着城市的发展,城市建筑的物质性老化是老城市普遍面临的问题。如何处理好发展与保护之间的关系,实现老城市新活力,对城市的可持续发展有着重要意义。社区微改造就像"微创手术",在留住城市记忆的同时,全面改善人居环境,为老城市注入新活力。

广州作为一线超大城市,随着社会人口年龄增长,旧楼加装电梯逐渐成为居民的迫切需求。让每一位住在老旧小区的老人出行便利,不仅反映了城市对老弱群体的人文关怀,也体现了城市文明的尺度。

为确保从源头破解"下楼难"问题,解决居民尤其是老年人出行难的现状,广州通过创新制度性安排化解矛盾瓶颈,一直在探索不同的模式:荔湾区成立了旧楼加装电梯服务中心,着力解决审批难问题;海珠区首创了"不落地电梯"模式,解决商住两用综合体大楼的高层居民用电梯需求;越秀区在全国率先推出了"电梯托管管家"服务,解决电梯日常管理维护难题;广州市规划和自然资源局不断出"实招硬招",个案最快可实现5个工作日内核发建设工程规划许可证,成片连片加装新模式审批效率更是大幅提高;等等。

广州通过对老旧小区进行整体规划，达到统一风貌、优化小区环境的效果；通过多部门集中联审，简化审批流程，实现让居民少跑路。同时，成片连片加梯做到了统一规范施工和集中运行管理，让电梯运行安全有保障。

广州市加装电梯成效稳居全国首位。截至 2022 年 6 月底，全市累计完成加装电梯规划审批 13351 台，惠及逾 100 万居民，电梯审批和建成总数均远远高于其他城市，保持全国各大城市首位。83 个试点小区推广成片连片加装电梯新模式，完成试点小区成片连片加装电梯方案编制，成片批复加装电梯近 3000 台，惠及约 20 万人。

法治保障破解加装电梯难题

没有安装电梯的老旧小区大多建设于 20 世纪八九十年代，层高在 6—9 层不等。由于涉及住户人数多，业主各有诉求，许多旧楼安装电梯工作进程久拖不决，楼层越多加装电梯过程中的协商成本就越高。

其中的难点主要在于高低层意愿难以统一。一般而言，最想装电梯的是高层住户，通常他们也是整个过程中的"跑腿方"；中层住户的意愿则没那么强烈，除非是家中有老人，或是等待房屋升值转卖的年轻人；三楼以下住户基本上都没意愿装电梯，其中持反对意见最多的就是一楼，不仅是因为担心采光、通风问题，还会担心噪声、隐私等问题。

加装电梯所产生的费用分摊以及后续维护的问题也是产生纠纷的主要原因之一。虽然《广州市既有住宅增设电梯办法》已形成较为明确的资金筹集方案，但由于既有住宅增设电梯是业主基于物权的共同管理权的组成部分，其决定和表决等事项均由业主自主协商决定，所以居民出资比例等问题还是由业主自主协商决定。有的低楼层住户一开始想加装电梯，但是在得知分摊金额之后常会质疑，导致分摊金额需要重新分配，影响邻里之间的和谐；有的高层住户担心低层不同意甚至阻挠加装电梯，私下联系签名，不主动向低层业主公布讨论加装电梯方案，自然会遭到低层业主的投诉。

电梯建设的过程中，电梯建设方与住户之间、电梯承包方与第三方外包建设方之间也会存在纠纷。有时会遇到电梯施工方在施工进行一半后，使用了成本更高的电梯，突然提出向业主临时加价。其中还有一些市场因素，2020年以来由于原材料钢材持续上涨，电梯价格也不断涨价，部分电梯公司甚至出现资金链断裂的情况，不得不延期施工。

类似的"延期"或"停工"并非个例。老旧小区加装电梯作为一个总包工程，涉及的"分包"不仅包括电梯，还有第三方设计公司、钢结构设计制造方以及各类的相关施工方，而承接加装电梯的往往都是一些当地的中小型电梯公司，一旦遇到市场波动的情况，就容易造成经营压力过大。

加装电梯并非纯技术活儿，而是多方协商的结果。为推进老旧小区加装电梯工作，广州坚持党建引领的群众工作机制，积极寻求多方主体之间的协调与平衡，让"烦心事"变成"舒心事"。比如，黄埔区电梯办以"党建+调解"模式，由党员牵头推进增设电梯过程中的协调难题，极大发挥基层党组织在增设电梯工作中的战斗堡垒作用以及党员先锋模范作用，通过运用"车轮战"、主打"人情牌"等方式化解增设电梯存在的矛盾分歧。

从难题到不难，原因还在于有关部门找到了让赞成和反对双方共情、共鸣的方法。在协调加装电梯的过程中，黄埔区大沙街道大沙北社区书记龙玮琪发现，由于房屋陈旧，低层住户的下水道经常堵塞，需要更换水管，高层住户没有这类问题，自然也不想更换。"能不能我同意装电梯，你同意换管道？"一举解决两个痛点，这是相互妥协，但更是共同受益。

尽管如此，还是有部分住户不同意加装电梯，龙玮琪印象中，有位住在一楼的业主，常年在外经商，多次电话与他沟通加装电梯事宜，都被强硬拒绝，甚至还把龙玮琪电话拉黑。龙玮琪想到了业主的母亲，抱着试一试的想法，将情况讲给业主的母亲听。"你们居委平时这么照顾我,加装电梯也是好事,这件事包在我身上。"业主的母亲听后爽快地答应道。第二天龙玮琪就收到了业主的电话,表示他同意加装电梯。

在整个加装电梯的过程中,类似的事情有很多。"再困难我们也要迎头而上,"龙玮琪说,"那时候我们正好在小区看到有老人家买完菜以后,让老伴从六楼的家里放下篮子,把菜放到篮子里拉上去,因为提重物爬楼梯太辛苦了。"经过不懈努力,一张张捺完手印的加装电梯同意书放在龙玮琪面前。

参与协调的不仅有社区,还有街道、电梯办等相关职能部门。"有居民提出加装电梯会不会占用消防通道的疑问,我们就找来区消防大队的同事来现场答疑,涉及法律的内容就找法律专家来科普……"黄埔区电梯服务中心主任陆耀滔说。

越秀区水荫南社区党委书记高兰则设身处地为小区居民着想,在多方利益诉求之间寻找平衡点。越秀区黄花岗街道水荫路34号大院中,有一栋的一楼住户是两个老人,孙女是脑瘫患者,加装电梯会让一楼的楼道变窄,轮椅难以通行,从而影响一楼住户的出行。

想到他们要推轮椅,老人年纪大了,又很难控制力度。装了电梯以后,要出一道又一道的门,更加麻烦了。为此,高兰不断跟楼栋的居民商量,想找到一个两全其美的办法,既解决一层住户出行的实际问题,又保证房屋建筑的安全。"我们最终想到,在一层阳台旁加开后门,设置一个无障碍通道,这样一层住户出行反而更方便了,"高兰说,"要想把事情办成,一定要设身处地为居民着想,不能一根筋。"

为依法有效化解旧楼加装电梯协调难等矛盾纠纷,广州还坚持和发展新时代"枫桥经验",健全协商协调机制,把普法释法析法融入加装电梯矛盾纠纷调解全过程,实现加装电梯纠纷隐患排查全覆盖、预防无死角。

受限于加装条件,越秀区梅花村街道东兴南菜市场楼上的居民楼加装电梯的唯一可行方案是把电梯建到四楼，再经步梯到达各楼层。可是，这需要拆除4楼陈伯家阳台的部分外墙，而他家里的孙子刚出生不久，担心吵到婴儿的老人因此强烈反对。

为了化解矛盾，越秀区梅花村司法所原所长赖英艳联合街道信访维稳中心、社区工作人员等上门做陈伯的工作。经过实地考察，工作人员发现可以通过新的设计方案解决陈伯的诉求："进出路线可弧形调整，施工砸墙时间缩短，电梯建成后您家就是电梯入户，每天推着婴儿车带孙子晒太阳、逛公园都方便了。"

陈伯认识到这对于全楼邻居都是利好，同意了电梯安装方案并大度表示不用补偿，还现场签订调解协议。

然而，随着旧楼加装电梯需求越来越大，不少小区的低层和高层住户存在矛盾，发生口角甚至打官司。针对加装痛点堵点，广州发挥行政复议的作用"对症下药"，大力化解涉及旧楼加装电梯"资金筹集难""规划许可难"等问题，为这项民生工程打通"任督二脉"、按下"快进键"。

行政复议办案人员深入现场调查，加强对案件涉及的电梯选址、通风采光、结构安全、消防通道等问题的审查，为调解打好事实基础。一方面，通过优化设计方案，减少加装电梯对低层业主的影响促成调解；另一方面，积极促成高层业主与低层业主就补偿达成协议，通过适当补偿加装电梯受影响的低层业主促成调解。

2019年，广州市复议办承办了"市民方某诉广州住房公积金管理中心《关于旧楼加装电梯提取住房公积金的复函》"案，并以此为契机推动旧楼加装电梯提取公积金惠民政策落地。此案例实现了"办理一案、规范一片、推动一策"的积极效果，为广东乃至全国旧楼加装电梯提取公积金提供了范例，获评"推进中国法治进程十大行政复议案例（1999—2019年）"。

第四章 精细治理 有品质的人民城市

推动老旧小区连片加装电梯

既有住宅加装电梯是涉及众多职能部门的长链条工作，如何在市级层面上加强协调？2019年，广州印发《加快推进广州市老旧小区住宅加装电梯三年行动方案（2019—2021年）》，提出要研究推广老旧小区住宅成片连片加装电梯工作。同年，广州建立市老旧小区住宅加装电梯工作联席会议制度，统筹部署全市老旧小区住宅加装电梯工作，协调解决实际工作中出现的重大、疑难、共性问题。

2020年在前期试点基础上，广州印发《广州市老旧小区住宅成片连片加装电梯试点工作实施方案》，首创"集中申报、统一规划、集中联审、批量施工"的成片连片新模式，进一步简化流程，着力破除审批流程长、业主沟通难的障碍，服务效能提升数十倍。为了更加方便居民报装工作，同年，还在全国率先出台《广州市老旧小区住宅加装电梯指引图集》，内容凝结全市成功加装电梯的

越秀区黄花岗街道举行加装电梯现场咨询活动

千余宗典型案件，包括破解"裙楼式"住宅不落地加装电梯的技术难题等。

成片连片加装，通俗而言就是由街道将某一个小区全部"打包"，向规划主管部门报备，随后由各行政主管部门牵头，与电梯公司进行"集体商谈、设计、连片加装"。这一模式的优势在于审批效率更高，改"一梯一申请"为"集中审批、分层管理"，规模效应下的成本也更低，可与设计院、电梯公司合作，从而为业主节省设计、运营或管理费用。

连片加装不仅大幅缩减居民报建的时间，降低协调难度，居民还能享用"批发价"。成片连片加装的电梯由政府牵头进行统一设计，一共有四种形式，居民可以根据自己的需求自行选择，省了很多设计费。施工时只需要派一个项目经理就可以同时负责多个施工现场，建筑材料等可以在多个现场实现资源共享，加装一部电梯至少节省5万元。广州市越秀区黄花岗街道办事处副主任刘洁透露，有一种加装模式，在居民家的阳台外加建一个连廊，相当于增加了两三平方米的面积，有的楼栋加装电梯的地方不够，还会专门量身定做电梯尺寸。

在电梯运维管理方面，越秀区水荫路34号大院引入专业物业管理公司实行服务"全包"，负责电梯安全管理人员配备、日常巡查维护、年度定期检验等事项。

广州市黄埔区大沙街道大沙北社区辖内怡德苑小区原是广石化房改的生活区，建于20世纪90年代，小区内13栋楼均为楼梯楼，共有180户近400人居住，而其中居民又以老人居多，加装电梯是不少居民多年的愿望。

廖叔今年71岁，是怡德苑小区的老居民。他住在4楼，因为年纪大了上下楼很吃力。在小区的房产证办理下来后，廖叔就和业主们商量加装电梯的事，住在七八楼的高层住户也不方便，一直都想装电梯，于是，大伙决定一起凑钱。像廖叔所在楼栋这样想要自发申报加装的情况，在小区里并不少见。

"我特别记得，有一次小区居民陈姨挂着拐杖说她腿脚真的不行了，问我这

黄埔区怡德苑小区加装的电梯

辈子她还能不能坐上电梯,"大沙街道大沙北社区书记龙玮琪回忆起当时在小区探访,看到满头白发的陈姨倚靠着楼梯扶手艰难往上挪动的场景,依旧十分感慨,"当时我就在想,一定要加快促成小区加装电梯这件事情。"

在怡德苑加装电梯前,龙玮琪还去其他已经加装了电梯的小区学习经验。她发现,有些小区出现电梯大小颜色和形状不统一的现象,导致小区整体面貌不协调。此外,传统的逐栋加装电梯还面临审批时间长、程序烦琐等问题。

掌握了这一情况后,龙玮琪将自己的想法反映至上级部门,希望推动小区连片加装电梯,在反映情况过后,市、区行政主管部门的工作人员多次到小区里倾听居民的需求和呼声。2020年3月,怡德苑小区成为黄埔区首个成片连片加装电梯试点。

黄埔区电梯服务中心主任陆耀滔介绍,成片连片加装电梯方案将原来需要耗时10个月的审批程序压缩至2个月以内,大幅缩短了增设电梯报批的时限,群众不再为申请增设电梯"跑断腿"。此外，集中连片加装电梯因为规模较大，可与电梯公司"集体商谈、连片加装"，能节省建设、运营、管理费用。

小区内每栋楼房的结构并不相同，在设计加装方案时，结合居民需求共设计了四种电梯样式，有的是错层入户，有的是平层入户，有的尺寸大一些，有的受现有条件限制只能安装小尺寸电梯，不过外观上还是统一的，看不出有什么差别。

陆耀滔透露，为了更加方便市民申报，黄埔区电梯服务中心每周固定安排相关部门工作人员来到加装电梯需求量更高的老黄埔片区坐班，减少市民来回奔波的时间，中心还建立预审机制，对于居民递交的材料基本能做到一次性收件等。

在施工中也碰到过难题。楼栋出入口处大多存在供电、通信、有线电视等线路阻挡电梯加装，他们就将专业问题上报至相关主管单位，协调解决加装过程中涉及的管线及管井迁改等施工难题，实现多元联动。

陆耀滔表示，在施工过程中他们十分注重安全问题，制定了《黄埔区既有住宅增设电梯安全监管工作方案》，强化加装电梯在建项目施工安全监管，每月对在建项目实施全覆盖检查。施工完成也不代表结束，他们还成立了工作小组，定期组织"回头看"，检查加装的电梯有没有出现新问题，有的话就要及时整改。

居民廖叔表示："电梯建成后出行方便了许多，以前买袋米回来需要辛辛苦苦背上楼，现在只需要进电梯，再按下楼层，就能送我到家。"有了电梯，他不再担心年纪更大点爬不动楼梯，平时买菜、出门散步也更加勤快，对老人方便太多了。

怡德苑小区的试点也带动了其他小区。截至 2023 年三季度末，黄埔区已批复成片连片加装电梯试点 9 个，规划成片连片加装电梯 142 台。

第四章　精细治理　有品质的人民城市

多种托管模式保障加装电梯安全运行

近年来，随着旧楼加装电梯数量增长迅猛，那些已经安装了电梯的社区又面临着新的问题：老社区物业管理通常较为粗放，电梯安装后日常维护应由谁负责，管理维护费用如何分配？

小小的一部电梯，关乎民生保障和社区稳定。为解决旧楼加装电梯"无人管"的难题，广州市越秀区早在 2018 年就在全国率先推出"电梯托管管家"服务，同时出台了全国首个电梯托管地方标准《电梯托管标准化管理规范》，明确使用登记、维护保养、周期检定、应急救援等全流程服务规范，确保电梯托管服务全程安全平稳运行。越秀区"电梯托管"经验成效在 2020 年获评第三届全国市场监管领域政府类社会共治提名案例，还作为 2022 年全市 100 项可推广可借鉴改革举措进行推广。

"现在每个电梯都有专门的负责人，有什么事情都可以找他，每个月电梯托管公司都会来小区检修、维修。"越秀区水荫路 34 号大院的方阿姨说。

"有了电梯托管管家服务，电梯用起来更省心、更放心、更舒心了。"家住越秀区先烈中路 81 号大院的巴叔表示。

2023 年 4 月，国家市场监督管理总局发布电梯新规，明确自 2023 年 5 月起，共有产权电梯须委托物业服务企业、维保单位或者专业公司等市场主体管理。规定对日常管理提出更高要求，如建立"日管控、周排查、月调度"制度，编制《电梯安全风险管控清单》，对电梯每日进行巡检等。

为了满足对电梯日常管理的要求，目前广州各区也根据自己的实际情况采取了不同的模式，有些小区采取了"连片托管"的模式，有些小区则采取了向物业公司单独委托管理的模式。

2023 年 9 月 19 日，广州市市场监督管理局联合越秀区人民政府在黄花岗街道水荫南社区召开"加装电梯'连片托管'集中签约仪式暨全市推广会",向全市推广"连片托管"模式,为加装电梯业主提供后续管理新渠道。现场20名加装电梯业主代表集体与托管物业公司签约,黄花岗街还将有92台加装电梯纳入连片托管,正式成为全市首个加装电梯"连片托管"示范街。

电梯"连片托管"旨在引入专业物业管理公司接受业主委托,履行电梯日常安全管理职责,承担安全管理责任,实现分散主体加装电梯集约化管理,省去老旧住宅加装电梯后管理水平参差、标准不一等问题,通过连片管理,集合人力物力统一配置,进一步提升电梯托管工作效能,解决群众切实需求。

接受业主委托的托管物业公司将按照《电梯托管标准化管理规范》要求开展服务工作。一是服务"全包",负责电梯安全管理人员配备、应急救援值守、日常巡查维护、年度定期检验、档案建立保存等各环节事项;二是保险"兜底",由电梯托管公司为负责电梯购买符合省电梯安全监管体系改革方案要求的电梯责任保险,为处理可能发生的安全事故提供快速的资金保障,降低业主的责任风险;三是费用减免,电梯连片托管指导价为650元/月·台,涵盖电梯日常维护保养、安全管理人员聘请、安全责任保险购置等多项费用,托管电梯还将减免相应年度定期检验费用,让老百姓"保安全"的同时"得实惠",使用电梯更省心、更省力、更省钱。

"'连片托管'好啊!尤其适合我们这些以老年人为主的老旧楼宇,"家住水荫路34号大院15栋9楼的梁伯坦言,"居民自己管理压力太大了,不但电梯保养或者维修都需要自己来,万一发生人员被困等情况更是难以厘清责任,而自己找第三方管理则费用高,我们去咨询过,每个月每台电梯的管理费需要近千元,而现在连片托管的费用更实惠。"

此外,针对这些无物管的老旧楼宇,托管的物业公司还推出"托管+保洁""托管+保安"等套餐供业主选择。

"连片托管"还引入了智慧监管、社区治理等内容,通过为加装电梯增配AI

智能监控系统，有效识别 20 多种不安全不文明乘梯行为，及时发现安全隐患，第一时间预警处置，结合社区信息化建设，将电梯运行动态、安全状况接入社区数据中心，一屏式实时监测显示。同时，电梯托管还被纳入社区治理范畴，社区可以通过议事平台组织业主、托管机构、行业专家等各方主体，协同解决电梯托管中群众反映的问题，高效化解矛盾纠纷。

"连片托管"示范街的建立有效带动了周边老旧小区加装电梯管理模式"升级"。目前越秀区已在黄花岗街、梅花村街、洪桥街、大塘街、农林街、东山街、建设街推动建立了 19 个加装电梯"连片托管"社区，覆盖加装电梯近 400 台。

除"连片托管"模式之外，黄埔区怡德苑小区采取了向物业公司单独委托

黄埔区怡德苑小区通过电梯托管实现了电梯的日常规范管理

管理的模式。

怡德苑小区的电梯统一采用白色与红色条纹砖装饰，与楼栋原有的装修风格很是贴近，看着十分整齐。每一栋电梯外墙上，还贴有"工程竣工标识牌"，标注工程项目名称、地址、施工单位、项目负责人等信息。

在电梯入口旁边还张贴着加装电梯全体出资人制定的"电梯物权公告"。除此之外，电梯入口旁还有一则电梯信息公告，标注了电梯安全管理、维保服务、紧急救援、维保投诉等对接人员与联系方式。

居民乘坐电梯必须先刷卡才能按下对应楼层使用电梯。电梯内部是视频区域，贴有"乘梯须知"，上面细致地写着"严禁破坏、遮挡轿厢视频监控器""不宜用力、用异物频繁触动按钮"等规定。轿厢内还有一份巡查记录表，记录了电梯安全员和维保人员巡查的时间及结果。

在怡德苑小区电梯交由小区物业进行托管后，黄埔区市场监管部门按照相关规定，加强对增设电梯的监管，监督增设的共有产权电梯落实委托管理，督促电梯使用单位严格落实使用管理责任，每年开展监督抽查，确保电梯运行安全。同时，黄埔区住建部门不定期开展增设电梯"回头看"专项安全检查工作，确保电梯井道与房屋结构安全。

截至2022年，广州市已有近5000台加装电梯纳入托管，惠及超过15万家庭，其中越秀区托管电梯已超过1000台，托管电梯投诉率、设备故障率、超期未检率均明显降低。据统计，越秀区近三年托管电梯抽查项目不符合发现率较业主自管时期降低80%。

结语

推动老旧社区微改造、旧楼宇加装电梯，关系到人民群众的生活品质和幸福感提升，关系到城市安全运行和社会稳定，关系到社会治理能力和治理体系现代化。广州市从人民群众最关心最直接最现实的利益问题入手，探索成片连片加装电梯新模式以来，全市累计完成 73 个试点片区加装电梯设计方案编制工作，黄埔、增城、番禺、越秀区的试点工作均不同程度取得了实效，真正做到了把群众关心关注的"关键小事"办成了"惠民实事"。

旧楼宇加装电梯作为社区微改造的重要组成部分，是一项需要多部门协同配合的长线工作，老旧住宅加装电梯工作点多面广线长，涉及规划、住建、消防、市场监管等多个职能部门，要想做好这一工作务必上下左右一盘棋，排除工作中的"真空"地带，合力打造一条畅通无阻的服务民生通道。

有风自南

永庆坊蝶变
老城市与新活力相辉映

引言

广州历史文化悠久，自秦汉建城以来一直是岭南文化中心。明清时期，广州十三行成为重要的对外贸易窗口甚至唯一贸易口岸，其所在的广州西关地区也因此繁华兴盛。民国时期，西关继续成为城市建设的中心，整个地区也逐步对外辐射，坐落在恩宁路的永庆坊也因此成为其中的一部分并得以充分发展。

永庆坊前身为永庆大街，位于有百年历史的恩宁路中段，整个片区自民国时期开始建设，在此后的 100 多年里逐步成为西关老城区的典型代表，区域内保留了大量传统民居和文物保护单位，如詹天佑故居等。

20 世纪广州进入了快速发展期，城市的发展重心逐步沿着珠江向东迁移，整个西关地区在历史的包袱下前进的脚步逐渐放慢，身影显得有点寂寥。年久失修的建筑让城市空间失去了活力，破败落后的公共设施难以满足人们的需求，产业外流加上人口流出让西关的旧城改造被提上日程，恩宁路因此成为西关复兴的代表性项目。在经历了重重困难后，2015 年永庆坊微改造试点获得成功彻底激活了恩宁路和西关，永庆坊也就此成为广州历史街区复兴的样本。

永庆坊微改造成功兼顾了传统文化保护和经济利益的平衡，广州原住居民和热爱广州历史文化的人群一直苦苦追求的目标也在这里成为现实。

2018 年 10 月，习近平总书记在永庆坊视察时强调，城市规划和建设要高度重视历史文化保护，不急功近利，不大拆大建。要突出地方特色，注重人居环境改善，更多采用微改造这种"绣花"功夫，注重文明传承、文化延续，让城市留下记忆，让人们记住乡愁。①

"让城市留下记忆，让人们记住乡愁"也就此成为广州城市更新的宗旨，广州实现老城市新活力也从此走上更为宽阔的道路。

历史视野中的恩宁路和永庆坊

理解恩宁路和永庆坊城市更新的故事要从了解它的历史渊源开始。

广州地处珠江水系入海口，水网密布是城市风貌的一大特征。早在明朝恩宁路所在地的居民就依托河涌开辟了"十八甫"，恩宁路位于十一甫附近。由于地处广州城市的西部，这一带又有"西关"之称，周边的风物人情也因此带上西关的符号，如"西关大屋""西关美食"等。鲜为人知的是，在历史上广州曾经存在一个"西区"，因下辖荔湾后改名"荔湾区"，这一名字沿用至今。

此后随着人口增长，西关地区泮塘一带的恩洲乡和黄沙一带的宁溪乡逐渐成为城市人口的聚居地，两乡之间上下西关涌流经的田野地带因此得名"恩宁"。不过这只是各种流传的说法之一，也有人认为恩宁的取名来源于"施恩栽艺，宁静致远"。

---

① 《习近平在广东考察时强调：高举新时代改革开放旗帜　把改革开放不断推向深入》，《人民日报》2018 年 10 月 26 日。

有风自南

  清朝时期广州成为国家唯一的对外交易口岸，作为代理国家贸易商行的十三行就位于西关，整个西关地区也因此成为清朝对外贸易的核心片区。这期间西关片区车水马龙繁华至极，来往商人络绎不绝，行商园林涌现，富商豪宅鳞次栉比。这些豪宅主要分布在如今的宝华路、多宝路、宝源，被称为"西关大屋"，是当时财富的象征。恩宁路一带因有大观河流过成为西关最繁华之地，现如今建设在各个河涌之上的桥梁便是见证，在那时有"八桥之盛"的美誉。

  西关大屋的典型特点是：占地面积大，建筑样式多为中式，基本构造包括砖木结构、三进、三个坡顶，正立面三个开间，大门前有青砖石脚和趟栊、石门套大门。有些西关大屋还有七进深，里面有客厅、小厅、书轩，还有花园，主要由买办和商人建造。

广州十三行博物馆里的十三行历史文化遗址示意模型

第四章　精细治理　有品质的人民城市

西关大屋平面布局是传统的正堂屋形式，基本上沿着纵深方向展开。典型平面为三间两廊；左右对称，中间为主厅堂，两旁偏间前部左边为书房及小院，右边为偏厅和客房。客房顶为平台，供乘凉、赏月等。偏厅、客房后面为卧房、厨房等。庭园中栽种花木，筑有假山鱼池，颇为典雅清幽。

西关大屋最具特色的是门廊，通常由矮脚吊扇门（又叫脚门）、趟栊、硬木大门三重门扇构成。趟栊是一个活动的栏栅，用13或15条坚硬的圆木条（一般为红木或硬木）构成，横向开合故称趟栊。脚门和趟栊有通风和保安的功能，是适应岭南炎热多雨的气候而特制的建筑构件。大门是用红木或樟木等高级木材制造，厚约8厘米，门钮铜环，门脚藏于石臼中，门后用横闩扣门以防盗贼。

民国时期城市发展的中心继续落在西关。1918年10月，广州市政公所成立，由此拉开了轰轰烈烈的广州市政建设的序幕。"拆城基、辟马路、设市场、设公园、设工厂"，当时修建了今天的龙津东路－上下九－人民路一带环形马路的一部分。趁着这股修路浪潮，恩宁路的修建也提上了日程，因其修建必须穿过恩州村和宁溪村，经商量后取名"恩宁路"。

恩宁路东起宝华路，西北至多宝路与龙津西路相接。1931年民国时期广州在恩宁路修建骑楼，此后这里也成为广州保存时间最长、最完整的骑楼街，有"广州最美骑楼"的美称。骑楼建筑促进了商品经济的繁荣，恩宁路也因此出现了诸多知名的商贸老字号和名人故居，如李小龙祖居、泰华楼、粤剧名伶故居、詹天佑故居遗址、民国大宅、銮舆堂、八和会馆以及陶陶居、莲香楼等众多历史悠久的茶楼。

广州市井坊间流传着"东山少爷，西关小姐"的说法，东山代表着权贵，西关则代表着财富。东山与西关各分东西，相辅相成，是20世纪30年代广州社会的两大缩影。

得益于十三行的商贸交流和文化交流，恩宁路一带形成了独特且浓厚的文化特质，在建筑造型、绘画书法、戏剧戏曲、美食餐饮等方面都有所表现。因

有风自南

为毗邻河涌便于坐船出行，许多粤剧演员聚居于此，因此形成了海内外粤剧总会八和会馆、金声电影院等与粤剧粤曲相关的建筑。

为人熟知的陶陶居也在恩宁路经历了140多年的风云变迁。始创于1880年的陶陶居是目前广东饮食界历史最悠久的老字号茶楼，见证了清朝到民国再到新中国成立的过程。这里曾经是康有为、鲁迅、巴金等文化巨匠出入过的地方，它的招牌便是由康有为题写的。1891年，康有为回到广州创办学堂，闲暇之余常到陶陶居品茗消遣。当时的陶陶居掌柜见康有为学生多、名气大，想借他的名声提高店铺声誉度，便请他书写招牌。自招牌挂起后，陶陶居的生意果然更加兴隆，加上经营有方，茶楼业务不断发展。

永庆坊坐落在恩宁路北侧，临近粤剧博物馆及西关培正小学，区内有骑楼、竹筒屋及李小龙故居等历史建筑，粤剧曲艺、武术医药、手工印章雕刻、剪纸、西关打铜、广彩、广绣等地方传统文化习俗在此地聚集，传统文化积淀深厚。

和富商大贾居住的西关大屋不同，永庆坊内的竹筒屋一般是普通百姓的居所，因为占地面积小，以前也被称为"眼镜房"。

过去永庆坊的竹筒屋基本连成一片，房屋之间以天井间隔，旁有巷道贯通，那些天井就像是竹筒的节，主要起间隔作用，故名"竹筒屋"。广州气候闷热潮湿，而竹筒屋最大的特点就是它的通风散热性能。屋顶采用双层隔热顶，天井多铺石板，因为天井的平面尺寸较小，竖向高度很大，上层被太阳烤得热辣辣，而下层几乎不见阳光，十分阴凉，从而形成了向上拔风的热压通风动力，使屋里保持清凉透气的舒适感，可以说竹筒屋是反映了岭南先民因地制宜生存智慧的代表建筑之一。

作为历史上粤剧名伶的聚集地，粤剧文化元素也成为恩宁路和永庆坊的最大特点之一，粤剧博物馆、粤剧名伶故居、粤剧的行会组织八和会馆都汇聚在这一带。

粤剧，又称广府戏、广东大戏，是以明清时期流入广东的海盐腔、弋阳腔、

第四章 精细治理 有品质的人民城市

恩宁路上的粤剧博物馆

昆山腔、梆子腔等诸腔为基础，吸收珠江三角洲的民间音乐所形成的汉族传统戏曲之一。粤剧形成于广东，后传入广西、香港、澳门、台湾，在东南亚和美洲各国有华侨居住的地方均有粤剧演出。

作为能够和昆曲、京剧并列成为联合国非物质文化遗产的地方戏种，粤剧的最大特点是唱腔以及夸张的肢体语言，同时剧服也都采用"广绣"工艺，显得花纹繁缛、色彩浓艳，与粤剧舞台所洋溢的热烈明快的岭南地域文化特色相互协调。

从2003年起，粤港澳三地政府将每年11月最后的一个星期日定为粤剧日，以此向人们推广粤剧。2006年5月20日，粤剧列入第一批国家级非物质文化遗产名录。2009年10月2日，由广东、香港和澳门联合申报，粤剧被列为联合国教科文组织人类非物质文化遗产代表作名录。

有风自南

从**全面改造**到**微改造**

从 2000 年开始，趁着番禺、花都撤市设区带来的市域版图扩大，广州开始了新一轮的城市整体规划，提出了"东进、西联、南拓、北优"的城市发展战略。

这一时期，老城区由于建成区空间密集无法开展新的城市建设，广州的新城市中轴线向东迁移到了天河的珠江新城、海心沙和广州塔一带。曾经辉煌的西关地区因此逐步远离了城市发展的中心。2006 年，广州在"东进、西联、南拓、北优"的八字方针上增加了"中调"，旨在对老城区人口进行抽疏，同时通过旧改的方式对城市功能和居住环境进行全面改善。"中调"的提出也显示了广州的发展从"增量"向"存量"转变，两者是兼顾并存的关系。

在"中调"的背景下，广州开启了对老城区进行成片危旧改造的序幕。因为有不少房屋年久失修成为危房，采光、通风、卫生等条件都比较差，此时的恩宁路已是全市危房最为集中的区域之一，因此它也成为广州"中调"提出之后的首个旧改项目。2006 年 2 月，《恩宁路地块广州市危破房试点改革方案》提出了"拆旧建新、原地回迁"的全面改造模式，意图对恩宁路地块的建筑进行彻底重建。

2007 年 5 月，荔湾区政府首次对外公布了恩宁路拆迁范围，政府部门着手指导对恩宁路片区内所有建筑的系统性摸查和分析，并确定了骑楼街全部予以保留，并继续进行动迁工作。不过，由于跟当地居民和文化保护人士的沟通不足，此后政府部门对恩宁路的动迁和改造陷入困境，最终在 2009 年终止了对恩宁路的全面改造模式。

事实上，回顾这一段历史，恩宁路的改造并不是在一味地"推倒重建"的基础上进行的，当年政府规划方案中也考虑到保护历史的因素，只是保护的程度和公众所期待的有明显差距，最终不得不重新调整方案。意识到公众参与对旧改工作的重要意义后，广州开始重视社会各界的意见。2009年12月，荔湾区政府公布了《恩宁路历史文化街区保护开发规划方案》，并向公众征询意见。在这一版方案里，社会各界对恩宁路旧改项目的意见建议得到了重视，政府部门开始审视恩宁路旧改的新思路，更加侧重对历史文物的保护。

2009—2011年，华南理工大学建筑设计研究院受政府委托进行恩宁路地块的规划设计，2010年下半年至2011年上半年，荔湾区政府通过邀请一些著名的规划、建筑专家和人大代表共同组建了"恩宁路旧城改造项目专家顾问组"，对恩宁路文化的保育、文化保护与更新方案进行重新审查以及严格把关。

在社会参与方面，有根据兴趣爱好自发形成的恩宁路学术关注组、中大公民研究中心等NGO、NPO组织参与到这个项目中。其中，恩宁路学术组的成员包括来自各个高校，各个相关专业的大学生和研究生，他们对恩宁路的改造起到了积极的影响。

一名来自厦门大学的本科生在豆瓣上建立了"恩宁路民间关注小组"。该小组逐渐发展成为最具有影响力和持续时间最长的恩宁路文化保育力量。

2011年，广州市规委会全票通过了《荔湾区恩宁路旧城更新规划》。这份规划突出了恩宁路地块的历史文化保护，将恩宁路地块定位为具有浓郁西关风情，延续传统生活氛围，体验岭南民俗情景的精品消费街区；荔湾老城怀旧旅游的人文休憩中心。

除了扩大历史建筑的保留范围，此份规划还允许有条件的居民自主更新，但政府并未出台详细的自主更新依据和准则。该规划方案的制定一波三折，几经修改，但无论如何最终依靠历史文化保护的更新思路终于达成共识。

由于该份规划旨在打造以商业为主导的商住混合功能区，而招商却迟迟没有成功，使得该地块商业改造和自主改造均无法进行，恩宁路地块项目再次陷入停滞。

转机出现在2014年。

有风自南

2014年2月,《广州市历史建筑和历史风貌区保护办法》实施,对于历史建筑的保护要求有了明确规定;同年11月,广东省人民政府批准实施《广州历史文化名城保护规划》,明确了"恩宁路历史文化街区"的范围。

2015年2月,广州市城市更新局成立,随后《广州市城市更新办法》出台。该政策在全国范围内首次提出了"微改造"的城市更新模式,其中第十四条规定:"城市更新方式包括全面改造和微改造方式。"

所谓全面改造,是指以拆除重建为主的更新方式,主要适用于城市重点功能区以及对完善城市功能、提升产业结构、改善城市面貌有较大影响的城市更新项目。该办法同时强调"属历史文化名村、名城范围的,不适用全面改造"。

所谓微改造,是指在维持现状建设格局基本不变的前提下,通过建筑局部拆建、建筑物功能置换、保留修缮,以及整治改善、保护、活化,完善基础设施等办法实施的更新方式,主要适用于建成区中对城市整体格局影响不大,但现状用地功能与周边发展存在矛盾、用地效率低、人居环境差的地块。

以上相关政策和法律法规的出台为永庆片区的改造奠定了制度基础。荔湾区城市更新局旧城改造项目中心选择恩宁路历史文化街区中的风貌相对完整、肌理保存完善的永庆片区,范围包括永庆大街、永庆一巷、永庆二巷、至宝大街、至宝西一巷,进行新的城市更新试点工作,更新建筑面积7800多平方米。

此时的永庆坊已经是危房林立,43栋征而未拆的房屋中有30栋为"严重损坏",有的已经倒塌。旧改是一个极其耗费资金的项目,谁来出钱成为一个大难题。

为解决这一难题,荔湾区引入BOT(build-operate-transfer,即"建设—经营—转让")改造模式,政府通过公开招商引入万科集团,由万科负责改造、建设和运营,引入众创办公和创意产业,运营期满后交回政府,实现政府、民众和企业的"三方共赢"。

60多岁的梁绵生出生成长在广州西关,如今也依然住在这里。在他的记忆中，以前的街区老化陈旧，又脏又乱，"微改造以后，环境变好了，周边生活配套也改善了，不仅医院、学校、菜市场、小吃店、商铺应有尽有，还把早已破损的麻石路、西关大屋还原成原来的样子。"梁绵生说。他很喜欢这样热闹的烟火气，早上常常和其他街坊一道在永庆坊逛一圈，找个石板凳小憩，悠闲地聊聊天。

> **专栏：永庆坊微改造的 BOT 模式**
>
> 永庆坊改造工程分为一期、二期、三期和四期。永庆坊一期已完工对外开放，永庆坊二期项目是国家历史建筑保护利用试点，改造总建筑面积约为 7.2 万平方米，相当于一期的 10 倍，修缮约 3.6 万平方米，复建约 3.6 万平方米，2018 年 10 月启动改造至今，永庆坊二期部分片区已完成建设并对外开放。
>
> 万科公司副总经理喻敏锋曾就此算过一笔账，修旧比新建更费钱。永庆坊的改造成本是每平方米 1 万元，而新房建造成本只有一半。项目预计回收周期为 12.5 年。不过他认为，文化保护和经济发展看似有一些矛盾，但只要路子对了，城市既能有特色也能更有活力。
>
> 在永庆坊改造中，公众参与得到了充分重视，实现了市-区-社区三级联动，从规划、设计、建设、运营、维护、管理多个维度引导公众参与。就此项目，广州成立了首个历史文化街区改造公众参与平台——共同缔造委员会，以让各方代表全程参与更新改造工作，充分协调好各方利益。
>
> 不同于"全面改造"，"微改造"注重建筑原轮廓不变，进行建筑立面更新，让新与旧有机结合，这又是当下常称的"绣花功夫"，这是一个兼顾历史文化保护与活化利用的功夫。
>
> 永庆坊的改造在保留原有风貌的基础上，对原来的恶劣环境进行了现代化的修正，路面重新铺设，曾经裸露于地面的"三线"全部入

有风自南

改造后的永庆坊在举办各种文艺活动

地，卫生、排水、照明等社区环境大为改善。

在房屋的修葺上，永庆坊基本保持了原有建筑的外轮廓不变，进行翻新，并且强化岭南建筑整体风貌特色，保留岭南传统民居的空间肌理特点。例如，李小龙祖居对腐朽、残损的木构架落架重修，对加建、复建等破坏传统风貌的部分清理整治。

同时，为让永庆坊这一老社区充满新活力，万科在此置换、腾挪出了产业空间，给老字号、传统产业和非遗文化展示发展的空间，并引入了年轻的文化、餐饮机构，让新旧商业和文化在此融合。表演、曲艺、茶艺、咖啡、茶点等体验式文化旅游商业项目也成为永庆坊吸引年轻人打卡的重要原因。

荔湾区非物质文化遗产协会秘书长伍文辉表示，游客来到永庆坊不仅能看风景，还能直接沉浸式地体验广东传统文化，亲手做一件有广东特色的手工艺作品，是活态传承非遗的深入探索。

永庆坊的改造充分尊重了仍想居住在此原住居民的想法，目前有12户原住居民的日常生活与新改造后的永庆坊生态融合成一体，这也成了永庆坊独特的一面。

作为广州城市更新的一大范例，永庆坊项目在国内获得了2019年中国城市更新论坛十大殿堂案例奖；在国外取得了ASLA 2020城市设计类荣誉奖、美国风景园林师协会奖。2020年度中国风景园林学会科学技术奖获奖项目中，《广州市恩宁路历史文化街区保护利用规划及实施方案》在1218项作品中脱颖而出，获得规划设计奖一等奖，成为全国20项获得该项殊荣的项目之一。

2020年8月22日，永庆坊正式挂牌成为国家AAAA级旅游景区；2021年9月，被评定为省级旅游休闲街区；2022年1月10日，又被评定为首批国家级旅游度假区。

有风自南

更多历史街区微改造项目涌现

如今越来越多的年轻人来到永庆坊感受传统文化与新兴业态交织融合的新体验，一些历史文化建筑翻新后展露出新容貌迎来复兴，一些新兴商业业态进驻永庆坊给街区带来了经济活力。

在永庆坊内的荔枝湾畔，"让城市留下记忆，让人们记住乡愁"几个大字显眼地刻在了巨大的石碑上，它向每一位游客和依然居住在此原住居民展示微改造的初衷和目的。

恩宁路永庆一巷13号是一座典型的西关大屋建筑，李小龙的父亲李海泉曾在此居住。这栋始建于民国时期的建筑保持了砖木结构，内有雕花大梁、彩色雕花玻璃屏风。现如今这里成为人们了解粤剧与武术的旅游景点。

于2016年建成开馆的粤剧艺术博物馆就坐落在永庆坊，这里总有好戏登场。人们游走其间，在展厅、园林、戏台、剧场等各个场景中体验粤剧和岭南建筑的独特魅力，感受别样滋味。

2020年8月，位于恩宁路的广州非遗街区开始运营，广彩、广绣、珐琅、骨雕、榄雕、醒狮等10间非遗大师工作室入驻，市民和游客漫步其中可以近距离感受到非遗的魅力，细细品味老城韵味。

非遗街区内余同号饼印木器工艺店陈列着各式各样的饼印，每当有游客进来，广东非物质文化遗产代表性传承人余兆基就会认真介绍饼印的制作工艺。一个饼印需要经历十多道工序，从根据客人要求"画样"，到"凿牙""铲底""掺牙""起脚""雕花""雕字""开气孔""修边""打磨""开孔"，最后盖店铺章才算完成饼印的制作。余兆基自15岁时跟着爷爷学雕刻，至今已有40多年。"机器做出来的东西是死的，人做出来的东西是活的，手制饼印是有感情的。"余兆基表示。如今店铺以海外市场为主，饼印里不仅有华人对中国传统节日的情怀，更有几代人对祖国的思念，这也是他坚持的理由。

距离非遗街区不远的地方是钟书阁，这是一间24小时不打烊的书店。不少爱看书的市民都喜欢在这里度过安静的时光，一本书、一杯咖啡就可以待上半天。钟书阁旁边小小的榕荫广场上常有附近的孩子嬉戏玩耍。这里原本是一片老旧的职工宿舍，后院种着一棵大榕树。改造将原来的宿舍修复并活化为创意书店，后院则围绕原有的老榕树结合景观设计改造成供居民、游客休憩、交流的榕荫广场。

以上只是永庆坊具有代表性的片段，它们充分展示了传统文化与新兴业态的融合带来的别样魅力。

永庆坊的成功案例为广州老城区改造提供了一个经典解决方案，如今荔湾区正循着这一模式在更多的历史文化街区开展因地制宜的微改造。

距离永庆坊约2.5公里外的荔枝湾畔，坐落着一座900多年历史的岭南古村——泮塘。泮塘自东向西，共分首、二、三、四、五约（"约"字用在地名中，表示村民聚居点），其中首、二、三约已城市化了，四约还留有一部分，五约是保留最完整的，仍居住着相当多的原住居民。

2017年，泮塘五约在维持建设格局基本不变的前提下，通过建筑局部拆建、建筑物功能置换、结构加固、保留修缮、活化等方式进行改造，延续街区居民生活场景，提高历史街区人居环境品质。微改造保留了村内2处不可移动文物（半塘五约亭、睅遐书舍）、15处传统风貌建筑；对社区内的环境进行全面整治，对居民生活服务和市政基础设施进行更新完善，增加公共服务设施，消除安全隐患，提升社区的安全性和宜居性，依托属地丰富的文化资源，加强对社区内非物质文化遗产的保护利用和宣传展示。

2017年2月，泮塘五约微改造一期启动。2018年4月，微改造二期启动，2019年底完工，并交由荔湾区文旅局活化运营。最终这个项目在2020WA中国建筑奖"城市贡献奖"102项参评作品中脱颖而出，成为"WA城市贡献奖"10

个入围项目之一。

　　改造后的泮塘五约巧妙运用岭南特色的山墙、青石板、青砖、瓦片等，最大限度保留古村特色。连片民居房屋通过适度的抽疏，形成了若干相对独立的内部庭院，原来封闭而独立的民居之间，获得了一种内向连通。

　　不同于整齐划一的景区，焕然一新的泮塘五约更像一个社区，带有一股浓烈醇厚的烟火气。这要得益于荔湾区严格的产业导入标准。为实现"保留"目的，当地政府坚持"一家一特色，一店一格局"的原则，以茶艺、香道、醒狮、武术、古琴、汉服、玉雕、木雕等业态推动传统文化传承复兴，以 live house 音乐传播、绿植休闲创作、健身轻餐、摄影设计、1200 书店、国际青年旅业等业态注入年轻时尚新活力，形成传统文化和现代文化共融共生的多元业态环境，

改造后的泮塘五约

合力营造历史文化街区的泮塘 IP。

值得一提的是，改造期间不少居民借机重新装修了自己的老屋。街巷里零散分布着泮塘五秀、龙舟、鸡公榄等岭南特色的手绘壁画，以丰富的西关元素唤起人们的历史记忆。没有迁走的居民至今仍保留农历三月三、五月五等传统习俗，传承北帝诞、舞狮、庙会与庙祠、龙舟竞技等宗庙文化和疍家民俗，将文化传承和旅游体验融为一体。

结语

作为历史文化名城，广州在历史街区改造过程中逐步探索出"微改造"模式，它首先在永庆坊的改造中取得了成功，此后又逐步扩散到泮塘五约等改造项目中。

永庆坊作为广州具有代表性的西关老城区改造项目，很好地平衡了各方利益主体的诉求，兼顾了社会经济发展和历史文化保护等多种目标。通过实施微改造，街区实现了复兴，原住居民延续了原有生活方式，市政公共服务设施大幅改善，文化空间吸引了大批游客。

永庆坊和恩宁路微改造的成功也标志着广州用 15 年的时间探索出"老城市新活力"的实现路径，也为国内超大城市市域治理现代化贡献了广州样本。

有风自南

城中村变迁
拆治兴并举　破发展难题

引言

通常情况下，城市与乡村具有明显的边界。但是在我国城乡二元制的背景下，随着城市建成区的快速扩展，一部分原先位于城市郊区的村庄，虽然被城市建成区合并，但是仍然保留了原村落居住形态，形成了"城中村"。

我国大城市当中，广州的城中村无论是在数量还是在居住人口规模上都是一个相当特别的存在。由历史原因形成的城中村散布全域，无论是按村域面积大小还是在城市总面积中的占比，广州都远远领先其他一线城市。目前广州1000多个行政村里面，具备城中村特性的有272个，约占全市行政村的1/4，占地面积约535平方公里。在城中村居住的户籍人口超过110万人、外来人口超过600万人。这不仅说明广州对城市更新的需求比其他城市更为迫切，也意味着广州的城市更新可以释放更大的经济价值。

过去20多年，广州的城中村改造取得了显著成绩。没有猎德村的改造就没有猎德大桥和珠江新城CBD，没有琶洲村的改造也就不会有琶洲广州人工智能与数字经济试验区核心区。

面对城市发展的新使命、新任务，广州正在把城中村改造当作推进中国式现代化广州实践的重要抓手和城市高质量发展的重要引擎，坚持"拆治兴"并举，通过科学有序地推动城中村改造，推动实现城中村由乱到治再到兴的大转变。

溯源：历史战乱带来的北人南迁造就岭南古村

许多广州著名的城中村均以历史悠久著称：天河区的猎德村从宋朝开村至今已有800多年历史，越秀区的杨箕村有900多年历史，海珠区的琶洲村则是从明代开始建村，白云区的三元里村有700多年的历史……

各村的村志记录显示，这些为人熟知的广州城中村都可以追溯到宋元时期，当时蒙古大军南下侵占南宋领地，大批北方的移民陆续往南迁徙至广州城郊，不同的族群各自划地聚族而居，慢慢就形成了一个个不同特色的古村落。

细看这些城中村的地理分布可以发现，它们大多在旧时广州城区的外围。明清时期广州古城范围主要局限在城墙以内的荔湾和越秀一带，大致边界范围是北到越秀山，南至珠江，东到东较场（如今的烈士陵园），西至西门口，这一范围之外就是历史上的郊区，这些郊区也因此成为广州古村落分布的主要区域，而旧广州城区则因为已经是居民密集的建成区而基本没有古村落。

在历史的动荡岁月中，这些以北方南迁而来的村民出于自身安全保卫的需要而非常强调宗族的统一组织和内部团结，因此几乎每个村都建立并一直保存着本族的祠堂、村志和族谱，村民们也普遍重视传统习俗仪式，如清明节的祭祖、端午节的扒龙舟等，以此作为强化宗族认同的文化纽带。

> **专栏：从猎德村看广州古村落的历史底蕴**
>
> 猎德古村位于广州大道以东、华南快速干线以西、花城大道以南，毗邻珠江，总面积约3.03平方公里，一条猎德涌（又称猎水）穿村

而过，将猎德分为东村和西村。

　　猎德村开村于宋代，已有900余年历史，是广州保存最完整的古村之一，有"岭南周庄"之称，村内一直保留有宗祠庙宇等传统公共建筑。

　　根据《猎德村志》记载，"猎德"之名源自西汉。西汉时期，著名思想家扬雄在《法言·学行》中写道："耕道而得道，猎德而得德。"猎德始祖将村子取名"猎德"，就是告知后人要将以德育人作为重任，这一故事也折射出先民尊道尚德、崇文重教的追求。猎德旧祠堂曾有"耕道猎德，枕仁籍义""耕道猎德，路义宅仁"之类的楹联，街巷名也有尚德居、怀德里、崇德巷、崇礼巷、居仁里、德和巷、合德里等。

　　猎德开村后，不同姓氏的族人陆续来此定居，最多的时候有李、梁、林、麦等80多个姓氏族人聚居于此，虽然每个家族的家风家训各

猎德村每年端午节猎德招景的盛况

有不同，但共同点就是诗书传家、崇尚礼仪、邻里和谐。

猎德村全年最重要的群众性文体活动是每年端午节期间的龙舟比赛（被称为猎德招景）。按照传统，广州各村有自己固定的招景日期，但都定在农历五月初一至初五。猎德招景的日期为农历五月初五，每年应邀而来的龙舟一般有百余条，少时也有八九十条。

每到猎德招景的日子，附近的石牌、杨箕、寺右等村都要派龙舟来猎德互相"探望"比赛，届时窄小的猎德涌上龙舟来往不断，锣鼓喧天、旗帜招展，充满了节日气氛。比赛前后的招待客人环节也是活动的重要组成部分，一般而言招待工作主要由村中年长男性负责，一部分在请茶处迎接客人，另一部分站在李氏大宗祠前的埠头上，见到来访的龙舟便一起摘下草帽轻招，邀请龙舟靠岸用茶，村里年长的女性则负责安排点心、煮茶、洗碗等工作，由青年男子组成的治保队则维持秩序，疏导人群。

按照惯例，猎德招景当天村民还要在李氏大宗祠内摆好酒席，款待来自广州大塘、番禺钟村及南海潀表的李氏宗亲，这些村的李姓均为猎德李姓分支，每年在招景的场合彼此走动拜访强化宗族纽带联系。

随着广州城市建设的不断发展，广州城区逐步对外扩张，原先分布在城郊的古村落慢慢被纳入城区版图，特别是在改革开放后经济快速发展，外来人口大量流入广州，整个城市的规模也急剧扩张，天河、海珠、白云等原来属于城郊的区域也逐步成为市区，村民虽然在土地权属、户籍、行政体制上仍然保留着农村模式，但他们已经不再像过去一样以农业生产为业，而是盖起了居民楼和厂房对外出租，最终在市场经济的作用下形成了城中村遍布四周的城市景观。

一般而言，典型的广州城中村通常有外来人口密集、基础设施不足、安全隐患较大、规划管理失序、产业自发聚集等问题，不过因为租金及生活成本较低，这里往往成为外来人口进入城市的第一站，许多为城市提供生活服务的人群如快递员、工厂工人、快餐店员、出租车司机等一般居住在城中村，一些刚毕业大学生及踏入社会的青年人也往往在城中村租房生活，他们为广州的城市发展提供了人口红利。此外，广州的城中村还曾走出过像网易 CEO 丁磊、著名流行乐队五条人等各界精英，丁磊就曾表示，"在我的心目中，广东是一片真正的热土。15 年前，我还是一个初出社会的大学生，我在广州的城中村住过，从零起步，广东包容我、接纳我，给我机会"。

对于广州城中村的社会功能，学界的看法大致有三种：第一种认为城中村是城市文明的包袱，不仅有损城市形象，而且藏污纳垢，在治安、消防、卫生等问题上成了社会治理的难点；第二种认为城中村是城市化进程中"新移民"的载体，低廉的房租吸引众多外来务工人员，为他们融入城市提供了第一个落脚点和人生跳板；第三种认为城中村在原有村民转为城市居民的过程中提供了经济保障，通过取得租金收入，这些失地农民在知识经验都不足以谋生的情况下依然能够维持生活，因此城中村也发挥了维持社会稳定的作用。

城中村改造第一阶段（2009—2015 年）：以**整体拆除重建为主**

从 20 世纪 90 年代开始，随着兴建地铁一号线及内环路等基础设施的需要和房地产行业的兴起，广州开始逐步实施城市更新，对部分老旧社区进行人口疏解搬迁和拆旧建新来优化城市功能并导入新产业。在整个 90 年代及 2000 年后一段时期，广州的老旧城区改造主要以中心城区为主，城中村基本未涉及。

广州正式开始探索城中村改造是在 2006 年，在 2010 年广州亚运会筹备的背景下，位于珠江新城的猎德村是全市启动城中村改造的首个试点。

此后到 2009 年，为破解长期以来经济高速发展过程中的用地不足难题，广东省在全国率先开启旧城、旧厂、旧村的"三旧"改造，广州也在此背景下出台了"1+3"旧改政策，放松了政府部门对"三旧"改造中土地一级市场的主导权，开始允许原权属人通过市场方式引入地产开发商进行合作，政府的放权让利行为极大鼓励了广州各个城中村积极引入开发商实施旧改。2009—2015 年，广州诞生了一大批城中村改造的典型样本，除猎德村试点之外，这一时期琶洲村、杨箕村、冼村、潭村、林和村等也先后完成了城中村改造。

从改造模式看，这一时期广州的城中村改造均采取了"政府主导，以村为实施主体"的总体思路，摒弃政府单方面主导拆迁的做法，通过整体拆除重建、拍卖部分融资地块解决资金来源。

在最受关注的利益补偿方面，政府部门大多以让利为出发点，不谋求在土地出让环节获益，而是从区域发展的角度算大账，充分尊重村民的意愿和利益，不仅按"拆一补一"原则对村民进行拆迁补偿，还为村集体经济预留了经济发展用地，充分照顾了村民短期拆迁补偿和长期稳定分红的利益诉求，改造方案因此能够快速表决通过并且落地执行。

这一时期广州的城中村改造也注意对各村的传统文化进行保护，各个参与改造的旧村都复建了村祠堂和活动广场等公共文化设施，并且基本上都新增了幼儿园、中小学、社区医院等公共服务设施，而参与旧村改造的开发商也能通过配建的商品房、商场和写字楼等物业获得可观的商业利润，但相应的是原先租住在城中村出租屋里的外来人口则失去了一个低成本的住所，不得不四处搬迁。

> **专栏：琶洲村旧改项目**
> 位于珠江南岸的琶洲村是广州最大的城中村之一，常住村民约 1300 户，人口约 5500 人，全村总用地面积 75.76 公顷，包括村镇

居住用地36.07公顷，村经济发展用地面积18.32公顷。

2008年，在广东省委、省政府关于"三旧"改造的统一部署下，琶洲村成为广州市委、市政府确定的必须在2010年亚运会前清拆完毕的九个城中村之一。

改造前的琶洲村城乡二元结构反差强烈，村内环境脏乱、潮湿拥挤、房屋老旧、危楼林立、建筑密度高、建筑质量差、配套设施不完善，存在巨大的公共安全和卫生隐患，全村整体发展环境和周围现代化的广交会展馆形成了鲜明对比。

在改造过程中，琶洲村采取了"政府主导、市场运作、村民自愿、多方共赢"的模式，通过整体拆除重建对全村进行了全面改造。

2009年10月，琶洲村村社通过公开招拍挂引进开发商进行改造，最终由保利地产摘牌，2010年3月开始启动村民签约，当年启动村

改造后的琶洲村

民复建安置房建设，2014年底村民陆续回迁，整个琶洲村大致用了4年即完成了改造，项目总投资约170亿元。

通过整体拆除重建，琶洲村的土地空间得到了更有效的利用。改造后整个琶洲村的总建筑面积达185万平方米，其中村民安置房52.2万平方米，集体物业26.64万平方米，融资住宅40万平方米，融资商业64.2万平方米，中小学1.96万平方米，毛容积率2.44%。

琶洲村新增了市政道路4公里、绿化16万平方米，引进执信中学作为配套，连通万胜围地铁站，复建了村中的郑氏、徐氏两大祠堂，改造后的建设指标实现了"一降四升"：建筑密度由62%下降到18%、绿地率由4%提升到46%、市政用地由2%增加到16%、公建配套面积比例由0.8%增加到6%。

琶洲村民也从改造中获得了巨大的收益，村民个人房屋资产升值超4倍，住宅物业租金上涨约10倍、全村新增了20万平方米的集体经济物业，村合作社股民人均每年增加约4.5万元的分红收入。

改造后的琶洲整体功能也大幅提升，从过去的城中村变成了广州市人工智能与数字经济试验区核心区的重要组成部分，引入了互联网、科技、金融、电子商务等现代化产业，不仅推动了海珠区的产业结构升级，也为广州科技创新功能的提升提供了支持。

琶洲村改造项目也成为广州城中村改造的范例之一，此后不断有来自全国各地的考察团前来了解和学习琶洲村改造的经验，参与改造的开发商保利地产后续也以琶洲村作为示范，继续参与了天河冼村、小新塘村、黄埔鱼珠村等多个旧改项目。

回顾这一时期以2009年"三旧"改造为标志的广州城中村改造历程，一个鲜明的特征是改造模式基本上以城中村整体拆除重建为主，这一模式的优点是通过提高地块容积率和建筑面积共同做大利益"蛋糕"，使政府部门、村民和村集体、开发商实现三方共赢。

改造让政府部门获得了新的产业发展空间和城市功能导入空间，重大基础设施项目也得以落地，而拆除城中村也消除了潜在的公共安全隐患。可以说，猎德村的改造完善了珠江新城 CBD 功能，琶洲村改造也提升了琶洲人工智能与数字经济试验区核心区的功能，这些标志性的城中村改造项目让广州的城市能级得到了大幅提升。

同时，"拆一补一"的补偿让村民和村集体获得了大量的回迁房和村集体物业。这一时期的猎德、杨箕、冼村等完成改造的村民每家普遍都可以分到 4~5 套回迁房，多的甚至可以超过 10 套，这些回迁房的年租金按市价计算至少都在 40 多万元至 100 万元，已经接近甚至超过大部分白领阶层的年收入，如果再加上村集体物业的商场和写字楼每年的租金分红，那么几乎每个村民都能因为改造而身价暴涨成为富豪。

参与改造的开发商获得了较低成本的开发地块，建成之后的住宅和商业物业也能带来持久的商业回报。

不过，整体拆除重建模式也带来一些争议。首先，复建房普遍的高容积和高开发强度显得过于密集，破坏了城市整体景观。例如，改造后的猎德村容积率超过 5.2，林和村的容积率超过 6.0，冼村也超过 6.2，这些密集排列的回迁房普遍都建到近 40 层，不仅在空间景观上形成了钢筋水泥密不透风的视觉效果，也大大降低了居民的居住体验。其次，改造过程中将古村落原有的空间肌理格局全部拆除的做法也割裂了城中村历史文化的连续性，尽管每个村改造后都新建了祠堂及广场，但是原来许多具有三四百年历史的古祠堂则彻底消失。最后，改造后暴涨的城中村房屋租金也在客观上形成了驱赶低收入外来人口的实际效果，这不仅破坏了劳动人口从农村向城市流动的社会进程，也导致了城市生活服务业成本的上升。

城中村改造第二阶段（2015—2019 年）：微改造加社区治理模式

以 2015 年广州在全国率先成立市城市更新局为标志，广州的城中村改造进入了新时期。2015 年，广州市出台了以《广州城市更新办法》为核心的新"1+3"政策文件，提出"利益共享、公平公开"原则，针对前一阶段以整体拆除重建为主的城中村改造模式，这一时期广州特别创新了微改造等多种城中村改造模式，避免了大拆大建和推倒重来，突出文化传承和有机更新，在改造手法上以局部抽疏、原地改造、新增公建配套等环境综合整治措施，同时配合基层治理创新、公益性项目落地保障等措施，不断完善城市更新过程中全社会整体利益的平衡机制。

这一时期广州在旧城微改造的代表项目是 2016 年开始的恩宁路永庆坊改造，而在旧村微改造领域的代表项目则有 2016 年开始的白云区三元里村微改造和 2018 年开始的大源村更新改造。

2016 年开始的三元里村微改造项目是这一时期广州城中村改造的典型项目。三元里村原本在 2009 年"三旧"改造时期被列为全市整体改造的城中村之一，不过因为村内有三元里古庙、三元里抗英斗争牛栏岗战场遗址等国家级文物保护单位和市重点文物，整体改造方案一直未能最终确定，直到 2016 年才被逐步调整为实施微改造。

作为靠近广州火车站的城中村，三元里地理位置优越，从 20 世纪 90 年代开始这里就凭借火车站的便利交通逐渐发展起了皮具和化妆品等专业批发市场，尤其是三元里皮具市场已经在世界范围内形成了品牌效应，在业内有"中国皮具看广州，广州皮具看三元里"的说法。这些产业聚集也吸引了许多外来人口在此创业就业，整个三元里 6.8 平方公里的土地上容纳了 10 万常住人口，其中超过一半是外来流动人员，很多从外地来广州打拼的年轻人都会把这里当作落脚的第一站。

作为典型的广州城中村，改造前的三元里存在的治安和环境问题跟其他地方如出一辙：流动人口多、管理难度大，城中村出租屋密集导致火灾和安全隐患、昏暗潮湿又狭窄的城中村小巷藏污纳垢，整体环境脏乱差。

针对环境问题，三元里的改造抛弃了大拆大建，全部都从细微处着手，包括大街小巷的路面铺装升级改造、三线下地、管道煤气安装、市政排水改造、商铺外立面整饰等超过100项整治工程，让整个村容村貌从此焕然一新。

改造中还专门对三元里丰富的历史文化资源进行保护和传承，包括在三元里古庙附近新建三元里历史文化展览馆，对村里的南约、北约、东华里3处历史古迹进行重新修缮，组织专人编纂三元里村史等。

三元里村微改造专门成立了广州市首个社区共治议事会，由6名村民代表、6名村流动人员代表及一名村委干部按照"一事一议"的原则，共同对社区群众性、公益性事务进行讨论协商。

在2016年改造成果的基础上，2019年底三元里村又继续提出新一阶段的微改造步骤，通过环境优化升级和挖掘延续历史文化遗迹，打造以三元里抗英事件为核心的AAAAA级精品历史文化游线和爱国主义教育基地，同时还将建设英雄主题纪念景区和时尚购物主题街区，截至2023年底这些微改造项目均在实施过程中。

和三元里微改造以环境综合整治及历史文化遗产传承保护为主不同，2018年开始的白云区大源村微改造则先从加强基层党建入手，再配合基层体制机制改革多种改造模式组合，最终形成了从社会治理到产业和发展空间的优化提升。

> **专栏：大源村的基层党建和城市更新共同发力**
>
> 在2018年以前，大源村曾经被称为广州市最难治理的城中村。作为全市最大的城中村和全国著名的十大"淘宝村"之一，面积达

到 25 平方公里的大源村有 5000 多家电商经营户、7 个大型物流园、6800 多幢房屋建筑（其中出租屋 3400 多幢），全村户籍人口为 9800 人，外来流动人口高达 16 万人，大量的流动人口再加上城中村环境脏乱差和治安复杂，2017 年全村案件类警情超过 2000 件。

当时的大源村存在的矛盾千头万绪，其中头号问题就是基层党组织组织力不强，镇街干部指挥不了村社，村里的干部讲话也没人听，部分基层组织一度被宗族、黑恶势力等把持，工作推不动，当时的大源村党建虚化、弱化、边缘化，堪称基层党组织软弱涣散的典型。

面对问题，从 2018 年开始，一场对大源村的综合整治行动就此打响。

大源村从完善基层党组织架构入手，在全村 23 个经济社和 7 家重点企业也全部逐一组建党组织，实行村党委书记兼任经济联社法人代表、经济社党支部书记担任社长，搭建村级党建联席会，将辖内 28 个"两新"组织和 3 个社区党组织纳入村党委代管。

完善基层党组织之后，白云区再从过去大源村基层配套资源与治理需求不匹配入手，推动来自上级部门的资源向基层下沉，将太和镇驻大源村的党建、出租屋管理、市政环卫、综治维稳、综合执法等各支队伍归拢到村党委统一调配管理，极大地提高了基层的管理执法能力。

在完成了体制机制改革后，大源村也选择从城中村改造入手，在大力清理整顿"散乱污"场所和违法建筑之后，同步推进城市更新，结合社区网格划定 20 个更新单元，采取成熟一片、推动一片、减量提质、滚动实施的办法，在避免大拆大建的情况下逐步实施有机更新。

2019 年，广州市政府正式将大源村确定为和永庆坊并列的城市更新示范点，通过微改造将其打造成全市城市更新改造示范村。同年，广州市规委会审议通过了《白云区大源村片区提升启动区控制性详细规划》，明确将对大源村进行"瘦身减量"，改造后的总建设量将比现状减少超过1/5。

在具体实施步骤上，2019—2021年大源村陆续实施了违法建筑拆除、黑臭水体整治、旧村改造（公共空间）、旧村改造（民生设施）、旧厂改造升级、物流园改造升级、批发市场改造升级和产业园改造升级等26个实施工程，通过政府收储、产业升级与环境改善同步推进的综合改造模式，打造"智美云谷，活力大源"。

从2018年开始的加强基层党建和城市更新也让大源村彻底脱胎换骨，各种成绩和荣誉也纷沓而来。2019年底大源村被评为全国乡村治理示范村；2021年6月，大源街道、大源村党委被广东省委授予"广东省先进基层党组织"称号；2021年9月，大源村被确认为2021年广东省"民主法治示范村（社区）"创建单位。

综合整治后的大源村

总的来看，从 2015 年广州市城市更新局成立到 2019 年该机构撤销，这期间广州城中村改造模式比 2009 年"三旧"改造期间更为多元和均衡，不再延续整体拆除重建模式，代之以微改造和有拆有留的综合改造模式，在改造过程中也同步开展城中村治理和基层社会治理机制的创新，最终实现城中村的空间景观更新和社会肌理更新，进一步丰富了广州城中村改造的工具箱。

城中村改造第三阶段（2020 年以后）："拆治兴"并举

2020 年之后广州城中村改造再次进入新阶段。

一方面，作为落实稳增长的重要举措，2020 年广州首次将城市更新和人工智能与数字经济并列为经济发展的"双引擎"，再次加快了城中村改造的步伐。

另一方面，2023 年广州提出城中村"拆治兴"并举，坚决打赢城中村改造这场硬仗，加快推进全市 127 个城中村改造项目。

这期间中央陆续提出推进城市更新的相关政策也对广州城中村改造形成了利好支持。

2020 年"实施城市更新行动"首次被写入中央"十四五"规划，正式上升为国家战略。2023 年 4 月 28 日，中央政治局会议明确提出要在超大、特大城市积极稳步推进城中村改造。同年 7 月 24 日，国务院办公厅印发《关于在超大特大城市积极稳步推进城中村改造的指导意见》，指出在超大特大城市积极稳步实施城中村改造是改善民生、扩大内需、推动城市高质量发展的一项重要举措。

作为落实中央工作部署的举措，从 2021 年开始，广州陆续出台了《关于积极稳步推进城中村改造工作的决定》《广州市城市更新专项规划（2021—2035 年）》《广州市城中村改造专项规划（2021—2035 年）》，加码强化城中村改造的顶层设计和政策供给。

此外，2023 年以来广州也在加紧制定《广州市城中村改造条例》，争取成

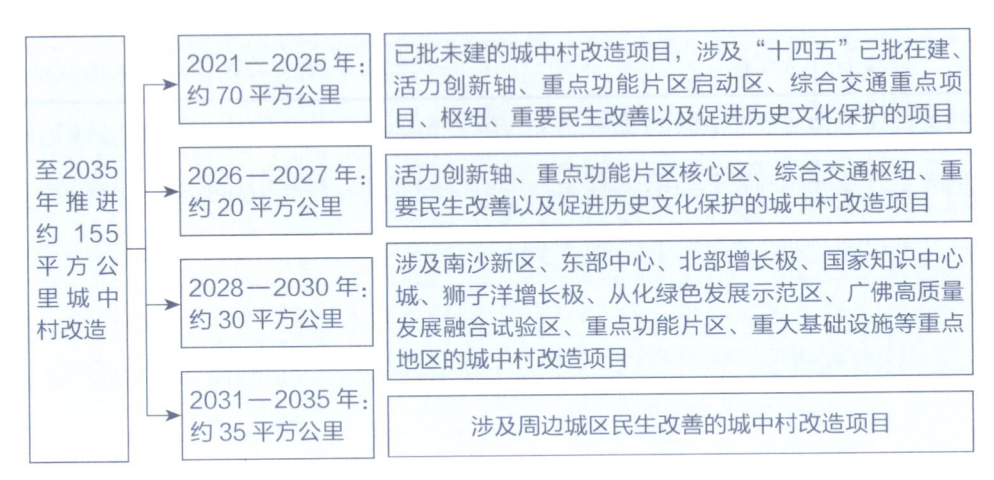

至2035年推进约155平方公里城中村改造	2021—2025年：约70平方公里	已批未建的城中村改造项目，涉及"十四五"已批在建、活力创新轴、重点功能片区启动区、综合交通重点项目、枢纽、重要民生改善以及促进历史文化保护的项目
	2026—2027年：约20平方公里	活力创新轴、重点功能片区核心区、综合交通枢纽、重要民生改善以及促进历史文化保护的城中村改造项目
	2028—2030年：约30平方公里	涉及南沙新区、东部中心、北部增长极、国家知识中心城、狮子洋增长极、从化绿色发展示范区、广佛高质量发展融合试验区、重点功能片区、重大基础设施等重点地区的城中村改造项目
	2031—2035年：约35平方公里	涉及周边城区民生改善的城中村改造项目

广州市提出的到2035年全市城中村改造步骤

为国内第一个为城中村改造立法的城市，通过立法明确城中村改造要增进公共利益、加强配套设施建设和改造后治理等，从根本上解决一批城中村改造治理的瓶颈问题。

在执行层面上，针对2023年以来国内房地产市场供求关系发生重大变化的新形势，广州也积极探索城中村改造的新思路新方式，强化"有效市场、有为政府"的作用，坚持"净地出让"，在重点片区开展城中村改造"统筹做地"试点，政府引入国有企业将有待拆迁、"七通一平"的"生地"做成可以出让的"熟地"。

2023年以来，广州已明确7家国企成为市级"统筹做地"主体，在四个市重点片区大力推动"统筹做地"的改造新模式试点，具体包括广州火车站片区（广州城投集团、广州市建筑集团）、城市新中轴（海珠）片区（越秀集团）、罗冲围片区（珠江实业集团、机场建设投资集团）、环五山创新策源区（越秀集团、机场建设投资集团），其中涉及城中村11条，占地746公顷，建筑面积1385万平方米。

针对此前城中村改造导致房租暴涨提高外来人口的居住成本，这一轮的城中村改造也同步配建低成本保障房，要求城中村改造地块按一定比例建设保障性住房对外来人口和青年群体出租，同时，对于近期不进行全面改造的城中村，在现有房屋满足安全和质量条件的情况下可纳入保障房进行整体运营。

相比此前两个阶段，当前时期的广州城中村改造治理模式在吸取此前的经验和教训的基础上更加突出政策创新，以问题为导向梳理政策的堵点难点，力争在加快实施城中村改造的过程中兼顾经济发展和社会公平，打造有温度的城市，让外来流动人口和青年群体也能更多地享受到城中村改造带来的发展红利。

结语

截至 2023 年 8 月，广州全市累计批复城中村改造项目 82 个，面积约 38 平方公里，规划新配建公建配套设施 621 万平方米，新建村民复建安置房 31 万套，进一步改善城乡人居环境，统筹城乡发展。2024 年是广州城中村改造突破决战之年，全年计划推进城市更新项目 494 个，完成固定资产投资 1800 亿元。

回顾过去 20 多年广州城中村改造的进程，各时期政策的总体基调有张有弛，但整体的方向保持一致，不断通过政策创新与制度设计，在兼顾平衡各方利益的基础上实现城市功能的优化、空间品质的改善、城市整体形象的提升。

展望未来，广州已规划至 2035 年全市累计推进城市更新约 300 平方公里（含城中村改造 155 平方公里），坚持城市体检先行，"拆、治、兴"并举，通过微改造、混合改造、全面改造多种方式，以城中村改造重塑产城空间，推动低效存量土地的盘活再利用，全面拓展新质生产力的广阔空间，保留城市多元魅力，保障多方需求权益，演绎城市空间"蝶变"，为超大城市转型发展探寻新路径。

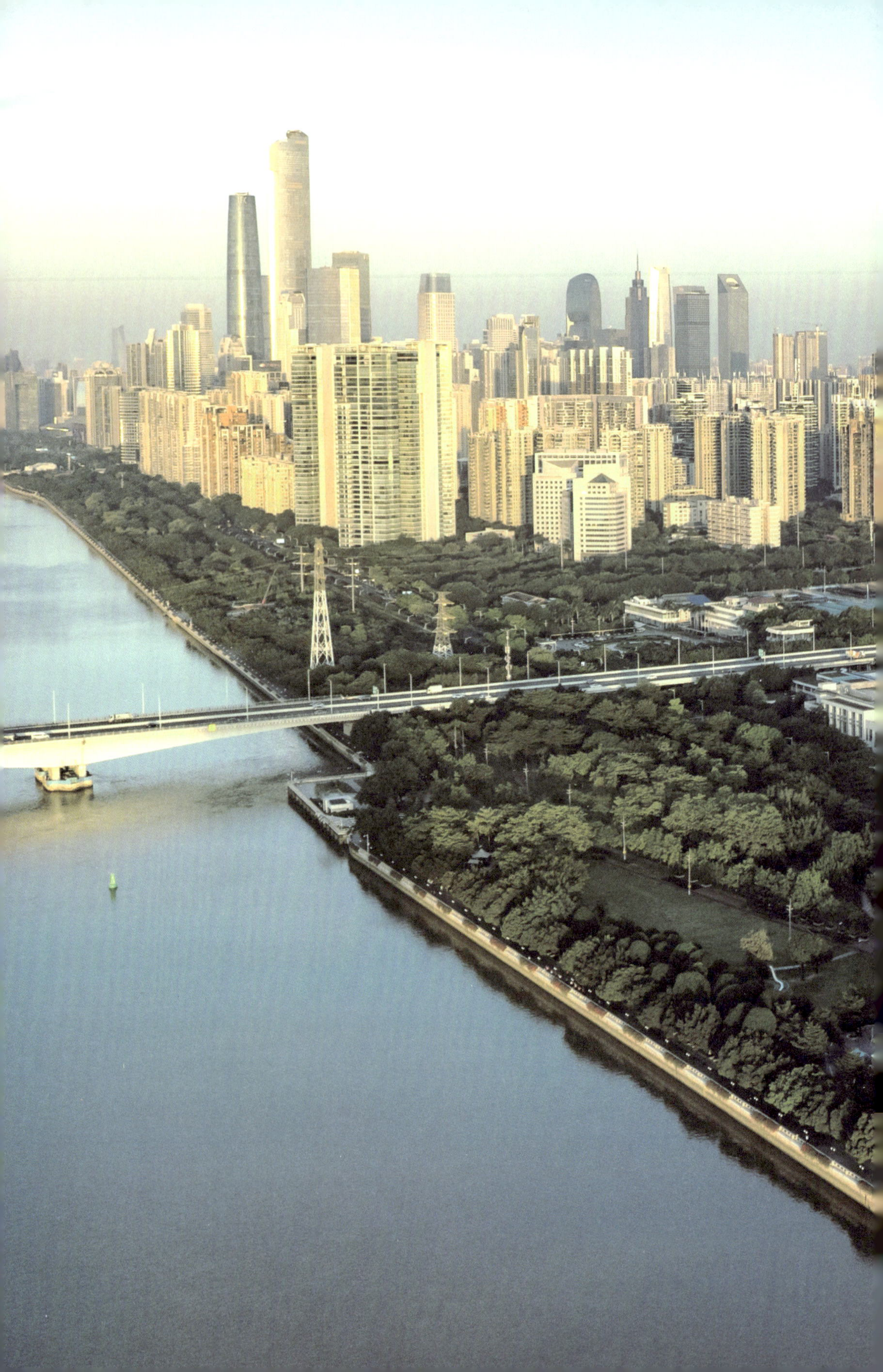

第五章

湾区枢纽
走向中心型世界城市

在全球化背景下,世界已经成为一个巨大的网络空间,人流、物流、资金流、技术流和信息流等资源在全球范围进行流转和配置,以城市尤其是超级城市为载体,在全球网络中形成了资源要素配置的诸多节点,并根据影响力大小、联系紧密程度等要素集合成具有等级秩序的世界城市网络体系。

从世界历史上看,一个城市的持久繁荣在于城市能级和核心竞争力能否不断提升。只有准确研判城市发展在全球产业链价值链供应链重构背景下的变化趋势,把握全球经济产业发展的大势顺势而为,城市才能不断自我超越、永葆生机。

过去广州抓住了世界贸易不断扩大和经济全球化的浪潮,一举成为千年商都和国内一线城市,而在当下人工智能和数字化经济方兴未艾之际,广州再次紧跟时代趋势,不断提升城市能级,跃升为世界一线城市。

"现在广州正在积极推进粤港澳大湾区建设,继续在高质量发展方面发挥领头羊和火车头作用。"习近平主席的重要讲话,既肯定了广州的贡献,也是对广州的殷殷期盼。作为我国重要的中心城市、综合性门户、大湾区核心引擎,有国家大战略引领、城市大谋划布局、市场大空间支撑,广州的发展正处于重大机遇期、黄金期。本章我们将从改革、开放和创新三个维度,透过一个个故事去探究这个千年不衰的商贸之都,在新时代继续保持活力、不断出新出彩的密码。

有风自南

二次创业
"三大动力"激发城市活力

引言

2023年4月7日下午,国家主席习近平在广州市松园同法国总统马克龙举行非正式会晤。习近平主席指出,了解今天的中国,要从了解中国的历史开始。广州是中国民主革命的策源地和中国改革开放的排头兵。1000多年前,广州就是海上丝绸之路的一个起点。100多年前,就是在这里打开了近现代中国进步的大门。40多年前,也是在这里首先蹚出一条经济特区建设之路。现在广州正在积极推进粤港澳大湾区建设,继续在高质量发展方面发挥领头羊和火车头作用。

当历史的指针指向新的刻度,广州锚定高质量发展首要目标,以排头兵、领头羊、火车头的昂扬姿态再出发。

2023年7月召开的中共广州市第十二届六次全会对照广东省委"1310"具体部署,细化形成"锚定排头兵、领头羊、火车头标高追求,激活三大动力活力,奋力推动十二个领域走在前列、当好示范"的"1312"思路举措,全力以赴推动"二次创业",开创广州高质量发展新局面。

在香港中文大学(深圳)教授、前海国际事务研究院院长郑永年看来,广州是国家中心城市、粤港澳大湾区区域发展核心引擎、第一经济大省的省会城市，面对当前的外部和内部压力，不管是政府还是社会民意都体现了一种强烈的危机意识，以及担当作为、舍我其谁的奋进精神。凭着广州40多年前领潮争先、"杀出一条血路"的勇气以及作为千年商都的深厚底蕴，今天它的改革再出发，必定能探索出一条实现高质量发展的有效路径。

改革、开放、创新，既是广东过去40多年发展历程中最鲜明的标志，也是成就今日广州的最大动力。站在全新的时代起点，广州进行"二次创业"，仍然要靠持续激活和释放改革、开放、创新三大动力。

改革：营商环境连续多年位居全国最佳的广州经验

作为改革开放的前沿阵地和窗口，改革一直都是广州的城市名片，在改革开放初期就率先进行了诸如城市价格闯关等多项改革，拿下多个国内第一。而在高质量发展的新阶段，广州也主动承担起在新一轮改革中探路先行的光荣使命，将改革继续向深水区推进，不仅在行政审批改革和营商环境改革上成为全国示范，更将从过去的单一环节改革突破上升为全方位的集成式改革，展示了广州在"二次创业"中敢于将"刀刃向内"自我革命的勇气和决心。

自2018年开始至2023年，广州持续推进营商环境改革从1.0到6.0迭代升级，六次改革方案共颁布540余条具体举措，改革主线也由1.0版本的"简政放权"，到6.0版本的"宜商兴业"，着力于降低企业成本和优化产业生态，全力打造企业综合成本最低、产业生态最优的国际一流营商环境标杆城市。

经过1.0改革到6.0改革的迭代，广州营商环境改革由点及面，实现了从"摸着石头过河"到跨越式发展的转变，成功入选全国首批营商环境创新试点城市，50项创新举措在全国复制推广。

在广州营商环境改革中，个人、企业、政府三者的紧密互动是一大特点。作为营商环境改革的直接主导者，广州市政府积极作为，以世界银行、国家、省等评价为指导，深入企业、商会、协会对企业经营过程中出现的痛点堵点进行调研；借助第三方机构开展各种形式的营商环境评价，透彻了解当前广州营商环境改革中存在的各类细节问题；以营商环境专班的形式，积极协调各职能部门，对集中的问题进行汇总及处理，大大提高了营商环境改革的效率。

最能体现个人、企业、政府相互配合的广州特色做法，是通过举办企业家午餐会、吐槽会等问计于民，特别是2020年率先出台《广州市建立健全企业家参与涉企政策制定机制实施细则》，鼓励建议各部门建立本行业领域企业家数据库，让政府制定涉企政策时企业家直接参与，不仅确保企业能第一时间了解最新的政策动态，也能提前对政策效果进行反馈，确保政策供给能够管用好用。

对市场主体来说，一个高效便捷的流程，一次公平公正的办事，一次优质到位的服务，这种亲自体验的真切感受胜过政策文件上的宣传口号，因此广州的企业也乐于积极配合政府部门、科研机构等开展营商环境专项调研，积极献言献策。数据显示，截至2023年上半年，全市市场主体总量达327.83万户，其中上半年新登记市场主体26.85万户，同比增长23.63%，高速增长的市场主体就是对广州营商环境最生动的展示。

来自上级政府部门和第三方机构的营商环境评价也显示了广州近年来的改革成效。

在国家发展改革委发布的《中国营商环境报告2020》中，广州入选全部18项指标领域标杆城市。中国社科院发布的2020年"由市场主体打分、民营企业家说了算"的全国营商环境评价中，广州综合排名第一。广东省发展改革委发布《2022年广东省营商环境评价报告》，对21个地级以上市营商环境进行了全方位的评价，深圳、广州位列第一档。华南美国商会在广州发布《2023年中国营商环境白皮书》及《2023年华南地区经济情况特别报告》中，广州连续第六年在本调查中被受访企业列为最受欢迎的投资城市。

在广州的营商环境改造中，打造"中小企业能办大事"创新示范区的案例

第五章 湾区枢纽 走向中心型世界城市

黄埔打造的"中小企业能办大事"示范区

非常具有代表性。

2018年10月24日,在广东视察的习近平总书记来到广州开发区,殷切嘱托"中小企业能办大事,创新创造创业离不开中小企业"。

此后,广州开发区、黄埔区围绕怎样助力中小企业办大事、成大事,探索"有为政府"和"有效市场"融合、联动和协同的新路径,形成了独特的"黄埔经验",也成功打造了"中小企业能办大事"创新示范区。

从2018年至2023年,广州开发区、黄埔区立足于服务企业发展全生命周期,通过创新体制机制、响应企业诉求、提升服务能级和构筑孵化平台等"靶向性"举措,为中小企业"办成大事"赋能,创造了营商环境改革领域里的多个"首先"——

在国内一线城市中率先成立首个营商环境改革局,统筹推进及监督全区营商环境改革工作;

设立全省首个行政审批局，实现"一枚印章管审批"；

设立全国首个民营经济和企业服务局，打造"企业吹哨、部门报到"24小时全天候服务新模式；

率先推出政策兑现"一门式"服务改革，启动以"一口受理、一网通办、限时办结、免申即享"政策兑现新模式；

出台全国首个《信任筹建工作方案》，做到产业项目"引进即筹建、拿地即动工、竣工即投产"；

……

这些体制机制上的改革重塑了广州开发区的政务服务体系，为"中小企业能办大事"提供了优质高效的公共服务。一个著名的案例是华星光电广州T9项目在黄埔的投产速度。该项目从签约到动工仅用了21天，从开工到投产仅用了18个月，这也是行业内最快封顶、最快搬入、最快点亮、最快投产的液晶面板生产线项目。

截至2023年，广州开发区、黄埔区集聚中小企业数量4.8万余家，跻身国家级"专、精、特、新"小巨人的企业119家，约占广州市一半；省级"专、精、特、新"企业1092家，占广州市企业30.5%；制造业单项冠军18家，占广州市75%。全区民营中小企业贡献了3个"80%"：即全区80%以上的规上工业企业是中小企业，80%以上的高新技术企业是中小企业，80%以上的发明专利、创新成果和新产品来自中小企业，广州开发区、黄埔区真正做到了"中小企业能办大事"。

在前期成绩的基础上，广州在"十四五"规划和2035年远景目标中提出将继续加快转变政府职能，持续优化市场化法治化国际化营商环境。广州始终把企业的事当成自己的事，把企业的获得感作为最大的营商环境，精准发力出台产业版营商环境改革举措，目前正在推动出台支持民营经济发展条例和外资发展政策，全面推行首席服务官制度，为企业提供全流程、滴灌式精准服务。

第五章 湾区枢纽 走向中心型世界城市

广州已经提出保障各类市场主体同等待遇,在市场准入、审批许可、经营运行、招投标等方面一视同仁,坚持对标世界银行标准,建立与国际接轨的营商规则体系,要积极争取国家和省的综合授权改革,实施好《广州市优化营商环境条例》,持续深化"放管服"改革,做到营商环境改革只有"进行时"没有"完成时"。

> **专栏:一场席卷全国的行政审批改革如何从广州诞生**
>
> 广州营商环境改革要从一张图说起。2013年1月的市两会上,广州市政协常委曹志伟公布了一张长达4.4米的行政审批"万里长征图",揭示企业投资建设一个项目何其艰难:经过20个委、办、局,53个处、室、中心、站,100个审批环节,盖108个章,缴纳36项行政收费,最快也需799个审批工作日。
>
> 曹志伟在会上介绍说,2011年,广州出让了17820亩土地,成交412亿元,这些项目若按现有审批时间和年息10%计算,会产生41亿元利息,若审批时间能缩短71%,可节省30亿元利息。
>
> 以此为起点,"万里长征图"触发了一场推动广州乃至全国的行政审批改革。
>
> 此后,广州提出限时整改意见,提案所涉20个局委办的53个处室,均挂图作战,一系列改革措施迅速落地:市国土规划部门办理用地审批时限压缩为8个工作日;市政务服务中心6楼开通建设工程项目联合审批区,建设工程项目5个审批阶段的行政审批项目办结时间压缩到37个工作日;市政务办还在其官网上对所有审批流程所需材料作出指引。
>
> 2014年3月,国家行政学院将"万里长征图"作为省部级干部培训班的案例教材;6月,全国政协将该图作为文献收藏于中国政协

文史馆；7月，超过20个省区市来广州学习改革经验，中央社会主义学院也将其列为教学案例。

2015年1月，时任国务院总理李克强在广东自贸区南沙片区考察时给"万里审批图"打叉，并要求广东为改革探路。3月，中央编办、国务院法制办联合发出通知，选取天津市所有区县、河北、山西、江苏、浙江、广东、四川、贵州开展相对集中行政许可权试点，要求其余试点省份各选择2~3个市、县（市、区）或所属国家级开发区开展改革试点，这场从广州开启的行政审批制度改革由此正式在全国推广复制。

开放：从贸易投资开放到**制度性开放**的**广州试点**

凭借毗邻香港的地理优势，广州一直都是外贸出口和外资引入的重镇。随着中国经济深度嵌入全球化分工，广州的对外开放也不断呈现出新的变化，在外贸新业态不断涌现的同时，开放的程度也愈加深化：从早期的贸易开放到投资开放，从单纯的引入外资到如今的广州本土企业开始出海投资，从最初学习国际先进经验到现在主动对接国际规则试点制度性开放，广州开放的每一步既是在为自己探路，也是在为整个国家试点。

铺开广州城市战略规划版图可以看到，海陆空交通枢纽为广州奠定了向世界开放的基础设施骨架。

向海看去，以南沙港为代表的广州港新兴港区不断将海运网络向世界延伸。截至2023年，广州港集装箱航线已达263条，其中外贸航线157条，通达全球100多个国家和地区的400多个港口。广州港在美国、欧洲、新加坡、越南等地设立海外办事处6个，已建成内陆港或办事处32个，开通海铁联运班列36条。

向陆看去，从广州辐射海外的铁路纵横交错，中欧班列铺就出"一带一路"新通途。

2016年8月28日，一辆满载手机配件、衣服、鞋帽的"穗满俄"中欧班列从广州白云区的大朗站缓缓驶出，自此开启了粤港澳大湾区中欧班列的新里程。如今中欧班列线路稳步增加，开行线路由7年前只有1条出口线路变成目前的"14出6进"共20条线路，织就了一张覆盖欧亚大陆的国际物流大网络。

向空中看去，蓝天白云下的白云国际机场稳固自身国内最繁忙的机场的地位。第三方机构航空研究机构飞常准发布的数据显示，2023年上半年，白云国际机场的出港航班量位列全球机场第13、国内机场第一。此外，2020—2022年，白云国际机场旅客吞吐量连续三年居全国机场首位，货邮吞吐量连续三年居全国机场第二位，白云机场的旅客吞吐量还摘得2020年全球机场桂冠。

在海陆空交通骨架网络的支撑下，广州的外贸出口也连创佳绩。

2019年广州成为"外贸万亿之城"后，外贸新业态发展迅猛，跨境电商综合试验区、市场采购贸易、汽车平行进口、二手车出口等试点屡创佳绩。

特别是近年来跨境电商在广州发展迅猛。自2013年获批全国首批跨境电子商务试点城市以来，2014—2022年广州跨境电商进出口规模增长93倍，2022年达1375.9亿元，首次突破千亿元大关；进口规模连续9年稳居全国第一。多个第三方机构出具的跨境电商综试区评估报告均显示，位居全国跨境电商综试区第一梯队的广州已成为一座名副其实的"跨境电商之城"。

随着广州开放的层次不断提高，城市对高端政经人群和国际化要素的聚集能力也不断攀升，无论是国际政要还是世界500强企业的高管，近年来走进广州的次数也越来越多，对城市的了解也越来越深。

2017年《财富》全球论坛在广州盛大召开，参会企业388家，其中世界500强企业152家，在1100多名参会嘉宾中，CEO级别的超过300人，世界500强企业全球副总裁以上高层代表118人，参会的世界500强企业数量和与会嘉宾数量都破了论坛历史最高纪录。

苹果公司 CEO 蒂姆·库克也趁着这次机会第一次来到广州,并且感叹广州是一个美丽的城市,靠近水边的城市都拥有独特和鲜明的个性。

在《财富》全球论坛之后,近年来一系列重磅国际政经高端会议和论坛也接连落户广州,如"读懂中国"国际会议、从都国际论坛、国际金融论坛(IFF)、世界航线大会、世界港口大会、珠江国际论坛、全球市长论坛等。

不少世界 500 强企业正是通过这些平台落户广州、扎根广州。

截至 2023 年,广州累计实际使用外资超 1300 亿美元,在穗投资世界 500 强企业 345 家,投资项目达 1968 个。

2023 年以来,全球顶尖企业继续跟广州频繁互动,超过 370 位世界 500 强企业、跨国公司高层应邀前来,广州市主要领导单独会见跨国企业全球总裁或 CEO 就有 25 批次。

"我每年都会来广州,对这座城市更高质量的生活和经济发展感到惊讶,"《财富》亚洲执行主编钱科雷感慨道,"当与我们的《财富》世界 500 强企业榜单中的跨国公司代表交谈时,他们都告诉我,最看重广州的一件事就是丰富的人才。他们可以真正找到接受过培训和专业的人,这对于任何类型的外国公司来说都是一个巨大的吸引力。"

在中国发出共建"一带一路"倡议的背景下,近年来广州对外开放的含义也有了新的变化,除了继续引入外资,广州也在国家统一部署下逐步开始对外投资。

《广州市商务发展"十四五"规划》显示,截至 2020 年底,经核准备案的广州企业境外投资非金融类项目 1636 个,由 1264 家境内主体企业在全球 89 个国家(地区)投资设立,累计中方协议投资额 230.74 亿美元,对外投资新增项目数量快速增长,比"十二五"时期增长 48.1%。

特别是广州对"一带一路"沿线国家(地区)投资稳步推进,累计设立了

182 家企业（机构），中方协议投资额 37.76 亿美元，在爱沙尼亚、马其他、拉脱维亚、白俄罗斯和挪威等国家实现对外投资零突破。由广州企业在境外投资的 5 家海外经贸园区面积超 572 万平方米，投资超 6.5 亿美元，向东道国上缴税费 347 万美元，为当地提供就业岗位 6000 多个，成为广州投身"一带一路"建设的生动实践。

2023 年 10 月 20 日，中国企业走出去综合服务基地挂牌运营，并在南沙建设实体化综合服务中心、线上综合服务平台，进一步整合港澳机构资源、对接国际规则的专业服务集聚区，为"走出去"的中国企业提供政策咨询、投资促进、金融财税、风险防范、争议解决等高标准、国际化"一站式"服务。

在 2019 年《粤港澳大湾区发展规划纲要》落地以后，广州也积极发挥大湾区核心引擎的功能，通过实施"湾区通"工程在规则制度层面逐步跟国际对接，再度把开放的含义拓展到制度性开放。

目前广州已经实施两批 72 项与港澳规则衔接事项清单、试点香港工程建设管理模式、出台广州市境外职业资格便利执业认可清单、科研物资跨境自由流动试点等一批事项。

如今在港澳地区获得相关职业资格的港澳人才可不受学历、资历等条件限制，直接在广州申报相应等级的职称，包括最高可直接申报正高级职称。

当前，随着制度开放不断向纵深推进，广州正在不断将自己的商事规则和贸易规则向 RCEP 协定等国际化标准靠拢，不断以自身试点为国家更高层级的开放探路，未来随着全球化和区域经贸一体化的加深，广州的开放不仅会继续成为自身"二次创业"的强大动力，也必将惠及合作伙伴。

> **专栏：改革开放后最早进入广州的跨国公司宝洁**
>
> 宝洁创立于 1837 年的美国俄亥俄州，主要业务是销售蜡烛和肥皂。1988 年，宝洁正式进入中国市场，它的第一站便是广州。同年，

宝洁在广州与和记黄埔、广州肥皂厂、广州开发区等单位，成立了在华的第一家合资企业——广州宝洁有限公司，并旋即开始投资建设在中国的第一个生产基地——宝洁广州黄埔工厂，于1990年正式投产。

1988年底，宝洁就生产出了第一批产品——海飞丝洗发水，人们在商店柜台前排起了长队，争相购买这种价格称得上是"奢侈品"的洗发水。当时一名普通工人的工资大概是100元，而一瓶300毫升的海飞丝售价近20元。

初来乍到的宝洁走得顺风顺水。这与当时的中国正处于改革开放初期，物资极度匮乏的市场环境不无关系。彼时的广州处在中国改革开放的前沿，日化市场发展成熟度高，实体经济产业链成熟，辐射亚太的区位优势明显。此外，各级政府多年来形成的企业服务意识，也为外企发展提供利好。种种有利因素集结下，这座历史底蕴丰厚的花城成为宝洁在中国开拓市场的最佳启航地。

1998年至2012年，从海飞丝洗发水到佳洁士、飘柔、汰渍等品牌，十几年间，宝洁日化旗下的品牌产品迅速占领了中国的商超和小卖部。中国成为宝洁的最大市场，宝洁在中国的营收翻了6倍。宝洁市场份额一度达到47%，洗护发产品更是超过50%，市场上耳熟能详的快消品牌，几乎全是宝洁品牌旗下的产品。

转折出现在2013年，随着中国经济的迅猛发展，个性化成为时代的潮流。一大批国货品牌开始迅速崛起，在日常生活用品领域，立白和蓝月亮等众多品牌也一拥而上。2013年起，宝洁的全球销售额开始停滞，甚至出现负增长，随后几年仍不断下滑。

为应对品牌老化问题，2017年起，宝洁开始在数字化转型、智能技术创新上进行部署。宝洁先是在广州设立了"宝洁中国数字创新中心"，主要从事大数据、人工智能、物联网等新技术的开发应用。该项

第五章 湾区枢纽 走向中心型世界城市

> 目从提出到真正投入运营大概只花了 4 个月时间，而 2019 年的宝洁"新智造"中心项目，从开工到建成也仅用了 12 个月时间。
>
> 广州营商环境的不断优化也为越来越多的企业提供了转型发展的土壤。2023 年是宝洁根植中国的第 35 年，宝洁公司全球执行总裁、大中华区董事长兼首席执行官许敏曾在广州市高质量发展大会上宣布，要把宝洁国际贸易供应链控制中心从欧洲迁至广州。直至今天，宝洁与广州的发展故事仍在继续。

创新：崛起的科技创新轴成为引领广州的第三条轴线

从 2020 年开始，广州市政府工作报告连续多次提及科技创新轴的概念，2022 年《广州市科技创新"十四五"规划》正式提出，要打造一条由"四核多点"支撑起的城市新中轴，支撑广州未来为世界重大科学发现和技术发明先行之地、国际科技赋能老城市新活力的典范之都、全球极具吸引力的高水平开放创新之城。

在科技创新轴诞生前，广州已经形成过两条持续、深远影响广州发展的城市中轴线。第一中轴线北起越秀山中山纪念碑，南至海珠广场，凝聚了千年商都的文化底蕴，也是广州在近代中国向现代城市转化的象征；第二中轴线北起燕岭公园，经中信大厦、天河体育中心、珠江新城、跨过珠江至琶洲塔、洛溪新客运港口，既造就了美丽花城的财富神话，也见证了广州从国内一线城市向世界一线城市的迈进。

因而，科技创新轴也被视为广州第三条城市中轴线，目的是在国家建设国际一流湾区的背景下，在广州汇聚全球高精尖的资源要素，在更高起点上提升全市科技创新水平，为广州这座世界一线城市谋求更高质量的发展打下关键基础。

这意味着研发创新能力将在过去的成绩上更进一步。

2023年,"广深港"创新集群在全球创新指数排名连续位居第2位;广州在"自然指数—科研城市"全球排名跃升至第8位,国内城市排名上升至第4位。

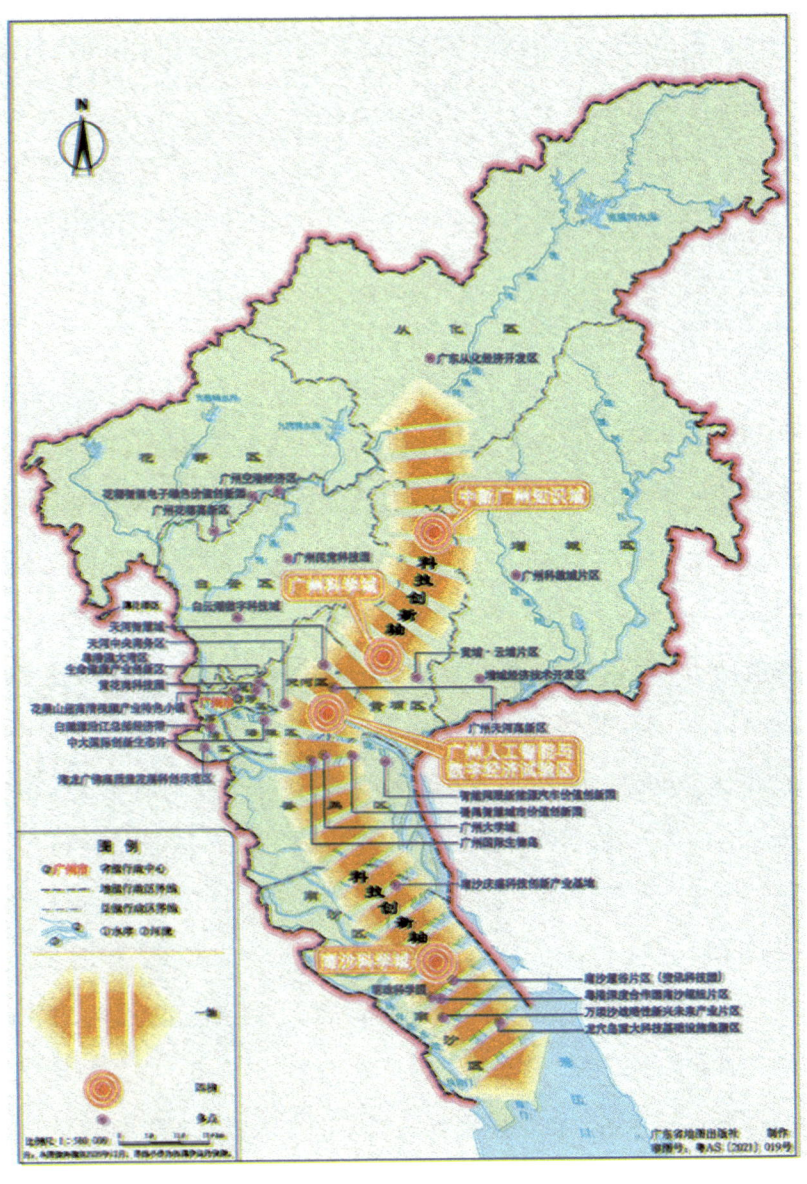

广州科技创新轴规划

此外，2023年广州全市R&D经费支出988.36亿元，居全国主要城市第4位。值得一提的是，2020年广州R&D投入强度达到3.1%，正式步入3.0时代，这是"十三五"期间广州科技创新的重要发展成就。

作为创新的主体，广州企业的研发实力也有目共睹。广州高新技术企业数量从2015年的1919家跃升至2023年底的1.3万家，位居全国第四。广州"四上"高新技术企业贡献了全部"四上"企业47.40%的工业总产值，全市153家境内上市公司中116家为高新技术企业，占比近76%。

此外，广州作为国内教育科研资源排名前列的城市，集聚了全省70%的国家和省重点实验室、78家新型研发机构、165万高校学生、374万技能人才。截至2022年，广州拥有包括中山大学、华南理工大学、香港科技大学（广州）等高水平研究型大学在内的本科院校数量增加到38所，而本专科在内的普通高等院校增加到84所，在数量上已经位居全国第二，仅次于北京。

而根据科技创新轴"一轴四核多点"的空间布局，下一步广州现有的科创资源将全部整合进一条轴线内，其中包括以中新广州知识城、南沙科学城、广州科学城、广州国际生物岛、广州人工智能与数字经济试验区、天河智慧城、广州大学城、白云湖数字科技城、南沙庆盛片区等，未来这条科技创新轴将完善沿线产业规划、基础设施和生活配套，为广州创造新的发展动能。

13年前，中新广州知识城在位于黄埔区、广州开发区的创新大道上奠基，成为中国、新加坡政府又一跨国合作标志性项目。

"这个项目本身定位非常高，希望把新加坡向知识经济阶段转型的经验带到广东省，以项目为主去推进。"凯德地产（中国）战略关系首席执行官陈培进表示。这也是"知识城"名称的由来。

"我们刚开始招商非常困难，拉了很多外国企业进来，他们看了一眼，觉得很难，就走了。"陈培进说道。在亚太地区，劳斯莱斯公司研发投入最大的就是位于新加坡的研发基地，2014年初中方政府希望引进劳斯莱斯在知识城设立研

有风自南

发中心，陈培进带着广州开发区的政府领导前往北京，拜访劳斯莱斯驻北京的负责人。负责人说，好多城市的政府领导都要找他们合作，我们要是能够达到他的 5 个要求，马上就在知识城里设一个研发中心。这 5 个要求是稳定的政府、稳定的政策、足够的高端人才、知识产权保护和足够的上下游产业链。

从此，蓄力待发的黄埔区、广州开发区不断刷新政策体系，相继从产业、人才、知识产权等方面搭建政策"10 条"家族，吸引高科技企业前来。

十几年间，中新广州知识城这片曾经的荒芜之地，裂变出生物医药、集成电路、智能网联与新能源汽车等超级产业链群。超 100 名战略科学家、1260 名高层次人才在这里安家落户，粤芯、康方生物等一批突破关键技术的龙头企业扎根知识城。国家纳米中心、空天院、微电子所、自动化所、长春应化所、金属所等 8 家中科院直属单位均在黄埔区设立了研究院，形成院地合作的新高地。

从知识城向南眺望，是广州科技创新轴的另一极——南沙科学城。在近期印发的《广州南沙科学城总体发展规划（2022—2035 年）》中，南沙科学城被赋予"全球影响力原始创新策源地""创造创新创业驱动重大战略性新兴产业集群发展新引擎""世界一流科学城"多个定位。

今天的南沙科学城已成为一片建设热土。冷泉生态系统、高超声速风洞、极端海洋科考设施、大洋钻探船等重大科技基础设施正加快推进。以南沙科学城为主阵地，"1+1+3+N"科创平台体系在南沙全面铺开，汇聚了 10 多家中科院科研机构、13 家省级新型研发机构。未来，南沙科学城还将挺起粤港澳大湾区创新发展的"脊梁"，面向深海、深地、深空，聚焦海洋、能源、空天、信息、生物等领域，集聚全球高端创新资源。

如今，这条连贯的科创轴线逐渐打通体制机制和企业行业间的壁垒，实现科研、人才、资本等创新资源要素集中配置，形成规划合理的产业格局。广州 22 家企业入选 2023 年胡润独角兽榜单，总量位居全国第四，广州是过去一年独角兽数量增长最快的中国城市。而"独角兽"企业基本沿着以广州人工智能与数字经济试验区、中新广州知识城、广州科学城、南沙科学城"一区三城"为核心的科技创新轴分布。

无数创业者怀抱着对这片热土的真挚希望举家纷沓而至，为广州科技创新注入源源不断的内生动力。在这片热土之上，科教资源富集、实验室创新平台聚集、各类科研人才云集，这是广州科技创新的动能来源。而今，中央、省也对广州寄予期盼——加快构建全过程创新链，把创新资源优势转化为产业发展胜势。

知不足而奋进，望远山而前行。在进一步激活创新动力，将更多科研创新成果转化为现实生产力基础上，广州还有很大潜力和空间，未来必将奋勇争先。

结语

激发改革、开放、创新三大动力活力，这是"二次创业"再出发的广州交出的解答思路。

依靠改革释放社会活力，要求广州坚持摸着石头过河和落实顶层设计相结合，按照走在前列的标准要求谋划改革、支持改革、推进改革，全面优化营商环境改革，进一步完善现代产权制度和要素市场化配置体制机制，增强市场主体内生动力，促进人才、资金、技术、数据等要素向新质生产力顺畅流动，改革综合效应有效释放，社会活力和创造力充分迸发。

依靠开放拓展经济纵深，要求广州坚持把开放作为繁荣发展的必由之路，推进高水平对外开放，全面拓展高质量发展的空间和纵深，深化创新自贸试验区制度，打造更具影响力的都市圈，建成国际消费中心城市和国际交往中心，成为全球企业投资、国际人才汇聚首选地和最佳发展地。

依靠创新增强核心竞争力，要求广州牢牢把握创新第一动力，充分释放城市的资源优势、创新潜能，在共建粤港澳大湾区国际科技创新中心和综合性国家科学中心方面取得重大进展，加速集聚重大科技基础设施，做强创新策源地，催生更多新产业、新模式、新动能。

改革不停顿、开放不止步、创新无止境。唯有如此，广州才能为高质量发展注入源源不断的澎湃动能，以新的出发续写广州新的辉煌。

数字转型
打造"数产融合"全球标杆

引言

近年来,互联网、大数据、云计算、人工智能、区块链等技术加速创新,日益融入经济社会发展各领域全过程,数字经济发展速度之快、辐射范围之广、影响程度之深前所未有,正在成为重组全球要素资源、重塑全球经济结构、改变全球竞争格局的关键力量。

建设数字中国是数字时代推进中国式现代化的重要引擎,是构筑国家竞争新优势的有力支撑。广州是我国制造业强市和现代服务业大市,产业类别丰富、体量大,为数字技术的发展提供了丰富的应用场景和数据积累的优质条件。

近年来,广州正在大力推进城市数字化转型,拿出宝贵的城央空间大手笔规划了主体功能区——广州人工智能与数字经济试验区;出台全国首部数字经济领域地方性法规《广州市数字经济促进条例》,不断推进数据要素市场化改革深化发展,加大数据治理力度,加快完善数据流通交易体系,打造"数产融合"的全球标杆城市。

2020年、2021年、2022年广州数字经济核心产业增加值分别达3037亿元、3561亿元、3633亿元,均高于全市GDP同期增速,占全市GDP比重由2020

年的 12.1% 提升到 2021 年的 12.6%，数字经济在广州经济社会高质量发展中的新支柱地位更加凸显，日益成为提升广州城市能级的新动力。

作为我国智慧城市首批试点城市，广州按照"一图统揽，一网共治"总体构想，创新打造了集"运行监测、预测预警、协同联动、决策支持、指挥调度"五大功能于一体的"穗智管"平台。目前，"穗智管"已对接全市 40 个部门共计 115 个业务系统，建成主题应用 26 个，归集城市运行数据 100 亿条，形成了城市体征数据超 3000 个，全力推动政府在治理与协同、服务与创新、决策与支撑、能力与效能等层面实现全面数字化转型升级，满足和适应城市治理现代化发展需求。

广州抢占智能网联汽车产业高点

广州制造业产业体系完备，41 个工业大类中广州拥有 35 个。2022 年，广州第二产业增加值为 7909.29 亿元，同比增长 1.07%，工业实力位居全国前列。

数字经济赋能制造业高质量发展对我国制造业产业转型升级具有重要意义。广州制造业基础好、趋势好，拥有天然的发展"数产融合"，以数字经济赋能实体经济的基础条件。

智能网联汽车产业是数产融合的代表性产业。广州是我国汽车第一城，汽车产业是全市工业的第一支柱产业。广州在智能网联汽车领域早有布局且成绩显著。

自 20 世纪初以来，广州作为中国重要的汽车制造基地，经历了令人瞩目的汽车产业发展历程，2022 年广州汽车产量达 313.68 万辆，汽车产值接近 7000 亿元。目前广州已形成以 12 家整车制造为核心、1200 多家零部件企业聚集、专精特新企业不断涌现的完整汽车产业链，夯实了我国汽车第一城的名片。

2020 年，国务院办公厅印发的《新能源汽车产业发展规划（2021—2035

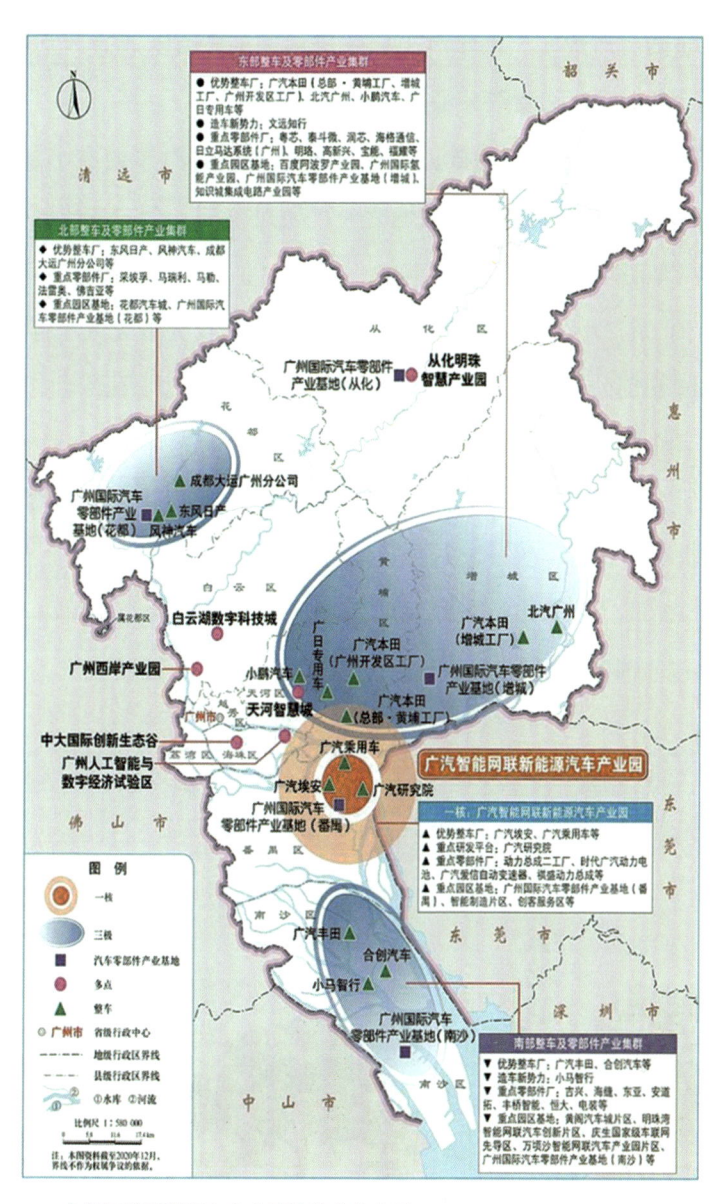

第五章　湾区枢纽　走向中心型世界城市

广州智能网联汽车产业基地的全市布局

年)》明确提出,以新能源汽车为智能网联技术率先应用的载体。顶层设计将智能网联与新能源进行了捆绑,一座城市要发展智能网联汽车的前提是发展好新能源汽车,而广州同样也是新能源汽车大城。2021年,广州新能源汽车产量15

有风自南

万辆,拥有包括广汽埃安、小鹏汽车、东风启辰、广汽比亚迪、北汽(广州)、合创汽车等已经实现新能源汽车量产的整车品牌。

有了新能源汽车产业的基础,广州发展智能网联汽车便有了基础和优势。广州是十个国家级智能网联测试基地之一,还是全国6个"智慧城市基础设施与智能网联汽车协同发展"试点城市之一。

2017年10月,小马智行落户广州南沙,其是最早完成无人车样车并进行路测的自动驾驶初创公司之一。2018年2月,小马智行在广州落地中国首支常态化试运行的自动驾驶车队。

据胡润研究所发布的2022年全球独角兽榜,广州有两家自动驾驶企业跻身其中,一家是小马智行,另一家是文远知行。

2017年12月,文远知行全球总部落户广州。在落户之前的8个月前这家公司在美国硅谷创办,是一家由人工智能驱动、以无人驾驶技术为核心的智能

无人驾驶汽车在广州进行路测

出行公司。文远知行的总部落户在广州的生物岛上，这里四面环江、独立成岛，对开展自动驾驶试验而言条件极佳。

落户广州以来，文远知行便与广州"结伴成长"：政府给予企业积极鼓励与大力扶持，企业助力广州拿下"中国自动驾驶第一城"的头衔，也创造了数个企业"第一"，如第一次实现5G远程操控自动驾驶、第一次成功穿越江底隧道、第一次自动驾驶出租车试运营、第一次全无人驾驶路测……

2020年7月，文远知行率先获得中国第一批全无人驾驶汽车路测许可，在广州开启中国首个无人驾驶汽车上路测试。一个多月后，文远知行自动驾驶车辆开进了城中村，测试全程无接管。

2021年1月26日，海珠区开放了第一批智能网联汽车测试道路，位于广州"一江两岸"中心城区，全长约11公里，并向文远知行等智能网联汽车测试企业授牌。这是全国范围内第一次在城市中心区域、地标建筑物附近开放自动驾驶测试。

2021年3月滴滴自动驾驶正式落地广州花都。2023年3月27日，滴滴自动驾驶已经正式在广州花都开启商业化运营。

2022年8月28日，百度阿波罗也来到广州开展自动驾驶业务。百度以4.6亿元中标"广州市黄埔区广州开发区面向自动驾驶与车路协同的智慧交通新基建项目"，该项目是当时国内智能交通领域最大订单。

为什么是广州？作为国内"智慧城市基础设施与智能网联汽车协同发展"试点城市，广州创造了智能网联汽车产业的10个"全国第一"，包括第一个发放载客测试牌照、第一个在中心城区主干道开展道路测试、第一个自动驾驶研发企业取得网约车平台经营牌照、第一个出台自动驾驶商业化运营政策等。

自动驾驶汽车企业与广州实现了双向奔赴、互相成就。小马智行副总裁莫璐怡回忆道，2017年在南沙落户时，全国没有一个地方可以开展自动驾驶相关的道路测试，南沙拥有"先行先试"制度创新保障的优势，出台了很多支持自动驾驶技术发展和日后商业化发展的政策。除南沙区级之外，广州市乃至整个广东省也陆续出台政策支持，最终吸引了企业前来。

文远知行创始人兼 CEO 韩旭也认为，对比全国一线城市，广州对自动驾驶技术发展的支持力度最大，这种支持并非提供资金，而是能够将道路开放于自动驾驶测试。

目前广州自动驾驶道路测试总里程已经超过 600 万公里。截至 2022 年 6 月底，广州发布开放测试道路 202 条，双向里程高达 789 公里，覆盖白云、海珠、番禺、黄埔、花都、南沙 6 个行政区域。

"十四五"期间，广州将设立总规模 100 亿元的智能网联新能源汽车产业基金，逐步将产业规模提升至 1.5 万亿元，打造具有国际竞争力的万亿级"智车之城"。

传统产业数字化改造方兴未艾

除支柱产业汽车之外，广州其他的优势轻工产业近年来的数字化改造也进行得有声有色。

纺织服装产业是广州轻工业的代表型类目，广州所生产的服装在我国乃至海外市场都占有重要一席。

当前数据在纺织服装产业中扮演着越来越重要的角色。基于互联网的快速传播，服装企业用小批量的产品投入市场"试水"，然后根据市场反应对受欢迎的产品追加订单，这就是当下流行的"小单快返"模式。

"小单快返"可以帮助企业较快地抓住市场流行的趋势热点，但要求生产者对来自市场的反应很快，从捕获市场趋势到产品终端上架的时间必须尽可能短，这给数字化技术的应用带来了极大的发挥空间。

广州纺织服装产业的数字化改造成效从一家企业的发展中可以窥见一斑。

成立于 2013 年的广州本土企业致景科技是国家级高新技术企业，目前企业已经推出了对整个纺织服装生产环节全覆盖的数字化平台，包括针对面料采购环节的平台"全布"、针对纺织环节的数字化系统"飞梭智纺"、针对服装制造环节的云平台"天工"等，通过"科技+纺织"高效协同供应链各环节，帮助中国的纺织服装企业实现数字化升级。

以该企业的"天工"服装智能制造云平台为例，设计师只需要通过它就可以快速开发 3D 样衣，将打版时间缩短至 72 小时，随后试销让顾客快速体验，再利用数字化技术、智能设备、信息化管理构建智能工厂，帮助服装品牌加速上新，无论是"小单快返"还是大货生产均能覆盖。

借助安装在织布机上的物联网设备，目前"天工"拥有来自多家广州本地服装工厂的生产数据，可以监测每台机器的运转生产情况并上传至云端，当云平台上的客户有面料生产需求的，可以直接根据供需关系进行精准匹配，提高生产率。

市场的数据主要来自电商平台的实时销售。如此一来，来自市场需求的数据和后端生产的数据就能通过"天工"打通，实现以市场需求为核心的快速生产。

广州纺织服装产业的数字化改造故事同样在皮具产业中上演。

狮岭镇位于广州市北部的花都区，享有"中国皮具之都"的盛誉。1978 年这里诞生了第一家手工皮具作坊。2022 年底狮岭镇已经拥有 8600 多家生产型企业，年产皮具超 7 亿个，年交易额超 300 亿元。来自狮岭镇的皮具箱包产品出口世界 142 个国家，占欧美大众流行箱包市场 70% 以上份额。

狮岭镇的皮具产业也在主动拥抱数字化浪潮，将数字化改造作为一道"必答题"，加快数字化在产业中的普及应用。来自狮岭镇的皮具企业开发了箱包皮具行业的工业互联网平台，汇聚了设计资源、供需资源和生产制造资源、人力资源等，同时将金融、物流、人才培训等外部资源也接入平台。

目前该平台可以做到让入驻生产企业的整体运营效率提高 15% 以上，每年

广州文交会上科技企业展示的数字化显示新产品

节约的各种人力、物料、设备等总费用超过 5 亿元，截至 2022 年底已上云企业达 5847 家，用户达 87336 人。

文化创意产业插上数字的翅膀

作为数字技术的最佳落地场景之一，目前文化创意产业的数字化改造已经涌现出一大批典型企业和创新产品，通过与传统文化、旅游、游戏、动漫等行业融合，越来越多的数字文化产品出现在大众视野中。在广州文交会、广州文化馆新馆、广州国家版本馆等多个场合里都能发现数字技术与本地文化产业的融合，让文创产品变得有趣生动。

真人与 AI 虚拟人同步起舞、穿越到元宇宙里与古人对话、裸眼 3D 技术将视角"瞬移"到火星上……2023 年 3 月 9 日至 11 日，3 天时间里，来自全国各地的超千家企业和机构在广州文交会上争相展示自家的创意文创产品。

世界创意产业之父、国际创意经济专家约翰·霍金斯是广州文交会的"老朋友",曾多次亲临现场的他评价道:"广州举办的文交会非常国际化,创造出不少'新意思'。"

在展会现场,不少广州的文化企业因为"近水楼台",也纷纷拿出家底宝贝,在这一重要的窗口上大秀实力。

在广州凡拓数字创意科技股份有限公司的展位前,数字技术设备可以捕捉身着穿戴式设备的体验者的舞姿,并实时在屏幕上通过国风超写实虚拟数智人"班昭"同步展示出来。

还有不少人来到广州卓远虚拟现实科技有限公司的展位上体验 VR 娱乐设备。该公司展出的 VR 设备不仅可以视觉体验刺激项目,还结合了健身、娱乐,主打一个"好玩+健康"。

现场还专门开设了岭南文化展位,以展示数字技术在传承弘扬非遗等传统文化方面的创新性尝试。

广州市岭美文化科技有限公司在展会现场呈现了传统国画作品的数字化尝试。他们将纸质的国画作品通过数字化梳理后,呈现在液晶画屏上,对原作品的每一处细微笔触和纹理进行数字化再现,使纸质国画作品"动"了起来,在该公司展示的《广州十三行》数字化画作中,经商船舶游弋在珠江之上,商贾往来于街市之间。一口通商的广州十三行的热闹场景栩栩如生地展示了出来。这一象征广州辉煌的历史场景通过数字化的手段,有了一个新的传承方式,这是数字化带来的魅力。

2023 年 1 月,广州文化馆新馆开启了试运营,一时间成为新的网红打卡点,广大街坊可以步入其中一赏风采。

新馆主建筑中心阁二至三楼中空位置的一幅《岁时节庆轴图》是一大看点,它的有趣在于融合了数字技术与广府传统文化,呈现形式别具一格。

有风自南

广州民俗丰富多彩,四时节庆各有千秋。行花街、扒龙舟、舞火龙、摆乞巧,不同的民俗活动在不同的时节上演,述说广州这座千年古城的历史故事。

一块宽 3.8 米、高 7 米的《岁时节庆轴图》电子屏就显眼地出现在墙面上。画面上动态呈现了上述广州不同时节的不同民俗,游客用手机扫码电子屏前的二维码,便能为自己取一个有个性的名字,设计一个人物角色,使其出现在画面里,并用手机操作画面里的人物在不同的民俗场景中游走。这幅作品不仅支持多人体验,如果和家人一起扫码进入还能拍一张全家福,数字技术的新颖形式让广府文化显得更为灵动。

2022 年 7 月 23 日,另一个重要的公共文化设施——中国国家版本馆广州分馆落成典礼与北京、西安、杭州的国家版本馆同步举行。

中国国家版本馆是国家版本资源总库和中华文化种子基因库,由中央总馆(文瀚阁)、西安分馆(文济阁)、杭州分馆(文润阁)、广州分馆(文沁阁)组成,开馆后将全面履行国家版本资源保藏传承职责。

广州分馆坐落于从化区美丽的凤凰山麓、流溪河畔,由何镜堂院士领衔设计。广州凡拓数字创意科技股份有限公司为广州分馆打造中华版本数字多宝阁和超大型 3D MAPPING 投影,还在版本馆内首创沉浸式多媒体舞剧,以中国古代典籍对二十四节气的记载为基础,融入岭南地域特色,创新性地将 CG 制作、全息投影、雾幕等多媒体集成技术结合原创舞蹈、非遗的粤剧、醒狮表演等,演绎与节气相关的自然博物、农桑工艺、信仰礼仪等中华版本,在四大版本馆中开辟了唯一的演艺类剧场空间。

在这里,充分运用了多媒体和互联网技术的"千秋写印 华夏有章——中华版本发展概览"展区为观众提供沉浸式、情境式的藏品信息展示。通过实物造型与技术投影,"仿活字印刷术""仿纸卷弧幕"更好地呈现了我国印刷术的发展历程。

文化产业在广州整体产业发展中占有重要地位。据估算,2022 年广州市文化产业增加值达到 1800 亿元左右，同比增长 2.2%，占全市地区生产总值的比重为 6.2%。

数字技术对文化产业的发展起到了强有力的支撑，广州抢抓时机，于 2022 年 8 月 25 日制定出台《广州市关于推进数字文化创意产业高质量发展的实施意见》，提出不断提升数字文化产品和服务供给质量，实现数字文化消费更加活跃，大力发展数字文化创意产业，打造具有国际影响力的数字文化创意产业集聚区。

> **专栏：数字技术催生广东最勤劳的"猪"**
>
> 广州一批动漫企业已经深度地使用数字技术让动漫生产更加智能化。打造了"猪猪侠""百变校巴""逗逗迪迪""钶龙战记"等多个知名原创 IP 的头部动漫企业咏声动漫，依托数字动画技术的多年积累，开发了智能化、工业化创作平台"智能化动画流程管理与协同系统"

咏声动漫的爆款 IP 猪猪侠衍生产品

> （Intelligent Nodes），有效提升生产和协同效率，赋能虚拟人和虚拟内容制作工业化进程。
>
> 头戴虎头帽、身披中国红的猪猪侠，作为国民 IP 的代表，正是巧妙地融入了广东传统文化符号和精神内涵，使其故事更具深度和独特性，从而吸引了广大观众的关注和喜爱。

截至 2023 年，咏声动漫发行了 18 部系列长篇，5 部番外及 8 部大电影，累计片量超过 2 万分钟，坊间趣称咏声动漫为广东最勤劳的"猪"。

如何以动漫这种独特的艺术形式来延展出更加宏观和广阔的世界观，是咏声动漫在创作中贯穿始终的思考，如今很多的数字动漫作品都融入了二十八星宿、诗词等大量中国传统文化元素，呈现东方美学。

咏声动漫利用可交互式的 MR 技术，依托旗下咏声动画科技馆，将猪猪侠 IP 故事与 MR 技术相结合，打造了元宇宙版的咏声动画科技馆，实现了用户、IP 虚拟世界及线下实景的交互数字化新体验，让观众实地感受元宇宙中的娱乐方式。

咏声动画科技馆馆长李莉莉介绍："在文化和科技融合的背景下，咏声动画科技馆契合元宇宙风口以及数字动画技术，研发出《寻找超级棒棒糖》的 MR 动漫游戏。通过 MR 体验为科技馆增添了科技和互动的元素，提升观众交互体验感，同时我们也想向周边的博物馆、科技馆、文化馆进行推广和普及，提升此类文化场馆的创收能力。"

作为文化产业的重要板块，广东动漫加速出海，续探索多元化发展模式。据悉，咏声动漫的原创影视作品被译制成英语、韩语、俄语等 10 多种语言，通过境内外超过 150 家主流平台播放，覆盖北美、加拿大、东南亚等超过 50 个国家和地区。系列大电影在韩国、越南、西班牙等地区院线上映，系列玩具及衍生品进驻韩国、印度尼西亚、越南、以色列等国家。

第五章　湾区枢纽　走向中心型世界城市

打造琶洲人工智能与数字经济试验区

广州不仅拥有雄厚的制造业实力，也拥有大批从事数字技术研发与商用的企业。他们与实体经济企业相辅相成，互相成就。广州大力发展数字经济，促进数字技术型企业做大做强，在城央地带规划了人工智能与数字经济试验区，同时依托中新知识城、天河智慧城、生物岛等平台，参与共建广深科技走廊，与粤港澳大湾区其他城市共同打造面向世界的科技高地。

2020年2月21日，《广州人工智能与数字经济试验区建设总体方案》印发，以广东省推进粤港澳大湾区建设领导小组"1号文"的形式，支持广州人工智能与数字经济试验区的建设，并推动广州试验区成为国家级重点创新平台。

广州试验区的建设几乎包括城市城央地带最为宝贵的发展空间，"一江两岸三片区"组成了总面积81平方公里的产业发展带。其中，"一江"指的是广州的母亲河珠江；"两岸"则分别指珠江南岸和珠江北岸，这里将形成珠江南岸人

琶洲人工智能与数字经济试验区

工智能与数字经济产业创新集聚区和珠江北岸人工智能与数字经济产业融合发展区；"三片区"指的是琶洲核心片区（含广州大学城）、广州国际金融城片区和鱼珠片区。

作为核心片区，琶洲片区总面积48平方公里，是"三片区"中面积最大的，其功能是在互联网与云计算、大数据、人工智能、新一代信息技术等领域形成一批原创性技术研发成果，集聚人工智能与数字经济领域知名企业总部，重点发展互联网与云计算、大数据、人工智能、新一代信息技术等数字技术产业，形成一批人工智能与数字经济领域的原始应用创新示范。

琶洲片区的定位可以用以下三个词语来概括：原创技术、企业总部和应用示范。

当前，琶洲片区正按照上述定位方向加紧前进，不仅互联网企业总部扎根琶洲，擅长语音技术的科大讯飞、工业互联网基座的树根互联等人工智能与数字经济领域的企业也纷纷来到琶洲布局业务。

截至2023年初，琶洲片区入驻企业超3.3万家，2022年营收超3668亿元，整体产业效益正处于高速增长阶段。数据显示，琶洲片区拥有"四上"企业1608家、高新技术企业345家、总部企业98家，拥有未来独角兽企业7家、独角兽企业4家。

随着人工智能和数字经济的蓬勃发展，入驻琶洲片区的企业数量也在飞速增长，"四上"企业营收几乎每年保持超过20%的比例增长，预计到2035年琶洲片区就业总规模将达到80万人以上，地区营收将突破1.2万亿元。

如今的琶洲片区正上演日新月异的变化。从面上看，这里一栋栋商业楼宇正节节高升，越来越多的都市白领群体让这一片区变得热闹繁华起来；从里子看，则是越来越多的企业从外区、外市转移到琶洲，跟随着产业链头部企业的步伐，还有琶洲实验室、中山大学等高校及科研机构与企业正开展最前沿的技术攻关。

第五章 湾区枢纽 走向中心型世界城市

2023年人工智能领域最大的新闻事件莫过于Chat GPT的推出，它颠覆性地向人们展示了生成式人工智能的强大力量，而要做好人工智能大模型离不开背后的三大支柱：算法、算力和数据，目前琶洲片区也积极在这一领域提前布局。

截至2023年，琶洲片区已经举办了两届算法大赛，供国内外算法从业者进行行业交流和竞争切磋。此外，琶洲片区在推进数据要素市场化配置改革方面走在全国前列，成为广东首个"数据经纪人""首席数据官""数据生产要素统计核算"创新改革"三试点"的地方。

目前国内顶尖高校清华大学也参与到了琶洲片区的数据要素改革试验中。2023年4月2日，海珠区与清华大学在琶洲片区共建了数字经济专业硕士实践基地。海珠区与清华大学合作共建基地将充分发挥琶洲试验区作为数字经济创新热土的优势，用好试验区内数据要素类企业集聚资源，为清华大学数字经济专业硕士选派的专门人才提供实践场所和基地。双方将在研究生培养、关键技术研发、科技成果转化等方面，构建资源共享机制和搭建合作平台，共同推进数字经济专业高层次应用型专门人才培养。

看到"数产融合"的方向，不少怀揣数字技术的企业也看重广州的实体经济基础，来到广州寻找融合方向。2022年9月，百度在琶洲落地百度飞桨（广州）人工智能产业赋能中心。该公司总经理冯绍彬说，百度飞桨看重广州的产业、人才生态环境，拓展市场要基于产业和人才生态，公司将立足琶洲，在粤港澳大湾区推动"产业智能化、智能产业化"。

今年以来，大模型应用受到高度关注，广州市大力支持海珠区在全国率先打造大模型应用示范区，面向未来打造人工智能时代具有新质生产力特征的产业体系。

瞄准"大模型应用"这一方向，海珠区正在加快引导支持唯品会、科大讯飞、致景科技、盈尚科技等区内企业加快自研大模型的应用业务发展，引进和正在对接洽谈一批代表性的大模型项目，包括联合百度推出海珠政务云脑大模型，它也是百度文心一言在全国范围内的首个政务应用。

除了琶洲片区之外，近年来广州其他经济功能区也在数字经济领域实现了快速发展。

中新广州知识城是我国与新加坡政府跨国合作标志性项目，锚定知识密集型经济发展战略，中新广州知识城以百济生物、粤芯半导体、小鹏汽车等百大产业龙头项目为牵引，加速培育壮大生物医药、集成电路、新能源汽车三大千亿级产业集群，打造中国纳米科技能力最强的产业化高地、知识产权保护与运用最高地，引领广东从工业经济向知识经济转型升级。

广州国际生物岛作为全国唯一获得国家发展改革委批复建设、命名为"国际生物岛"的专业性园区，聚集了广州实验室、人类谱系国家大科学装置等一系列重大创新平台，成为推动广州生物产业创新发展的策源地。

天河智慧城拥有国家级高新区和省级高新区，并被授予国家软件产业基地等7个国家创新平台。截至2023年4月，天河智慧城目前共有科技企业2200多家，包括高新技术企业约1000家。园区的游戏电竞产业营收占全国约四成，软件产业占广州市25%；5家企业入选中国互联网综合实力前百强榜单，占全市50%；国家和省级"专、精、特、新"企业246家；新增国家级专、精、特、新"小巨人"企业2家。

目前，上述平台全部都纳入广州面向2049战略规划提出的"科技创新轴"中，未来各个平台将协同发力，联手将广州打造成国际科技赋能老城市新活力的典范之都。

> **专栏：世界算法高手在琶洲决战算法之巅**
>
> 2023年9月26日，第二届广州·琶洲算法大赛成功落幕。这场由海珠区发起的算法大赛，在第二年便提级由广州市主办。

第五章　湾区枢纽　走向中心型世界城市

第二届广州·琶洲算法大赛颁奖典礼

　　作为当前国内同类比赛中参赛范围广、评委阵容强、科技含量足、赛事成果实的算法领域顶尖赛事，本届大赛立足广州、服务湾区、面向全球，自2023年4月25日正式启动以来，共收到美国、俄罗斯、英国、德国、新加坡、意大利、加拿大、以色列等全球21个国家的3307支队伍报名参赛，其中企业代表队伍1223支，高校师生队伍1821支，技术人才队伍263支，项目涉及当前大热的AI大模型、AI for Science、AIGC、智能芯片、航空航天等前沿科技领域。经过近5个月的激烈角逐，共有69个团队通过初赛、复赛、总决赛、百万大奖争夺赛等重重关卡获得大赛奖励，其中北京物灵科技有限公司荣膺本届算法大赛百万大奖总冠军，成为最大赢家。

　　大会现场为来自腾讯云、百度、一点灵犀等知名企业的高端算法

243

人才颁布琶洲领军算法师证书，此次算法师评定邀请了琶洲实验室、中国人工智能学会等机构组织行业权威专家进行认定，共有15人获此殊荣。

自2022年以来，广州市海珠区紧紧扣住"算法、算力、数据"人工智能三大支柱，全力以赴推进"琶洲算谷"建设，实施了"组建一个算法产业联盟，出台一份促进措施，举办一场算法国际大赛，建设一个算法产业中心，集聚一批算法项目，认定一批算法产业基地，凝聚一批算法产业人才，拓展一批算法应用场景"的"八个一"举措。举办琶洲算法大赛正是"八个一"举措的内容之一。

凭借算法大赛的举办，目前琶洲正在快速抢占人工智能和数字经济产业发展的高地，未来也将在本地催生一批擅长算法能力的企业，帮助广州在人工智能和数字经济时代抢占先机。

结语

以数字化驱动生产生活和治理方式变革，是以中国式现代化全面推进中华民族伟大复兴的强大动力。面向数字经济的新征程，广州正以建设数字经济创新引领型城市和数产融合标杆城市建设在高质量发展方面发挥领头羊和火车头作用。

广州以构建现代化产业体系、发展新质生产力为目标，加快发展数字经济，致力于打造具有国际竞争力的数字产业集群。颁布了国内首条数字经济发展的地方性法律文件，拿出城央地带近百平方公里的宝贵空间规划人工智能与数字经济试验区，为数字领域内企业开展国际竞争提供优质的发展环境。

数字经济的发展不能"脱实向虚"，一个实体经济雄厚的城市在发展数字经济时，只有拥有丰富的运用场景，才能拥有更多的发展机会。为此，广州大力促进数字经济和实体经济融合，推动数字技术赋能传统产业，在轻工制造业、智能网联汽车、文化创意等产业开展了具有本地特色的数产融合实践。

如今，广州在实现城市数字化转型方面奋起直追，以促进数据合规高效流通使用、赋能实体经济为主线，加快推进数据产权、流通交易、收益分配、安全治理等数据基础制度建设，培育统一数据要素市场，激活数据要素潜能，为中国式现代化建设贡献广州力量。

有风自南

潮涌南沙
面向世界的粤港澳全面合作

引言

2023年4月13日,习近平总书记在广东考察时指出,粤港澳大湾区在全国新发展格局中具有重要战略地位,要把粤港澳大湾区建设作为广东深化改革开放的大机遇、大文章抓紧做实,使粤港澳大湾区成为新发展格局的战略支点、高质量发展的示范地、中国式现代化的引领地。

建设粤港澳大湾区,是新时代推动形成全面开放新格局的新尝试。在2019年出台的《粤港澳大湾区发展规划纲要》中,广州南沙和深圳前海、珠海横琴一同被定位为粤港澳合作发展的三大重大平台。

2022年6月14日,国务院印发《广州南沙深化面向世界的粤港澳全面合作总体方案》(以下简称《南沙方案》),加快推动广州南沙深化粤港澳全面合作,将其打造成为立足湾区、协同港澳、面向世界的重大战略合作平台,在粤港澳大湾区建设中更好地发挥引领带动作用。

广州自古便是中国对外开放的"南大门",而南沙很长时间以来一直承载着广州未来发展的希望,既是广州由沿江城市向沿海城市转变的关键,也是广东乃至中国深入推进高水平对外开放的典型。新的发展定位,让正在崛起的南沙

第五章 湾区枢纽 走向中心型世界城市

成为广州与世界深度接轨的桥头堡，成为香港、澳门更好地融入国家发展大局的重要载体和有力支撑，成为大湾区参与国际合作竞争的战略性平台。

开发区时代的南沙：成就广州拥有海港的梦想

往返中国与古代海上丝绸之路沿线国家的瑞典商船"哥德堡号"曾多次到访南沙停歇；已屹立百年的南沙舢舨洲灯塔，迎来送往五湖四海的商贾宾客……因海而兴的南沙，自古就是广州对外开放的窗口。它之所以令人瞩目，正得益于独特的区位优势。

西江、北江与东江，和其他大大小小的河流组成珠江水系，冲刷出肥沃的珠江三角洲。南沙不仅位于三江交汇的出海口，占据广州唯一的入海通道，还

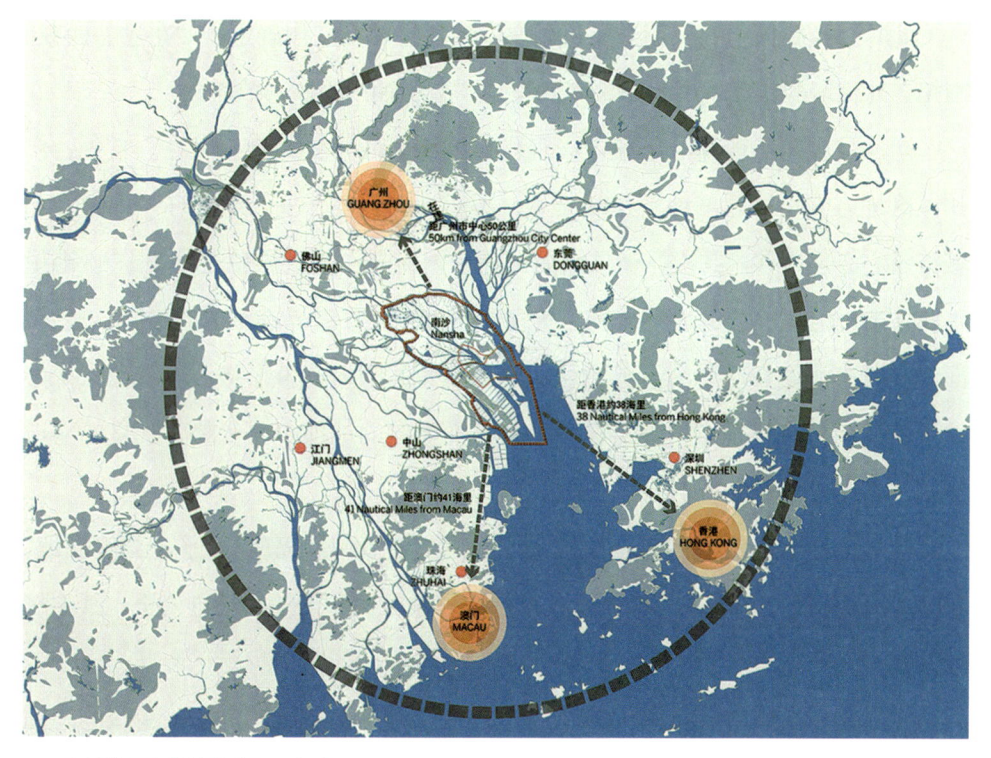

南沙位于粤港澳大湾区几何中心

有风自南

坐落在珠江三角洲这一三角形核心区域的中部，被视为珠三角的几何中心。从地图上看，南沙就如同一片舒展的芭蕉叶，平铺在珠江出海口。

不过，早期珠三角交通体系还不发达，位于几何中心的南沙区位优势并未发挥出来。

1990年6月22日，广东省、广州市分别确定南沙为重点对外开放区域和经济开发区，成立南沙经济区管理委员会，由番禺县人民政府管理。1993年5月12日，国务院批准广州南沙经济技术开发区（以下简称"南沙开发区"）为国家级开发区，正式拉开了南沙开发区的序幕，此后虎门渡轮码头、南沙客运港、进港大道、东发码头和南伟码头等相继建成，使南沙的地理优势得到一定程度发挥，南沙获得初步发展。

只不过，难以此时的发挥最大优势，直到2000年5月番禺撤市设区，南沙的开发从此由广州市规划和主导，南沙也跳出番禺进入广州全市版图。

此时迈入新世纪的广州开始谋划空间战略拓展，广州确定了"东进、西联、南拓、北优"的城市发展战略，南沙正是"南拓轴"的核心节点。

南沙是广州实现由沿江城市向现代化滨海新城转变的希望所在。首先，广州城区地方太小，北部地下布满溶洞，不适合高强度开发，地理环境逼迫广州城市重心必须南移。其次，黄埔港始终是个内河港，大型船舶出海要走60海里珠江才能出海，仅凭黄埔港，无法实现广州迈向世界级海港城市的雄心。最后，面对当时京津联合环渤海、苏沪杭拉动长三角的国内竞争形势，珠三角未来必须重新整合自身资源方可保持竞争优势，而南沙的地理中心优势、优良的港口资源，必定成为整合的中心。

此时南沙开发的区域也不断扩大，不再局限于南沙岛的54平方公里陆地。2005年4月28日，国务院批准设立南沙区，全区面积为544平方公里，其中陆域面积338平方公里（含南沙开发区）。

随之蓬勃发展的还有南沙的产业。2000年开始，迈出"南拓"步伐的广州提出"适度重型化"的产业战略，南沙也成为产业拓展的一部分，提出发展"大工业、大物流、大交通"，意图以现代物流业为龙头产业，此举也塑造了当时南沙的产业空间布局：南部为港口和临港工业、北部为汽车工业、中部为高新技术产业，集中发展形成了汽车、钢铁、造船、石化、高新技术、装备工业、港口物流7大支柱产业。

尤其是2005年的区划调整实施，让南沙新区既有国家级开发区的功能，又有行政区的功能；既能为投资者提供优质、高效的服务和国家级的各类优惠政策，又能统筹经济社会全面协调发展。

在丰田汽车、造船基地、JFE热镀锌板等一批产值大户带动下，南沙招商引资出现了前所未有的良好势头。仅2005年，南沙就累计新批利用外资项目45个，合同利用外资达5.04亿美元，平均每个外资项目利用外资1120万美元，高于广州市平均水平。新引入新日本石油、丰田汽车、丰田通商、电装、丸红、道达尔等6家世界500强企业，落户南沙的世界500强企业增至26家。

> **专栏：霍英东开发南沙的故事**
>
> 独一无二的地理位置，让香港著名实业家霍英东曾这样判断："以南沙为中心，以五十公里为半径画一个圆，可以囊括珠三角所有重要的城市，包括香港和澳门的所有港口码头。南沙就是珠三角的中心。"
>
> "港为城建，城以港兴。"1987年底，看准先机的霍英东正式提出了大力开发、建设南沙的设想，并得到香港一些华资财团和驻港中资机构有识之士的支持。
>
> 1988年8月，在他主持下，南沙东部新城开发的初步发展规划正式出台。按此计划，往后15年内，南沙将建成一座以深水港为中心，交通运输、工业加工、旅游服务综合发展，功能齐全、环境优美，人口达36万的现代化滨海城市，时人称之为"小南沙"。到了20世

有风自南

20 世纪香港著名实业家霍英东（左三）考察南沙

纪 90 年代初，霍英东投资兴建了南沙东部（现称"南沙湾"）22 平方公里土地，让南沙的开发始于珠江入海口虎门水道西侧的海岸。

决定开发南沙后的 10 多年里，霍英东先后 800 多次到访南沙，投放启动资金超 25 亿元。在 22 平方公里的"黄金海岸线"上，规划中的天后宫、蒲洲花园、蒲洲高新技术开发园、南沙大酒店、中华总商会大厦、世贸中心大厦等项目相继落成。2015 年 6 月，在南沙自贸区挂牌成立后不久，霍英东集团公开表示，该集团投资南沙各类项目资金共计 60 亿元左右，已竣工的项目有 23 个，其中 14 个为公共服务类项目。

在省市政府和企业的合力下，目前南沙湾建成资讯科技园、南沙客运港、香港科技大学霍英东研究院等 30 多个粤港澳合作项目，还建成了亚洲规模最大的国际邮轮母港综合体。

第五章 湾区枢纽 走向中心型世界城市

> 2022年《南沙方案》公布后，霍英东集团也响应国家战略继续增加对南沙的投资，通过企业合作的方式建设实施广州南沙双创园项目，探索粤港澳深度合作模式，导入港澳优势产业，引入港澳中小企业在南沙投资创业，吸引港澳优秀人才在南沙就业及生活，推进产城融合协同发展。
>
> 如今，在多项国家级规划战略的加持下，南沙的经济社会发展仍在快速前进，霍英东开发南沙的故事也还在演绎新的篇章。

自贸区时代的南沙：承载多个国家战略的平台

2008年正值改革开放30周年，国内外经济形势发生深刻变化，作为我国改革开放"先行区"的珠江三角洲地区正处在经济结构转型和发展方式转变的关键时期。中央从国家战略全局和长远发展出发，为促进珠江三角洲地区增强创新优势，制定了《珠江三角洲地区改革发展规划纲要（2008—2020年）》，以珠三角九市为主体，辐射泛珠三角区域，并将与港澳紧密合作的相关内容纳入规划。

此外，2010年广东省人民政府和香港特别行政区政府共同制定了《粤港合作框架协议》，其中对重点合作区南沙的发展作出重要指引。广东省决定在南沙成立CEPA先行先试综合示范区，不仅要开展粤港澳项目合作，而且要探索体制上的突破。

同年，南沙新区列入国家"十二五"发展规划纲要，将广州南沙新区列入粤港澳合作重大项目，要打造服务内地、连接港澳的商业服务中心、科技创新中心和教育培训基地，建设临港产业配套服务合作区。

2012年9月6日，国务院正式批复《广州南沙新区发展规划》，南沙新区成为继上海浦东新区、天津滨海新区之后，国家在经济发展引擎地区设立的又一个国家级新区。

根据规划，南沙新区的国家战略定位是：立足广州、依托珠三角、连接港澳、服务内地、面向世界，建设成为粤港澳优质生活圈、新型城市化典范、以生产性服务业为主导的现代产业新高地、具有世界先进水平的综合服务枢纽、社会管理服务创新试验区，打造粤港澳全面合作示范区。

此时南沙对外开放水平大幅度提高，2011年的进出口总额已突破100亿美元，南沙保税港区也成为全国第5个、全省首个通过国家验收的保税港区。南沙对外开放的重点已从一般生产加工领域扩大到服务贸易领域，吸引港澳高端服务业投资发展，开发开放的内生动力也从依靠政策优惠和投资拉动升级为依靠体制机制创新和规则有效衔接，格局从单向的政策型开放转变为双向的制度型开放。

"十二五"时期是我国深化改革开放、加快转变经济发展方式的攻坚时期，这一时期南沙新区建设也被列为广州新型城市化发展"一号工程"，承载着打造粤港澳全面合作示范区，代表广州市、广东省乃至国家参与国际竞争的重大使命。围绕落实国家战略，经过2012年谋篇布局、2013年起步开局、2014年提效破局和2015年构建新局，南沙新区实现了经济社会历史性跨越发展。

2015年南沙自贸区的成立将南沙对外开放的功能提到新高度。

2015年4月8日，《中国（广东）自由贸易试验区总体方案》获国务院正式批复实施。4月21日，中国（广东）自由贸易试验区广州南沙新区片区揭牌，蓄势待发的南沙也迎来开放发展的新一轮黄金机遇期。

沿着广州番禺大道南驱车进入南沙地界，可见一座"中国（广东）自由贸易试验区·广州南沙新区片区"的蓝色拱门伫立。穿过这道拱门，崭新的南沙自贸片区正在释放蓬勃朝气。这抹鲜亮的"自贸蓝"成了南沙的主色之一，而中国（广东）自由贸易试验区广州南沙新区片区的诞生，成为南沙对外开放再突破的新标志。

第五章 湾区枢纽 走向中心型世界城市

南沙自贸区的蓝色拱门

在国家有关部委和省市有关部门指导下,南沙新区片区在企业设立登记环节推行"一口受理"模式,企业只需要提交一次申请资料,可在24小时内到"一口受理"发照窗口领取"一照一码"营业执照和企业印章。高效便捷的"一站式服务",让南沙自贸试验区成为全国实现市场准入联办证件数量最多、速度最快的地区。

2015年,南沙以建设广州三大国际战略枢纽主要承载区、打造广州"三中心一体系"①核心功能为抓手,在航运物流、创新金融、融资租赁、跨境电商、总部经济等新领域,迅速集聚起一大批具有代表性的企业,有力提升国家新区和自贸试验区的产业结构和经济实力。

面对投资项目南沙并非"夹到盘子里都是菜",而是对自身产业发展重点进行了充分考量。企业之所以愿意来,是因为南沙的营商环境、土地成本、区位

---

① "三中心一体系":指国际航运中心、物流中心、贸易中心和现代金融服务体系。

优势等，特别适合发展高端制造产业。

中山大学区域开放与合作研究院院长毛艳华认为，南沙自贸片区推动贸易投资便利化改革，很好地促进了国际航运枢纽的建设，而南沙打造新型国际贸易中心和现代金融试验区的定位，与国际航运枢纽的建设相辅相成。

得益于自贸片区在国际贸易创新上的先行一步，南沙近年来在全球商品溯源标准体系制定、保税监管模式创新、依托专业机构解决涉外商事纠纷、跨境电商出口退货、快捷退税等方面，贡献了诸多"首创"经验，为南沙打造新型贸易枢纽奠定良好基础。

2016年8月，广州把南沙新区定位为广州城市副中心，南沙将重点建设连接广州中心城区的快速轨道、快速道路体系，实现半小时直达中心城区，半小时到达深圳、东莞、中山、佛山等临近城市，1小时到达珠三角主要城市。南沙新区成为广州的城市副中心，是广州城市空间发展战略的又一次重要调整，有利于广州抓住机遇，集中资源对南沙新区进行开发建设。

国家新区和自贸试验区是南沙的战略愿景，广东对外开放重大平台是南沙的战略路径，广州南沙新区城市副中心是南沙的战略举措，它们之间一脉相承、相互促进。建设广州南沙新区城市副中心既是南沙发展的重大机遇，又是国家、省、市对南沙新的战略期待和殷切期望，更是南沙实现多重国家战略的有效途径。

专栏：南沙港的故事

南沙海域资源丰富，全域海岸线长106.7千米，占全市岸线长度的2/3。天然的海港资源对于南沙的开发开放起着至关重要的作用。

早在南沙开发之初，霍英东和番禺市都积极建设南沙港口码头，但规模并不大，东发码头有1个万吨级泊位，南伟码头有2个2.5万吨级泊位，服务能力仅能辐射周边地区。在广州市级规划中，深水港

第五章　湾区枢纽　走向中心型世界城市

南沙港区航拍

　　是南沙开发的重要依托，有助于实现广州迈向世界级海港城市的雄心，因此在成为"南拓"主战场之后，南沙港的建设也快速推进。

　　2004年9月，南沙港一期工程投产，拥有4个10万级泊位，是南沙港区第一个港口项目，标志着广州港成功实现了从河港向海港的飞跃。

　　2007年9月，南沙港二期工程投产，拥有6个10万吨级泊位，主要运营外贸班轮航线，可接卸当前世界最大集装箱船舶。

　　2017年，南沙港区三期工程6个万吨深水泊位和24个驳船泊位建成投产。

　　2022年7月28日，广州港南沙港区四期正式投入运行，建有4个10万吨级海轮泊位及配套集装箱驳船泊位。集北斗导航、5G通信、人工智能、无人驾驶等前沿技术于一体，从自动化设备硬件到信息化系统采用全新一代自动化集装箱码头技术路线，创造了60多项专利。

在南沙港区的带动下，南沙港外贸航线数量从2012年的34条增至2022年8月底的150条，通达全球100多个国家和地区的400多个港口。

除南沙港区一至四期工程之外，南沙还同步建设了南沙客运港和国际邮轮母港，推动临港经济实现快速发展。

2008年10月18日，广州南沙保税港区由国务院批准成立，是国内第9个保税港区。南沙保税港区地处珠江入海口，周边100公里范围内就是珠三角城市群的腹地广阔，加之其集中了中国集装箱港口和海关特殊监管区的所有核心政策，先后吸引了中国远洋、中国海外、马士基、台湾长青等大型物流企业进驻，成为华南区域性国际物流中心。

近年来，随着跨境电商逐渐兴起，南沙保税港区依托贸易便利化政策制度优势，打造了全球优品分拨中心、全球溯源体系等贸易数字化服务品牌，推动了跨境电商在南沙大发展，也让广州成功入选国家首批跨境电商综合试验区。

在打造国际航运枢纽发展战略的推动下，广州也提出了建设大湾区航运联合交易中心，下一步还将继续推进南沙港区五期工程尽快实施，展望未来，南沙港区依然处于快速发展的黄金期。

大湾区时代的南沙：建设面向**世界**的重大战略性**平台**

2019年2月18日，中共中央、国务院正式印发《粤港澳大湾区发展规划纲要》（以下简称《纲要》），进一步提升粤港澳大湾区在国家经济发展和对外开放中的支撑引领作用，并明确提出要加快推进深圳前海、广州南沙、珠海横琴等重大平台开发建设。

第五章　湾区枢纽　走向中心型世界城市

区别于深圳前海以优化提升深港现代服务业合作区功能为主、珠海横琴以推进粤港澳深度合作示范为主，广州南沙要打造粤港澳全面合作示范区，携手港澳建设高水平对外开放门户。

根据《纲要》，南沙不仅要加快建设大湾区国际航运、金融和科技创新功能的承载区，还将通过港澳合作建设中国企业走出去综合服务基地和国际交流平台，成为我国南方重要的对外开放窗口。

在《纲要》的战略引领下，南沙与港澳的关系将越发密切，呈现相融相生、互促共进的良好态势。

2022年6月14日，《南沙方案》正式印发，南沙再度迎来国家层面的政策"新东风"。方案提出，加快推动广州南沙深化粤港澳全面合作，打造成为立足湾区、协同港澳、面向世界的重大战略合作平台，在粤港澳大湾区建设中更好地发挥引领带动作用。到2035年，携手港澳建成高水平对外开放门户，成为粤港澳全面合作的重要平台。

"《南沙方案》突出'粤港澳全面合作'和'面向世界'这两个关键，特别强调与港澳协同，共同扩大对外开放。这是由国际国内发展形势和南沙发展的基础共同作用的结果。在编制《南沙方案》的过程中，我们始终聚焦这两个关键。"2022年6月24日，国家发展改革委党组成员郭兰峰在国新办举行的新闻发布会上表示，一方面坚持协同港澳这个基本要求，另一方面坚持面向世界这个开放导向。

香港中文大学（深圳）教授、前海国际事务研究院院长郑永年指出，无论是横琴、前海还是南沙，都是从全局和战略高度来考虑，而不是一个地方发展项目——不仅仅是广州的项目、广东的项目、大湾区的项目，而是国家的项目。根据国家部署，横琴主要对接澳门，前海主要对接香港，南沙既对接香港也对接澳门，要打造成大湾区建设的标杆，这与横琴、前海所承担的功能有所不同。《南沙方案》最大的亮点在于综合性，强调"城市"的整体概念而非仅仅一个"功能区"，南沙要把港澳规则与内地规则衔接融合好，这比发挥空间优势更为重要。

有风自南

截至2023年《南沙方案》实施一周年之际,南沙新签约、动工项目累计338个,总投资额7767亿元,再创历史新高。《南沙方案》赋予的15%企业所得税优惠政策、高新技术企业延长亏损结转年限政策、港澳居民个人所得税优惠政策已细化实施,已有13家企业享受15%的企业所得税优惠,减免税额近4.38亿元,191名港澳居民申报个税优惠,涉及减免税额约2177万元。

不仅如此,南沙持续拓展港澳青年创新创业空间,集聚不同维度、各具特色的港澳台侨青创基地11家,累计孵化港澳(台侨)青创项目团队(企业)超500个,超2000名港澳青年在南沙实习。随着南沙粤港粤澳合作机制高效运作,规则衔接机制对接也取得了新突破,包括设立了广州南沙新区香港服务中心,成立了广州南沙粤澳发展促进会,搭建了南沙与澳门及葡语国家的交流交往平台,创新性地填补了广州与澳门合作机制的空白。

面对全球发展格局大变革,世界级湾区正成为全球竞争最激烈的区域。粤港澳大湾区无疑是中国参与全球竞争的重量级选手。2023年4月,习近平总书记在广东考察时,赋予粤港澳大湾区"新发展格局的战略支点、高质量发展的示范地、中国式现代化的引领地"的全新定位。

落实习近平总书记的重要讲话重要指示精神,广东迅速组建由省、市、区主要领导挂帅的广东省广州南沙建设发展工作委员会(以下简称省南沙工委)。2023年7月4日,省南沙工委第一次全体会议暨主任会议召开,明确要全力推进南沙开发开放取得阶段性成效,实现从推进重大战略的"开局"阶段进入推进高质量发展的"破局"阶段。

省南沙工委机制优势何在?有两个词可以解释,一是"协同联动",二是"扁平化管理"。

从公布的省南沙工委有关领导架构可见,省南沙工委由省、市、区共同设立架构,加强协同联动,形成了"集中力量办大事"的强劲势头。而扁平化管理旨在减少管理层级、提升管理效率,依托省南沙工委打通省市区三级体制机制，更有利于促进决策与操作两极高效对接，提高落实效率。

随着国家对南沙定位的不断提升，广州市层面也相应作出响应，赋予南沙全新的功能。

《广州面向2049的城市发展战略规划》明确"两洋南拓、两江东进、老城提质、极点示范"是未来广州的空间发展方针，被纳入未来发展核和活力创新轴的南沙将和城市老中轴、新中轴一起融合互动，促进千年城脉、文脉、商脉传承发展，打造城市的活力创新轴也由此成为南沙的新使命。

当前，南沙正在打造以南沙科学城和明珠科学园为主阵地、以海洋省实验室为原始创新主力军、以冷泉生态系统等3个重大科技基础设施为前沿研究战略支撑、以多个高水平研究院为技术供给主平台的"1+1+3+N"科技创新平台体系，推动科技创新实现跨越式发展。

而在纳入活力创新轴之后，广州也提出加快推动南沙成为大湾区综合性国家科学中心主要承载区，将南沙科学城打造为有全球影响力原始创新策源地、创新创业驱动重大战略性新兴产业集群发展新引擎，着力构建粤港澳大湾区全球合作创新网络，集聚一流科技创新人才队伍，建设一流科学城。

规划面积达99平方公里的南沙科学城将在三个层次上构建不同的创新圈。

在广州层面，南沙科学城将和广州中新知识城、广州科学城、广州人工智能与数字经济试验区等一起，与大湾区综合性国家科学中心建设相融合，打造广州协同创新圈。而在大湾区层面，南沙科学城将以体制机制创新推进粤港澳三地协同创新发展，形成粤港澳联动发展的良好格局，打造粤港澳合作创新圈。在全球层面，南沙科学城将加入全球创新网络，加速集聚全球创新要素，打造全球合作创新圈。

从南沙科学城到香港科技大学广州校区，从大湾区科学论坛永久会址落户到南方海洋科学与工程广东省实验室，从"人才特区"到湾区创新灯塔，构建起全新的科技创新格局的南沙正在迎来创新的黄金时代。

有风自南

"举全省之力把南沙打造成立足湾区、协同港澳、面向世界的重大战略性平台，引领建设世界级湾区、发展最好的湾区。"这是广州为南沙描绘的未来蓝图。

在国家重大战略的牵引下，今天的南沙已经挥手作别"广州的南沙"，正在大跨步走向"湾区的南沙""世界的南沙"。进入新发展阶段，改革开放的艰巨程度有增无减，面向世界的南沙必须心怀"国之大者"，进一步深刻领会南沙肩负的重大使命、面临的重大机遇、承担的重大责任，更加自觉在中国式现代化建设全局中审视和谋划南沙开发开放，加快把南沙打造成为向世界展现中国式现代化的重要窗口和生动范例。

结语

党的二十大擘画了以中国式现代化全面推进中华民族伟大复兴的宏伟蓝图，吹响了奋进新时代的时代号角。广州提出"二次创业"再出发，再造一个新广州，率先实现社会主义现代化的目标。实现目标的关键是要推动以新质生产力为支撑的高质量发展，在遵循以人为核心的新型城镇化发展规律以及适应全球经济深度调整背景下全面提升城市地位和影响力的战略转型，其核心在于增强城市的全球资源配置能力，提升城市影响力、吸引力和竞争力。

广州这座伟大的城市，有着改革、开放、创新的基因，有着敢想、敢干、敢闯的氛围。通过激发改革、开放、创新三大动力，加快构建以科技创新为引领的现代化产业体系，以南沙开发建设为牵引扩大高水平对外开放，大力推动千年城脉、文脉、商脉传承发展，老中轴、新中轴、活力创新轴融合互动，历史文化核、现代活力核、未来发展核联动发展，老广州、新广州、未来广州交相辉映，广州正朝着中心型世界城市阔步前进。

后　记

广州，这座长盛不衰的千年商都，是老城市新活力的典型样本。当决定撰写《有风自南——中国式现代化的广州故事》这本书时，我们深知这是一项既有意义又充满挑战的任务。在书中，我们试图通过讲述广州的故事，来揭示中国式现代化的内在逻辑。这些故事既有历史的厚重，也有现实的鲜活，它们展示了广州在中国共产党领导下实现现代化的奋斗与拼搏，也呈现了这座城市在全球化、市场化、信息化等多元冲击下的应变与成长。广州的故事，既是中国式现代化进程的一个缩影，也是实现中华民族伟大复兴梦想的一段生动篇章。

广州的现代化故事，最令人印象深刻的是关于改革开放的故事。从新中国成立初期依托广交会作为对外贸易窗口，到改革开放之初率先进行价格"闯关"，再到如今依托南沙深化粤港澳全面合作，打造立足湾区、协同港澳、面向世界的重大战略合作平台，广州始终保持着开放的姿态。在这里，市场交易繁忙有序，多元文化交融碰撞，激发出无尽的创造力与活力。这种创新与开放的精神，既是广州现代化故事中最为宝贵的财富，也是我们引用陶渊明"有风自南"诗句作为书名之意旨所在。

广州的现代化故事，本质上是一个古老文明拥抱现代性，探索中国式现代化新道路，创造人类文明新形态的故事。广州，这座承载着深厚历史底蕴的城市，其现代化进程是一个古老文明与现代性相互融合、共同发展的典范。它借鉴了西方现代化的先进经验和科技成果，同时坚守了中华优秀文化传统和价值观念。这不仅体现在城市的建筑风貌上，如骑楼将西方古典建筑中的券廊等形式与广州传统的建筑形式有机结合，更渗透在城市社会生活的各个方面，如私伙局与街舞团和谐共存等。广州的现代化故事，充分验证了"中国式现代化是赓续古老文明的现代化，而不是消灭古老文明的现代化"。

广州的现代化故事，归根结底是关于广州人民的故事。两千多年来，这座城市经历了无数次的转型，其中的每一步都凝聚了广州人民的智慧、勇敢与汗水。在探索中国式现代化的道路上，广州人民展现出了敢为人先的精神风貌，其中有以率先向党中央提出让广东在改革开放中先走一步请求的习仲勋老书记为代表的政治家，有以改革开放初期广州的第一位个体户陈兴昌先生为代表的企业家，有以为战胜"非典"疫情作出重要贡献的钟南山院士为代表的科学家，更有为广州经济社会建设作出贡献的每一个普通市民和外来务工人员。正是他们共同书写了属于这座城市的传奇故事。在撰写本书的过程中，我们深感广州人民的伟大与不凡，他们是中国式现代化的坚实推动者和勇敢实践者。

本书由黄丽华教授进行策划、确定全书篇章结构，并进行统稿。各章撰写分工如下：第一章，王美、黄姝伦、伊晓霞；第二章，夏嘉雯、魏凯；第三章，张德威、陈卓睿；第四章，王美苏、代国辉、魏凯；第五章，魏凯、李竹、代国辉、莫郅骅。广东行政职业学院校长陈家刚教授，中山大学政治与公共事务管理学院叶林教授，华南师范大学公共管理学院院长杨爱平教授、颜海娜教授，暨南大学公共管理学院颜昌武教授等参与了本书写作提纲的讨论。中共广州市委党校（广州行政学院）哲学与文化教研部葛思坤副教授，经济学教研部李世兰副教授、李杨副教授，马克思主义学院林柳琳副教授等专家协助审读了书稿。

本书的出版得到了许多领导和专家的帮助。广州市人大常委会教育科学文化卫生工作委员会副主任、一级巡视员孟源北，中共广州市委党校（广州行政学院）常务副校（院）长刘晋生等领导对本书的出版给予了关心和大力支持。中共广州市委党校（广州行政学院）教务处杨丽副处长，南方都市报社广州新

后　记

闻部李颖主任、冯芸清副主任就本书的策划、编写提出了宝贵建议，并在本书的写作出版过程中做了大量协调工作。本书的写作还参阅了国内外专家学者的大量研究成果，在此一并表示衷心感谢！

我们深知，一部作品无法完全涵盖广州这座伟大的城市探索中国式现代化道路的全部故事，加上学识、时间有限，本书疏漏之处在所难免，敬请各位专家和读者不吝批评指正。

编者

2024 年 10 月